KB146159

데이터로 말한다!

퍼포먼스 마케팅

데이터로 말한다! 퍼포먼스 마케팅

스타트업 4년, SNS 광고로만 50억 돌리고 매출 200% 올린 비결

초판 1쇄 발행 2022년 11월 30일
초판 2쇄 발행 2023년 2월 13일

지은이 이은영 / **펴낸이** 김태헌
펴낸곳 한빛미디어(주) / **주소** 서울시 서대문구 연희로2길 62 한빛미디어(주) IT출판2부
전화 02-325-5544 / **팩스** 02-336-7124
등록 1999년 6월 24일 제25100-2017-000058호 / **ISBN** 979-11-6921-051-5 03320

총괄 송경석 / **책임편집** 홍성신 / **기획** 홍성신 / **편집** 김수민
디자인 박정화 / **전산편집** 다인
영업 김형진, 장경환, 조유미 / **마케팅** 박상용, 한종진, 이행은, 고광일, 성화정 / **제작** 박성우, 김정우

이 책에 대한 의견이나 오탈자 및 잘못된 내용에 대한 수정 정보는 한빛미디어(주)의 홈페이지나 아래 이메일로
알려주십시오. 잘못된 책은 구입하신 서점에서 교환해 드립니다. 책값은 뒤표지에 표시되어 있습니다.
한빛미디어 홈페이지 www.hanbit.co.kr / **이메일 ask@hanbit.co.kr**

지금 하지 않으면 할 수 없는 일이 있습니다.
책으로 펴내고 싶은 아이디어나 원고를 메일(writer@hanbit.co.kr)로 보내주세요.
한빛미디어(주)는 여러분의 소중한 경험과 지식을 기다리고 있습니다.

데이터로 말한다!

퍼포먼스 마케팅

#미디어커머스 #브랜딩 #ROAS

Performance
Marketing

#디지털마케팅 #데이터마케팅 #CRM마케팅 #퍼포먼스마케팅

스타트업 4년, SNS 광고로만
50억 돌리고 매출 200% 올린 비결

─────

이은영 지음

┃B 한빛미디어
Hanbit Media, Inc.

마케팅 실무를 하는 회사 대표 이야기가 진솔하게 담긴 책이다. 저자가 회사를 설립하고 운영하는 과정에서 겪었던 일화와 함께 미디어 환경이 수년간 어떻게 변화해 왔는지를 덤덤하게 서술한다. 저자는 제품을 직접 기획, 제조하고 마케팅하여 매출을 만드는 과정에서 수많은 가설을 세우고 검증했다. 이 과정을 통해 축적한 데이터 마케팅에 대한 깊은 이해와 경험 그리고 노하우를 책에서 안내한다.

전반부에는 저자가 만든 브랜드가 실패할 수밖에 없었던 이야기를 풀어냄으로써 현업에 종사하는 실무 마케팅 담당자뿐만 아니라 기업을 운영하는 경영자에게도 의미 있는 시사점을 전한다. 그리고 후반부에는 저자가 직접 수행한 마케팅 캠페인 사례와 전문적인 퍼포먼스 마케팅 실무를 다룬다.

이 책에서 좋았던 부분은 성공이 아닌 실패에 대한 경험을 이야기했다는 것이다. 성공에 대한 이야기는 이미 많고 그 성공이 정말 뛰어난 전략적 의사결정의 연속에 기인한 것인지 트렌드를 잘 타거나 운이 따른 성과에 대한 결과론적 이야기인지 알기 어렵다. 하지만 우리는 이 책의 실패 사례를 본보기 삼아 과정에 더욱 집중하며 성공에 한 발짝 가까이 다가갈 것이다.

– 전성률, 서강대학교 경영대학 교수

이 책은 철저하게 미디어커머스 비즈니스 현장에서 체득한 경험과 지식을 바탕으로 한 퍼포먼스 마케팅 실무 지침서다. 오늘날 퍼포먼스 마케팅은 단순히 광고 효율 지표에 매몰되는 경향이 있는데, 이 책은 제품의 기획단부터 판매, 유통, 사후관리에 이르기까지 비즈니스의 전 영역에서 어떻게 데이터를 활용하여 퍼포먼스를 이끌어 내는지 그리고 언제든 발생 가능한 다양한 위기 상황에서 어떻게 대처할 것인지에 대한 명쾌한 해답을 제시한다. 미디어커머스 비즈니스를 준비 중이거나 기업의 마케팅을 담당하는 분이라면 꼭 읽어보기를 권한다.

– 백승록, IGAWorks Consulting 대표

저자는 스타트업 창업자 출신으로 스타트업 CEO들에게 실질적인 마케팅 컨설팅과 멘토링을 다수 진행했고, 이로부터 얻은 많은 경험치가 책에 고스란히 반영되었다. 이 책은 미디어커머스를 기반으로 퍼포먼스 마케팅 기본부터 응용까지 단계별 방법을 안내한다. 아울러 최근 화두로 떠오른 CRM 마케팅과 그로스 해킹까지 다루고 데이터를 분석 및 활용하는 방법을 제시한다. 마케터뿐만 아니라 마케팅이 필요한 스타트업 창업자에게도 필독서로 추천한다.

– 전화성, 씨엔티테크 대표

2022년의 데이터 드리븐 마케팅은 5년 전 혹은 3년 전의 데이터 드리븐 마케팅과는 전혀 다르다. 개인정보의 중요성이 강조되면서 마케터가 볼 수 있는 데이터의 해상도는 흐릿해지고 공부해야 하는 채널과 분석 툴은 늘어나고 있다. 어트리뷰션은 점점 복잡해지고 있으며 이에 따라 데이터에 친숙하지 않은 마케터는 업무 성과를 내기 어려워졌다. 마케팅 시장의 변화 속도가 굉장히 빠르다 보니 현업 마케터가 느끼는 혼란 역시 크다.

이 책은 마케팅을 둘러싼 최근 몇 년간의 변화를 굉장히 잘 설명한다. 단순히 현상을 나열하는 데서 그치지 않고 미디어커머스 초기 시장부터 지금까지 저자가 직접 '플레이어'로 참여하며 얻은 인사이트를 책 곳곳에서 만나볼 수 있다는 점이 인상적이다. 디지털 마케팅을 고민한다면 이 책을 통해 새로운 해답을 얻기 바란다.

- 양승화, 『그로스 해킹』 저자

'디지털'이라는 날개를 단 마케팅은 어디까지 진화할 것인가? 마케팅이라는 전장에서 힘겨운 전투를 치르고 있는 마케터에게 디지털은 전선을 무한대로 확장해주었다. 중소기업 마케터는 총알을 든든하게 쌓아둔 대기업과는 달리 부족한 환경에서 전투에 임해야 하는 힘든 시간을 보내고 있는 것이 현실이다. 다행인 점은 레거시 미디어의 쇠락이 이들에게는 오히려 기회로 작용하고 있다는 것이다. 특히 데이터 기반의 디지털 마케팅 기법이 새로운 돌파구를 제시해주고 있다.

저자는 디지털 마케팅의 빅뱅으로부터 미디어커머스와 퍼포먼스 마케팅의 현장에서 실전 경험을 쌓아왔다. 이론보다는 오히려 현장에서 시행착오를 겪으며 풀어나간 성공 방정식과 실전 지침을 이 책에 고스란히 담아냈다. 마케팅은 결국 실전이다. 거대한 마케팅 담론이나 대규모 캠페인이 아니더라도, 이 책이 마케팅 실무자를 위한 지침서로서의 의미 있는 인사이트를 제공할 것을 기대한다.

– 황홍석, KCC 홍보마케팅 상무

매년 창업자를 육성하는 교수의 입장에서 참 좋은 교재를 얻었다. 산전수전 모두 겪은 창업자 선배의 경험을 이렇게 낱낱이 듣기란 쉽지 않다. 좋은 비즈니스는 고객의 지불을 상회하는 가치를 제공하는 것이라고 생각한다. 바로 이 책이 창업자에게 비용 감소라는 가치를 가져다주고 시행착오를 줄이게 도와줄 것이다. 우리 창업자분들에게 이 책을 꼭 권하고 싶다.

– 백진일, 경북청년창업사관학교 교수

디지털이 너무나도 당연한 이 시기를 살아가는 퍼포먼스 마케터 그리고 제품과 브랜드를 팔고 있는 모든 사람에게 이 책을 추천한다. 시중의 퍼포먼스 마케팅 도서는 대부분 스킬 위주라면 이 책은 아주 기초적인 이론부터 실전까지의 내용을 담고 있어서 특히 작은 스타트업에서 당장 성과를 내야 하는 주니어 마케터에게 꼭 필요한 책이라고 생각한다. 그들에게 매우 좋은 사수가 되어줄 것이다.

– 선우, 스타트업 마케터

비즈니스가 태동할 때부터 완숙기에 들어설 때까지의 전 과정을 저자의 경험과 함께 풀어나간다. 창업자라면 이 책을 통해 시행착오를 줄일 수 있는 절호의 찬스를 잡을 수 있다. 누군가의 경험은 또 다른 이에게 교과서가 될 수 있기에 창업자 또는 마케팅을 업으로 삼는 사람이라면 꼭 한 번 읽어보길 바란다.

– 성상훈, (주)아샤그룹 CMO

실전에서 더 좋은 결과물을 만들어내기 위해 매일같이 치열하게 고민한 흔적이 담겨 있다. 많은 경험으로 얻은 지식과 인사이트가 매우 돋보인다. 특히 커머스나 트렌드를 단순히 학문으로써 진단하는 것을 넘어 앞으로의 방향에 대해 구체적으로 이야기하는데, 동종업계 종사자나 커머스를 준비하는 분들에게 굉장한 도움이 될 거라 생각한다.

– 양준균, 네이처앤네이처 리테일사업부 부장

어렵고 생소한 퍼포먼스 마케팅 용어만 줄줄이 나열하지 않는다. 저자의 고군분투로 얻은 인사이트가 담겨 있어 더욱 유용하고 의미 있는 책이다. 퍼포먼스 마케터뿐만 아니라 타 마케터 그리고 창업자에게도 추천하고 싶다.

– 윤다영, IT 스타트업 퍼포먼스 마케터

그동안 스킬이나 이론에 치중되어 현업에 적용하기 어려운 내용의 퍼포먼스 마케팅 서적에 아쉬움을 느끼며 리더와 직원이 함께 읽을 수 있는 책이 있으면 좋겠다고 생각했는데 그 기대를 충족하는 책이다. 이 책의 가장 큰 강점은 누구든 쉽고 폭넓게 미디어커머스를 이해할 수 있도록 설명한다는 점과 모든 내용이 구체적이며 현실적이라는 점이다. 비단 마케터나 스타트업 리더뿐만 아니라 타 직군의 기본 경영서로도 부족함이 없을 것이다.

– 이수연, (주)브이티피엘 COO

● 저자 소개

이은영

서강대학교에서 사학을 공부하고 졸업 후 MBC에서 방송 경력을 쌓았다. 서울대학교 경영전문대학원에서 마케팅 전공으로 석사 학위를 취득한 뒤 유진투자증권 해외주식팀의 아웃바운드 시스템 트레이더로 활약했다. KTB투자증권 브랜드실 홍보팀으로 자리를 옮긴 후 본격적으로 홍보, 마케팅 전문가로서 경력을 쌓았다. 그 후 콘텐츠 기업인 메이크어스에서 커뮤니케이션 총괄 이사로 뉴미디어 업계에 발을 디뎠다. 2017년 미디어커머스 기업인 아샤그룹을 창업해 현재까지 뉴미디어 광고 시장에 폭넓은 인사이트를 제시하고 있다.

현) 아샤그룹 대표이사, 서강대학교 경영대학원 경영학 박사 과정

전) 메이크어스 커뮤니케이션팀 이사, KTB투자증권 홍보팀 과장, 유진투자증권 해외주식팀 시스템 트레이더, MBC 문화방송 시사제작국 저널리스트

▶ 유튜브 youtube.com/c/마케돈
f 페이스북 facebook.com/arendt0130
b 브런치 brunch.co.kr/@vivitheone
🏠 홈페이지 www.leebrand.kr

디지털 환경의 급속한 발전으로 우리가 얻는 정보 수준은 전례 없이 풍부해졌다. 인터넷에 접속만 하면 무료로 볼 수 있는 콘텐츠부터 유료 구독 콘텐츠까지 그야말로 '콘텐츠 홍수' 속에 살고 있다. 그리고 사용자는 콘텐츠 선택의 폭이 넓어졌다. 이들은 입맛에 따라 특정 플랫폼에 몰려들어 콘텐츠를 소비하다가 어느 날 갑자기 흥미를 잃고 떠나기도 한다. 그러다 보니 콘텐츠를 제공하는 수많은 플랫폼은 소비자의 선택을 받기 위해 치열한 패권 경쟁을 하고 있다.

10년 전만 해도 페이스북이 전 세계 사용자의 절대적인 사랑을 받으며 독주 체제를 유지했고 이 인기가 영원할 것이라는 착각에 빠질 때도 있었다. 그러나 동영상을 스트리밍으로 즐길 수 있는 인터넷 환경이 조성되면서 사람들은 텍스트 중심에서 영상 중심의 콘텐츠로 이동했고, 이 과정에서 유튜브가 주목받았다. 그러나 유튜브 역시, 숏폼 비디오 플랫폼이 급격한 인기를 얻자 대표적인 숏폼 플랫폼 기업인 틱톡에 그 바통을 넘겨주었다. 현재 플랫폼별 하루 평균 이용 시간은 틱톡 95분, 유튜브 74분, 인스타그램 51분이다. 이처럼 틱톡은 전 세계 사용자를 블랙홀처럼 끌어들이고 있다. 하지만 우리는 틱톡도, 페이스북이 그러했듯 그 인기가 영원하지 않다는 것을 알고 있다. 사용자의 관심과 트렌드는 꾸준히 바뀐다.

이러한 환경 속에서 제품과 서비스를 판매하는 기업들은 타깃 소비자가 머무르는 플랫폼이 어디인지 찾아내려고 하고, 소비자의 관심과 트렌드를 따라 함께 이동하면서 이들이 머무는 곳에서 마케팅을 한다.

기업은 콘텐츠를 통해 소비자와 만나고 콘텐츠에 메시지를 담아 제품 혹은 서비스를 안내한다. 기업은 이렇게 소비자와의 접점에서 디지털 마케팅을 활용한다.

2015년부터 지난 6년간 디지털 마케팅에 있어 가장 핵심이 된 마케팅 기법은 바로 '퍼포먼스 마케팅'이었다. 퍼포먼스 마케팅은 말 그대로 '성과'를 만들어내는 마케팅이다. 외부 채널에서 이뤄지는 다양한 마케팅 활동을 통해 고객을 우리의 온라인몰로 유인하여 제품과 서비스 구매를 끌어내기 때문에 초기의 미디어커머스 회사들은 매출을 만드는 중요한 수단으로 이 기법을 활용했다.

퍼포먼스 마케팅을 위주로 단기간 성장한 미디어커머스 회사들이 시장에서 두각을 드러내자 수많은 기업에서 너나 할 것 없이 퍼포먼스 마케팅 기법을 배우고 이전의 노하우를 익혀 경쟁에 뛰어들었다. 그 결과 미디어커머스 회사들은 예전처럼 저비용 고효율의 성과를 내지 못했고, 설상가상으로 글로벌 빅테크 기업들의 프라이버시 강화 정책으로 인해 퍼포먼스 마케팅을 하기 어려워진 상황에 놓였다.

현존하는 기업들은 디지털 마케팅의 변화를 맞이하고 있다. 그리고 이 책은 앞으로 어떻게 디지털 마케팅을 꾸려나갈지 그 방향을 제시한다. 이 책을 통해 디지털 마케팅, 미디어커머스, 퍼포먼스 마케팅의 전반적인 흐름을 살펴보고 실무적인 인사이트를 얻길 바란다.

마지막으로 이 책을 집필하기까지 도움을 주신 부모님, 테리, 이규원, 이은성 그리고 우리 직원들에게 감사의 말을 전한다.

이 책은 퍼포먼스 마케팅, 그로스 마케팅과 같은 디지털 마케팅이 대세를 이루는 미디어커머스 시장에서 어떻게 하면 한정된 자본으로 효과적인 마케팅을 집행할 수 있는지에 대한 실무 인사이트를 제공한다. 시중의 책이 대부분 미디어커머스에서 실제로 활용되는 구글 애널리틱스, 페이스북 광고를 세팅 및 운영하는 기술적인 부분에 초점을 둔다면, 이 책은 미디어커머스를 통사적인 관점으로 접근하는 동시에 실무 인사이트를 제공하는 데 목적이 있다.

책의 전반부는 미디어커머스 비즈니스 모델과 지난 2015년부터 2021년까지 뉴미디어 광고 시장의 변화를 통사적 관점에서 접근한다. 지난 6년간의 미디어 광고, 마케팅 시장을 살펴보는 이유는 이 기간을 전후로 기업들이 디지털 마케팅을 바라보는 관점이 바뀌었고 집행하는 자금의 비중 역시 달라졌기 때문이다. 더불어 필자가 운영한 미디어커머스 비즈니스의 단계별 메커니즘을 살펴본다. 그리고 퍼포먼스 마케팅 기법을 활용해 기획, 제조, 디자인, 판매, 마케팅, 영업, 물류, 사후 관리까지 전 과정에 대한 이해와 리스크를 관리하기 위해 체크할 사항도 함께 살펴본다.

책의 후반부는 퍼포먼스 마케팅에 실무적으로 접근한다. 회사를 운영하며 집행했던 다양한 마케팅 캠페인 사례와 페이스북, 인스타그램, 구글 애널리틱스 등 퍼포먼스 마케팅 운영 방법과 데이터를 해석하고 전략을 세우는 방법을 안내한다. 이를 통해 퍼포먼스 마케팅과 CRM 마케팅을 알고, 마케팅 전략을 어떻게 세우고 대응해야 하는지, 향후 디지털 마케팅 시장의 방향은 무엇인지에 대한 인사이트를 얻을 수 있다.

대상 독자

이 책은 데이터 기반의 퍼포먼스 마케팅을 알고 싶은 마케팅 실무자, 미디어커머스 비즈니스에 대한 이해를 바탕으로 향후 뉴미디어 광고 시장의 방향을 찾으려는 실무 담당자, 한정된 자본으로 효과적인 디지털 광고를 하기 위한 노하우가 필요한 중소상공인에게 도움될 것이다.

필자는 미디어커머스 초기 시장부터 현재까지 현업에 종사 중인 마케터로서, 그동안 쌓은 다양한 경험과 노하우를 충분히 풀어냈다. 실무 마케터뿐만 아니라 광고 시장의 방향과 미래에 관심 있는 독자에게도 유의미한 글이 될 것이다.

이 책의 구성

이 책은 총 6개의 장으로 구성돼 있으며, 각 장의 내용은 다음과 같다.

■ 0장 퍼포먼스 광고로만 50억 원 써본 경험

2017년 비즈니스 모델인 미디어커머스로 새로운 사업을 시작한 필자의 경험과 당시의 뉴미디어 환경에 대한 개괄적인 이야기를 펼친다. 뉴미디어의 급격한 성장과 통신의 발달로 소비자는 스낵컬처와 동영상 콘텐츠를 즐기게 되었고 이러한 환경으로 자연스럽게 미디어커머스 비즈니스가 태동할 수 있었다. 필자는 퍼포먼스 마케터이자 스타트업 대표로서 겪는 좌충우돌 경험담을 솔직하게 풀어낸다.

■ 1장 브랜드의 탄생

필자가 미디어커머스를 시작한 계기와 처음 출시한 브랜드의 성공/실패 사례 그리고 시장의 변화와 흐름을 이야기한다. 미디어커머스는 퍼포먼스 마케팅 기법을 경쟁적 차별점으로 단기간 성장해온 비즈니스 모델이다. 퍼포먼스 마케팅은 외부 채널에서 유입된 소비자들의 구매 여정을 단계별로 수치화하여 매출 성과를 극대화하는 기법으로, 지난 6년간 시장에서 가장 뜨겁게 주목받았다. 제조, 유통 패러다임의 변화를 가져온 미디어커머스와 퍼포먼스 마케팅은 비즈니스 모델에서 출발해 이제는 모든 기업의 필수 마케팅 기법으로 자리 잡아가고 있다. 1장은 필자가 이러한 기법을 활용해 화장품 브랜드를 론칭해 성장한 이야기를 담았다.

■ 2장 따지고 보면 옛날이 좋았지

디지털 마케팅 시장은 2015년을 전후로 올드미디어에서 뉴미디어로 중심축이 변하면서 급격한 성장을 맞이했다. MCN이 주목받았던 2015년, 미디어커머스 비즈니스가 처음 등장해 급성장한 2016년, 자극적인 SNS 콘텐츠가 넘쳐나고 기존 유통업체도 디지털 마케팅에 뛰어들던 2017년, 소비자의 구매 행태가 자극-반응형 소비에서 스마트 소비로 바뀌었던 2018년, 소비자가 브랜드 가치에 주목하고 브랜딩이 화두로 떠오른 2019년, 코로나 팬데믹 환경에서 기업 간 디지털 마케팅 경쟁이 격화된 2020년 그리고 개인정보보호 이슈로 퍼포먼스 마케팅에 제약이 발생하고 이를 극복해 나가는 2021년까지 매해 뉴미디어 광고 시장의 이슈, 소비자와 시장의 변화를 살펴본다. 이를 통해 디지털 마케팅을 해오던 기업들이 위기를 어떻게 극복했는지 알 수 있다.

■ 3장 작지만 다해요

미디어커머스 기업은 고객에게 제품을 직접 판매하고 소통하는 D2C 채널을 중심으로 자사몰을 운영한다. 이러한 운영을 위해 내부적으로 제조, 디자인, 온라인몰 운영, 광고 마케팅, 유통, 사후관리를 모두 통합하는 FVC 구조를 가진다. FVC 단계별 실무 방법과 노하우를 공유하고 비즈니스가 어떻게 유기적으로 시너지를 일으키는지 이야기한다. 더불어 실무에서 발생 가능한 리스크, 예를 들어 배임, 횡령, 생산 불량, 유통 영업에서의 갑질과 사기와 같은 사례를 살펴보고 실무자가 해당 이슈를 맞닥뜨렸을 때 현명하게 대처할 수 있도록 인사이트를 제시한다.

■ 4장 마! 마케팅은 실전이다

퍼포먼스 마케팅의 가장 실무적인 내용을 담고 있다. 페이스북과 인스타그램 광고를 세팅하고 운영하는 노하우, 데이터 마케팅의 핵심인 지표를 해석하는 방법, 이를 통해 전략을 세우고 수정하는 실제 예시를 통해 퍼포먼스 마케팅을 살펴본다. 그리고 ROAS, CAC, LTV, CVR 등의 핵심 지표가 서로 어떻게 연관되어 있는지, 기업 내부의 퍼포먼스 마케팅 담당자가 이 지표를 어떻게 관리해야 하는지 안내한다. 4장은 주로 페이스북을 중심으로 이야기하는데, 페이스북 시스템을 파악하면 카카오, 구글 등의 플랫폼으로 확장하기에 어려움이 없기 때문이다.

■ 5장 찐고객 관리하는 방법, CRM

애플, 구글을 비롯한 세계적인 빅테크 기업이 프라이버시 정책을 더욱 강화함에 따라 변화한 광고 시장의 모습을 다룬다. 애플이 시행한 ATT 정책으로 인해 퍼포먼스 마케팅만으로 완벽한 데이터 마케팅을 수행하는 데 한계를 느낀 기업들은 서둘러 CRM 마케팅 기법을 도입한다. 외부에서 유입된 고객뿐만 아니라 이미 확보한 내부 고객의 로열티를 올리고 LTV를 높이기 위해 필요한 CRM 마케팅과 CRM 마케터의 역할 그리고 실무 사례를 살펴본다.

● Contents

퍼포먼스 광고로만
50억 원 써본 경험

2015년을 기점으로 마케팅에 큰 전환점이 발생했다. 걸어다니면서 영상을 볼 수 있게 된 것이다. 2015년 이전만 해도 모바일에서의 콘텐츠 소비는 이미지가 대세였다. 와이파이 프리존을 제외하고는 스트리밍으로 영상을 보기 쉽지 않았다. 그러나 본격적인 4G 시대로 접어들면서 언제 어디서든 제약 없이 모바일로 영상을 즐기게 됐다.

이 시기 모바일 동영상 시청 시간의 증가세는 뚜렷했는데 국내 조사에 따르면 우리나라 하루 평균 동영상 시청 시간이 2시간에 이를 정도였다.[1] 당시 영상 콘텐츠의 대부분은 페이스북 페이지를 통해 소비되었고 스낵 콘텐츠, 웹드라마가 붐을 이루었다. 스낵 콘텐츠란 5-10분 만에 과자 한 봉지를 다 먹듯 짧은 시간 안에 소비할 수 있는 콘텐츠를 의미한다.

영상 소비 붐이 일면서 스낵 콘텐츠를 만드는 제작 업체들도 급부상했다. 이들은 외부 투자를 받으면서 성장했는데 수요와 공급이 지속적으로 상승함에 따라 많은 제작사가 등장했다. 급격히 성장했던 메이크어스와 같은 회사는 회사 소유의 여러 페이스북 페이지를 통합하면서 사세를 확장했고 이때 만들었던 콘텐츠가 많은 인기를 얻었다. 소비자들의 입맛에 맞기도 했고 영상 콘텐츠 자체에 목말랐던 시청자들에게 볼거리를 제공했기 때문이다.

소비자들이 모이고 체류 시간이 긴 플랫폼과 채널에는 언제나 그렇듯이 광고가 붙는다. 인기 있는 페이스북 페이지 운영자에게는 광고 의뢰가 들어왔고, 콘텐츠 제작 능력이 있는 업체들은 네이티브 광고와 브랜디드 콘텐츠를 생산하기 시작했다. 페이스북 페이지의 전체적인 톤앤매너를 해치지 않으면서 주 시청층 성향에도 잘 맞는 광고 영상 콘텐츠는 자연적으로 입소문을 탔다. 광고인데 광고 같지 않은 광고라서 소비자에게 '광고인데 한번 봐봐' 하는 느낌으로 다가

[1] 2017년 기준 국내 1인당 한 달에 스마트폰 동영상을 시청하는 시간은 월 평균 16시간이었다. https://www.inews24.com/view/1006456

가 인기를 얻은 것이다.

스낵 콘텐츠, 웹드라마를 제작했던 뉴미디어 업체들에게 붙은 광고가 지속적으로 증가하면서 이들은 자신이 가진 페이지의 영향력과 입소문으로 유행을 만들어내는 바이럴의 힘을 보게 됐다. 그리고 이러한 흐름은 미디어커머스로 나아갈 수밖에 없는 결과로 이어졌다.

마케팅 역량이 뛰어난 콘텐츠 제작 업체가 자신만의 바이럴 파워를 가진 채널을 가지고 있다면 다음 순서는 무엇일까? 제품을 만들면 된다. 영상을 만드는 제작자나 페이지 운영자가 제품을 만들어서 직접 광고를 만들어 보유하고 있는 빅파워 채널에 올리기만 하면 되는 것이다. 이것이 미디어커머스의 시작이다.

2015년에 뿌린 씨앗이 2016년부터 싹을 틔우기 시작했다. 그리고 2016년 한 해 동안 미디어커머스 기업은 급속도로 성장했다. 이 새로운 시장에 먼저 뛰어들었던 초기 플레이어들은 대부분 큰 성과를 얻었다.

이들에게 주어진 제약은 크게 없었다. 빅파워 채널이라 할 수 있는 페이스북 페이지의 유기적 도달은 여전히 훌륭했고, SNS 채널에 대한 식약처의 표시광고법 가이드라인도 부재했기 때문에 기업들은 광고 규제 없이 자유롭게 콘텐츠를 제작했다.

이 시기 마케팅 담당자들이 소통하는 채팅방에서는 페이스북 페이지를 사고파는 일이 잦았다. 페이스북에서 페이지 매매는 금지라고 규정했어도 말이다. 당시 인기 매물 대부분은 각 업체에서 판매하는 제품으로 성장한 페이지였고 화장품이나 음식을 주제로 하는 페이지의 가격이 비쌌다. 페이지 거래 방식은 주로 '구독자 1인당 얼마'로 환산하는 식이었다. 이를테면 구독자가 50만 명인 화장품 정보 공유 페이지는 인당 80원으로 계산하여 총 4천만 원에 거래되었다.

현재 이름만 대도 알 수 있는 몇몇 미디어커머스 업체도 당시 페이스북 페이지를 사서 페이지 이름을 변경한 후 키웠다. 담당자들 사이에서 항상 정보를 공유했기 때문에 '이번에는 어떤 업체가 얼마를 주고 샀다더라' 하는 이야기가 오갔다. 미디어커머스 업계는 그렇게 나름의 방법을 찾아가며 아슬아슬한 경계선에서 커 나갔다.

2016년은 미디어커머스 초기 업체들을 중심으로 뉴미디어 진영의 기업들이 자유롭게 뛰어놀 수 있는 시장이었다. 이때부터 퍼포먼스 마케팅을 활용한 광고가 운영됐다. 하지만 지금처럼 머리를 싸매고 광고 데이터를 분석하고 전략을 짜는 방식은 아니었다. 그럴 필요가 없었기 때문이다. 대놓고 광고로 만든 영상 콘텐츠라도 소비자들은 신선함을 느꼈고 쇼핑몰을 찾는 트래픽과 광고로 인한 구매전환율 모두 상당히 높았다.

광고만 재미있게 잘 만들면 그만이었다. 그래서 이러한 광고는 이미 웹드라마, 스낵 콘텐츠로 시청자의 인기를 경험한 뉴미디어 영상 피디들이 제작했다. 한 편의 짧은 꽁트를 보는 식으로 영상 속에 제품이 자연스럽게 혹은 대놓고 진열되었고 시청자들은 대체로 좋아했다.

이 당시 대세를 이뤘던 광고는 비포앤애프터(B&A) 영상 콘텐츠였다. 제품을 사용한 전후의 과정을 영상으로 보여주는 것을 의미한다. 이 제품을 쓰면 떠 있던 옆머리가 가지런히 내려앉는다든지 제품을 도포하고 물을 뿌리면 털이 녹듯이 탈락해 제모가 된다든지 하는 식의 사용 전후 장면을 보여주는 것이다.

광고 효과를 다소 과장스럽게 표현해도 용인되었다. 그 자체가 콘텐츠였고 소비자들이 흥미를 갖고 소비했기 때문이다. 그러나 이를 악용해 몇몇 업체는 도를 넘는 콘텐츠를 제작하기도 했다. 여드름 흉터가 급격히 옅어지거나 사라지는 듯한 모습, 제품을 사용한 후 근사한 모습의 다른 사람이 되는 듯한 모습을 보여주면서 심한 왜곡을 불러일으키기도 했다. 같은 플레이어가 봐도 과장을 넘어 허위 광고를 하는 업체들이 꽤 많았다.

광고 콘텐츠 저작권에 대한 인식도 매우 낮아서 베끼기가 일상이었다. 2017년 하반기 우리 회사에서 제작한 광고를 모 업체가 100% 베끼는 사례가 발생했다. 기승전결이 탄탄한 스토리에 감동까지 있어 큰 인기를 얻었던 영상인데, 광고에 등장하는 제품만 바꾼 채 영상 순서뿐만 아니라 자막까지 동일하게 사용한 것이다. 그리고 우리의 광고 효율을 야금야금 뺏어 갔다. 해당 업체에 항의 메일을 보내기도 했으나 그대로 무시당했다. 어이없게도 저작권을 무시하면서 사기를 쳤던 해당 업체의 제품은 우리 광고 덕분에 꽤 잘 팔렸다.

이 당시 일부 개념 없는 PD들은 정말 남의 창작물을 마구잡이로 대놓고 베꼈다. 그만큼 콘텐츠 크리에이티브에 대한 저작권 개념도 없었고 베꼈을 때의 죄책감보다 제품을 많이 파는 것에 대한 욕심이 더 컸던 시기였다. 그러다 회사를 설립한 2017년부터 많은 제약이 들어왔고 우리는 갖은 고생과 역풍을 맞으며 생존일지를 써 내려갔다.

2017년부터 페이스북의 유기적 도달은 눈에 띄게 떨어졌고 식약처에서는 본격적으로 표시광고법 정비와 광고 감시, 감독을 시작했다. 광고 크리에이티브에는 많은 제약이 발생했다. 페이스북의 유기적 도달의 경우 2012년 기준 16% 정도였는데 이는 50만 명의 구독자를 가진 페이스북 페이지에 콘텐츠 하나를 게재하면 자연 도달로 평균 8만 명에게 노출된다는 의미다. 그러나 2017년 도달율은 3-4%대까지 떨어졌고 콘텐츠당 유기적 도달은 동일한 조건에서 8만 명에서 1.5만 명으로 80%나 감소했다. 그 결과 페이지를 구매해 콘텐츠를 올렸을 때 얻을 수 있는 광고비 절감효과가 더 이상 유효하지 않았다. 굳이 페이지를 비싼 돈으로 주고 살 필요가 없어졌다. 기업들은 페이스북 페이지 구매 대신 유료 광고를 쓰기 시작했다. 이제 페이스북은 유료 광고로 돌아가는 시장이 되었다. 페이스북에서 광고 정책의 정립과 규제도 이때 시작됐는데 이는 2016년에 광고 제약 없이 무분별하게 진행된 제품의 과대, 허위 광고에 대해 소비자들이 피로감을 느끼면서 점점 '믿거페(믿고 거르는 페이스북)'에 대한 인식이 커진 것에 따른 조치로 풀이된다.

광고 규제와 별도로 페이스북 광고를 운영하기 위해서는 기본적으로 해외 신용카드가 필요하다. 이는 지금도 마찬가지다. 국내 광고 플랫폼의 경우 현금으로 선결제한다든지 후불제로 광고를 집행할 수 있었지만, 페이스북은 해외 결제가 가능한 신용카드 외에는 허용하지 않는다. 그래서 당시 스타트업이나 기업 설립 1~2년 차, 소규모 자본으로 시작한 기업의 광고는 운영 도중 중단되는 현상이 빈번했다. 작은 기업은 신용카드 한도가 매우 낮아 카드 결제 한도에 도달했기 때문이다.

당시 페이스북 광고를 집행할 때 무엇보다 중요한 것은 머신러닝이 완료되기 전까지는 광고가 중단되면 안 된다는 점이었다. 기계학습을 통해 광고 소재에 적합한 타깃 소비자를 찾고 그들에게 광고하여 유의미한 결과를 얻도록 하는 시스템이기 때문에 카드 한도로 광고가 중단될 경우 성과에 악영향을 미친다. 광고 콘텐츠의 성과가 뛰어나서 광고비를 더 많이 태우고 싶은 경우도 종종 있지만 영세한 기업들의 경우 카드 한도로 인해 광고 금액을 증액해 운영할 수 없었다. 반면 큰 자본으로 초반부터 미디어커머스에 뛰어든 업체들은 레버리지 효과로 훨씬 빠르게 성장할 수 있었다.

결제 카드의 제약과 더불어 이 시기에는 미디어커머스 기업들의 페이스북 광고 계정 비활성화 현상이 꽤 잦았다. 광고 계정 비활성화란 페이스북에서 설정한 어떠한 광고 정책을 위반할 경우 계정을 잠가 광고를 집행할 수 없게 만드는 것을 의미한다. 비활성화된 광고 계정은 기존에 올렸던 모든 광고가 off(꺼짐) 상태가 된다. 그리고 기존 광고 집행 중지와 더불어 신규 광고도 할 수 없다. 광고를 운영하며 신나게 매출을 올리다가 광고 계정이 비활성화되는 제동이 걸리면 매출에 직접적인 타격을 입기 때문에 여간 곤혹스러운 일이 아니다. **미디어커머스 비즈니스가 주목받으면서 여러 외부 제약이 생겼고 이러한 환경에 맞게 적응하는 기업만이 생존하고 성장해나갔다.**

2017년부터는 식약처가 기업의 SNS 광고를 샅샅이 모니터링하기 시작했다. 우리 회사는 마케팅과 영상 광고는 잘 알았지만 표시광고법에 대해서는 정확히 이해하지 못했다. 이는 여타 미디어커머스 경쟁 기업도 마찬가지였다.

안타깝게도 '모르는 것은 죄'였다. 어떤 식약처 주무관이 배정되느냐에 따라 훈계로 끝나기도 하고 수정을 요청하고 끝나는 경우도 있었다. 그러나 우리 회사를 담당했던 주무관은 아주 작은 실수도 용납하지 않았다. 모르는 것에 대한 선처와 계도는 없었고 가혹하게 처벌했다. 이로 인해 표시광고법 위반에 따른 광고 정지부터 영업 정지, 강남경찰서에 소환되어 조사까지 받았으니 아무리 강철 멘탈이라고 해도 조금씩 정신력에 금이 갔다. 때로는 행정 절차에 대한 통보가 식약처 주무관의 다소 비논리적이고 감정적인 처분에 의해 진행되는 경우도 있었다. 그래서 어느 순간부터 식약처와 통화할 때는 녹취가 기본이었다.

기업 운영이 평탄한 적은 단 한 번도 없었다. 지난 5년간 조언을 해주던 지인 역시 우리 회사처럼 단기간 그렇게 많은 풍파를 맞은 회사도 처음 본다고 할 정도였다. 우리 회사는 시대의 운이나 제품의 운이 따라주지 않았고 사람 운도 따라주지 않았다.

회사를 설립하던 당시 소비자들은 점점 '믿거페'를 외치던 상황이었고, 식약처는 시범 케이스로 어느 한 놈 잡히기만을 눈에 불을 켜고 감시하던 시절이었으며, 페이스북의 상세한 설명 없는 광고 계정 비활성화 처분에 전전긍긍해야 했다. 게다가 자본이 고갈되는 상황 속에 인테리어가 잘못된 사무실을 임차해서 노출콘크리트 벽에 붙어 있던 상수도관이 2번이나 터지는 바람에 사무실이 침수되기도 했다. 몇몇 직원은 제 살길을 찾아 떠났고 자본이 모자라 월급 줄 돈조차 없을 때 개인 예금을 해약한 적도 있다. 이후 투자를 받고 회사에 빌려준 돈을 찾았는데 정기 회계감사 때 감사가 '대표이사가 왜 3천만 원을 임의 출금했냐'고 따졌고, 직원들 월급 주려고 해약한 돈을 다시 받은 거라고 대답했을 때 감사도 나도 마음속으로 울었다. 난관은 끝이 없었다. 평균 나이 26세의 직원들이 마케팅 업무를 맡았었는데 무리를 이루어 본인 입맛에 맞지 않는 직원을 배제하며 작은 회사를 쪼개어 놓았다. 그리고 그들은 퇴사 후 한 명당 4개 이상의 잡플래닛 리뷰를 쓰면서 회사를 혹독하게 비난했다.

그렇게 모든 것이 이슈였고 풀어야 할 과제였다. 그 과제들을 풀어 나가다 보니 어느덧 사업 6년차에 접어들었고 그동안 풀어 왔던 실타래를 공유해야겠다는 생각이 들었다. 영웅의 역사, 승자의 성공담을 듣는 건 기업을 운영하는 데 있어 참고는 되겠지만 실무 관점에서 취사 선택해 들어야 할 부분이 많다. 성공이라는 결과에 따라 그동안의 의사결정 과정에 있어 잘못된 선택마저 '성공'이라는 단어로 포장돼 옳은 의사결정이었다고 서술되는 경우가 있기 때문이다. 동일한 사례의 경우 성공하지 못한 기업이라면 그때 잘못된 의사결정이 패인敗因이었다고 서술할 테니 말이다.

그러한 관점에서 성공한 영웅의 일대기보다 실패한 마케팅과 의사결정에서 배우는 교훈이 실무에서는 훨씬 도움된다고 본다. 내가 하려는 이야기는 실무 담당자나 의사결정권자들이 더 똑똑하게 회사를 운영하기 위해 필요한 '실패하지 않을 법칙'이라고 봐도 무방하다. 더불어 실무에 대해서도 처음부터 끝까지를 꼼꼼하게 안내할 예정이다.

나는 퍼포먼스 마케팅을 했던 기업의 CEO였고 우리 회사는 50억 원 이상을 SNS 광고에 태웠다. 1-2억 원 태워서 광고해봤다는 퍼포먼스 마케팅 실무자의 단계는 한참 넘어섰다는 뜻이다. 그렇다. 나는 SNS 광고로만 50억 원을 써봤고 페이스북, 인스타그램, 구글 유튜브 광고에만 지칠 때까지 광고를 만들어 태워 봤다. 2019년에만 해도 우리 회사는 매주 평균 250개의 이미지와 영상을 제작했고 광고를 태우고 버리고 태우고 버리고 하면서 수만 번의 테스트를 했다.

2019년 하반기에 번아웃이 왔고 지친 상태로 2020년에 들어섰다. 이제 모든 것이 정리되고 더 이상의 풍파는 없을 것이라 믿었다. 그동안 공들여 만들었던 숙취해소제는 5대 편의점 중 4곳인 세븐일레븐, GS25, 이마트24, 미니스톱에 입점되어 전국에서 판매되었고 이제 지표가 오를 일만 남았다고 생각했다. 그러나 코로나가 터졌고 회식 대신 혼술이, 사무실이 아닌 재택근무가 퍼지면서 편의점 숙취해소는 죽을 쒔다. 그리고 우리는 어쩔 수 없이 고생해서 뚫은 편의점 진출을 포기하고 제품을 회수했다.

한편 집단 문화를 만들었던 직원 14명은 2020년 초에 모두 퇴사했다. 그들은 근사한 것을 하고 싶었지만, 나는 그 환상과 현실의 간극을 메워주지 못했다.

회사의 매출은 반토막 났다. 모든 채널에서 집행하던 광고를 종료해버렸기 때문이다. 광고만으로 매출을 올리는 구조의 문제점을 발견했고, 이를 해결하기 위해서는 처음부터 다시 시작할 필요가 있었다. 문제를 깊숙이 파악하기 위해 모든 것을 시작 이전으로 되돌려놨다. 그리고 거기서부터 무엇을 해야할지 생각했다.

회사는 조금씩 정신을 차리기 시작했다. 어느 투자자는 '너네 회사 죽은 거 아니냐'고 주변에서 묻는다며 쏘아붙이기도 했지만, 우리는 여전히 살아있다. 나는 따라오지 않을 운을 믿지도 않고 비즈니스에 꿈과 희망을 갖거나 낙관하지 않는다. 다만 우리가 쌓아 올린 데이터와 경험에 근거해 무엇을 잘할 수 있을지, 현실적으로 어떻게 해야 앞으로 회사가 안정적으로 살아남고 커 나갈 수 있을지에 대해서는 굉장히 냉정하게 보고 있다. 외부의 시선보다도 더 비판적으로 앞으로의 먹거리에 대해 고민한다. 그리고 미디어커머스만으로 살림을 이끄는 한계가 보이는 이 시대에서 한 걸음 더 나아가기로 했다. 우리가 다시금 올라서는 것이 나와 직원들 그리고 투자자들을 위한 것이라 믿는다.

앞으로 하게 될 이야기는 미디어커머스 기업으로서 지난 5년간 이루어진 수많은 에피소드에 대한 내용과 더불어 실무에서 발생 가능한 리스크와 이를 관리하기 위한 여러 노하우다. 또한 지난 7년 동안 뉴미디어 광고 시장이 어떻게 변화해 왔으며 소비자의 구매여정은 어떻게 바뀌고 있는지를 들려줄 것이다. 마지막으로 퍼포먼스 마케팅을 위한 광고 설정과 주요 지표의 해석과 활용 및 다양한 케이스 스터디를 통해 퍼포먼스 마케터에게 실무 인사이트를 제공하고자 한다.

브랜드의 탄생

Performance Marketing • Performance Marketing

서울대학교 경영대학원 경영학 석사 졸업 후 마케팅 업무를 하기 위해 증권사에 입사했다. 당시 증권사 마케팅은 특별한 것이 없었다. 시기별 정해진 마케팅 형식이 있었고 관리하는 틀 안에서 대행사를 끼고 이벤트를 진행하거나 프로모션을 하는 행위 정도였다. 지금처럼 치열하게 크리에이티브에 대해 고민하는 시기는 아니었다.

프로모션은 거의 정해져 있었다. 주식거래수수료 인하, 해외주식 추가 오픈 행사, 펀드 관련 이벤트나 웹사이트 리뉴얼 이벤트 등이었다. 프로모션을 위한 기사를 쓸 때는 증권사 내부 직원 중 밝고 경쾌한 남녀를 선별해 패널을 들고 사진을 찍었다. 나중에는 매번 사진 찍는 게 귀찮아 빈 패널을 들고 찍은 사진 위에 포토샵으로 텍스트를 변경해 가면서 보도자료를 배포했다. 10여 년 전의 일이지만 당시 마케팅 캠페인 활동에 있어서 '데이터'와 '퍼포먼스'는 존재하지 않았다. 마케팅 예산에 맞는 적절한 프로모션과 그에 따른 경품이 존재하는 시기별 수행하는 과제 정도였다.

그러나 불과 몇 년 후 데이터 마케팅, 퍼포먼스 마케팅과 같은 숫자에 근거한 성과 지향형 마케팅이 떠오르면서 마케터들은 본격적으로 통계와 분석을 공부해야 했다. 단순하면서 규칙적으로 보인 마케팅 활동이 매일 주식시장처럼 치열하게 싸워야 하는 활동으로 변해갔다. 마케터는 데이터를 공부하고 이 데이터가 무엇을 의미하는지 알아내야 했으며, 이를 통해 퍼포먼스를 내기 위한 전략과 전술을 세워야 했다. 외부의 압력도 심했다. 이는 미디어커머스 기업들이 두각을 드러내면서 가속화됐다.

2016년부터 본격적으로 광고 채널별 데이터를 분석해 전략을 펼쳐나가는 퍼포먼스 마케팅이 떠올랐다. 퍼포먼스 마케팅을 하는 친구들을 퍼포먼스 마케터라 부르는데 이들은 시장의 성장과 함께 몸값을 불려 나갔다. 퍼포먼스 마케팅은 쉽게 이야기하면 마케팅에 영업적인 성과를 붙이는 것이다. 광고비 1억 원을 집행하고 4억 원의 매출로 전환되는 비용을 쓰고 매출을 일으키는 활동을 하는 것이다. 광고 비용 대비 매출로 전환되는 지표를 ROAS$_{return\ on\ ad\ spend}$라 하는데, 앞서 언급한 광고비 1억을 쓰고 광고로 인한 전환 매출 4억이 발생하면 ROAS는 400%가 된다. 광고 전환 매출에서 광고비를 나누면 ROAS가 계산된다.

$$ROAS = \frac{\text{Total Campaign Revenue}}{\text{Total Campaign Cost}}$$

광고에 따른 매출 ÷ 광고비×100

▶ 광고비 대비 전환 매출액을 의미하는 ROAS 공식

퍼포먼스 마케터들은 몸값을 불려가며 인센티브도 많이 챙겼다. 그러나 퍼포먼스 마케터라 불리는 이들 중 정말 대단하다 싶을 정도의 고수는 적었다. 기본적인 데이터를 쌓고 분석한 경험이 축적돼야 고수가 되는데 퍼포먼스 광고로 소액 집행하고 대단한 ROAS를 만들어낸 양 떠들고 다니는 마케터들이 많았다. '우리는 ROAS 800%는 기본이에요'라고 떠드는 마케터를 본 적이 있는데 그가 운영한 광고비는 누적으로 1억 원이 채 안 됐다. 단순히 ROAS로 영업하는 친구들은 경계하는 것이 좋다. 10만 원의 광고비를 쓰고 80만 원의 전환매출이 발생해도 ROAS는 800%다. 숫자에 속으면 안 된다는 뜻이다.

2016년 퍼포먼스 마케팅이 처음 일반 마케터들에게 알려졌을 당시에는 광고 분석과 운영에 있어서 정교함은 부족한 편이었다. 모두가 페이스북 광고 플랫폼 하나만 이용해 광고를 집행했기 때문에 다양한 광고 플랫폼에서의 통합적인 광고 데이터 분석이나 전략은 없었다. 페이스북 하나만 잘 운영하면 됐다. 그런 관점에서 본다면 2016년 광고 시장은 참 쉬웠다. ROAS에 대한 고민 없이 얼마나 클릭했는지와 같은 단순 지표만 챙겨도 대체로 높은 ROAS를 만들어

냈다. 그러나 지금은 트래픽 지표라 할 수 있는 CPCcost per click(클릭당 비용),
CTRclick through rate(노출 광고에 대한 클릭률)을 비롯한 체류 시간, 이탈 지점,
이탈률 등 다양한 지표를 종합적으로 분석해야 한다.

　미디어커머스 기업은 효율적인 마케팅과 독특한 비즈니스 모델을 통해 빠르
게 성장했다. 기존 기업과 달리 미디어커머스 기업의 모든 영역은 회사 내부에
서 유기적으로 연결되어 있었다. 쉽게 풀이하면 미디어커머스는 제품의 제조,
생산, 디자인, 마케팅 광고, 영업과 유통, CS 등 모든 과정이 내부에서 동시에
운영됐다. 이러한 비즈니스 구조를 FVCfull value chain(전체가치사슬) 비즈니스
라 부른다.

▶ 미디어커머스 FVC 모형

　FVC 모형에서의 회사 구조는 기본적으로 단계별 업무와 사람들이 유기적으
로 연결되어 시너지를 일으킨다. 예를 들어 직접 영상 콘텐츠를 만들고 광고를
집행하는 동시에 온라인몰을 운영한다고 해보자. 영상 광고를 업로드해 운영하
면서 소비자의 댓글이나 반응을 보고 영상을 빠르게 수정할 수도 있고, 반응이
좋은 영상 광고는 광고 비용을 즉시 증액해 매출로 연결할 수 있다.

　또한 온라인몰을 통해 판매량을 실시간으로 보기 때문에 이에 따른 제품 수
율도 함께 관리할 수 있다. 재고가 5천 개 있고 광고를 집행해 ROAS 400%로
매일 250개씩 판매된다고 하자. ROAS가 그대로 유지될 경우 20일 후에는 5천
개의 재고를 전부 소진한다. 마케팅 광고와 제조가 분리되어 있다면 이에 따른
소통이 늦어질 수밖에 없지만, 미디어커머스 기업은 광고 담당자와 제조 담당자

가 한곳에서 소통하기 때문에 실시간 트래킹으로 재고 소진에 빠르게 대응할 수 있다.

CS에서 접수한 고객 불만사항이나 제안사항은 다음 제품이나 광고 영상에 반영한다. 광고 영상은 소비자가 제품 구매 후 많이 하는 질문을 엮어서 제작하는 식이다. 즉 마케터가 모든 과정에 대해 이해하고 있으면 전략을 세워 성과를 만들 수 있는 단서가 된다.

▶ 미디어커머스 각 팀의 유기적 업무 흐름

나는 이러한 FVC 구조를 기본으로 2017년에 퍼포먼스 마케팅 기반 미디어 커머스 기업을 설립했다. 그리고 더마코스메틱 브랜드 아비셀을 만들었다.

1-1 무식하면 용감하다, 아비셀[1]

▶ 브랜드 아비셀 콘셉트 사진

초기 미디어커머스 비즈니스 구조의 가장 큰 장점은 소자본 창업가라도 든 사업을 시작할 수 있다는 것이었다. 제품을 하나만 보유하고 있더라도 자신이 운영하는 신생 쇼핑몰에서 팔 수 있는 이른바 '원아이템 원쇼핑몰'이 가능한 형태였기 때문이다. 그리고 제품 판매에 따라 수익을 창출하고 이를 바탕으로 차근차근 쇼핑몰에 추가 제품 라인업을 늘려가는 식이었다.

내가 창업한 후 처음 만든 제품은 화장품이다. 미디어커머스 기업의 대부분

---

1 아비셀(Avicell)은 aviate와 cell을 결합한 단어로 세포 속 깊숙이 좋은 성분을 제공한다는 의미의 브랜드로 2017년 5월 론칭했다.

이 첫 제품으로 화장품을 선택한다. 주어진 자본과 제조 공정을 생각했을 때 가장 쉽게 접근할 수 있는 품목이기 때문이다. 화장품은 스킨 로션과 같은 기초 제품에서부터 기능성 제품에 이르기까지 모든 제조 레시피가 오픈소스처럼 공개돼 있었다. OEM, ODM 방식이 일반적이었고 잘 만드는 제조사에 생산 의뢰를 하면 제품이 금세 만들어졌다.

소자본으로 창업한 기업의 입장에서 화장품 제조의 매력은 식품류에 비해 MOQ가 적다. MOQ minium order quantity는 최소발주수량을 의미한다. 화장품은 MOQ 5천 개를 기본으로 하는데 회사에 따라 이보다 더 적은 수량으로 만들어주는 제조사도 있다. 반면 식품의 경우 기본 MOQ 단위가 꽤 높다. 내가 제조한 제품 중 숙취해소제의 경우 최소 발주 수량이 15만 병이나 된다. 식품은 영세한 기업이 초기 자본으로 하기에는 부담되는 영역이다. 그래서 미디어커머스 기업들은 화장품으로 시장에 진입해 매출을 만든 후 식품, 공산품, 기계 순서로 제품 라인업과 브랜드를 확장하면서 성장했다.

미디어커머스 기법을 활용해 제품을 기획할 때 가장 중요하게 고려해야 하는 요소는 무엇일까? 바로 시각적인 셀링포인트다. 미디어커머스는 기본적으로 영상 콘텐츠를 중심으로 광고가 돌아간다. 최근에는 이미지, 텍스트 등 다양한 콘텐츠들이 광고 플랫폼에 전방위적으로 뿌려지고 있지만, 초반에는 영상이 대세였다. 그래서 영상에서 보여줄 수 있는 시각적 효과가 제품 기획 및 선정에 있어 필수 요소였다. 업계 용어로 시각적인 셀링포인트를 unique selling point, 줄여서 USP로 표현한다. 아무리 뛰어난 제품이더라도 당시 미디어커머스 기업들은 시각적으로 표현할 수 없을 경우 도전하지 않았다. 제약된 시간과 소자본으로 움직여야 하기 때문에 처음부터 대박을 터뜨릴 수 있는 제품이 필요하다.

시각적인 셀링포인트를 강조해 초기 대박을 낸 제품의 사례를 살펴보자. 대표적인 히트작을 떠올려보면 한 번 바르고 컵에 묻어나지 않는 립틴트, 눈썹에 쉽게 도장 찍듯이 그리는 아이브로우, 남자들의 뜬 머리를 차분하게 가라앉히는 다운펌, 착용하고 나면 하얗게 변하는 미백 제품, 필터를 거치면 더러운 물을 깨끗하게 바꿔주는 샤워기, 잡티를 거의 가려주는 커버력이 뛰어난 쿠션 등이 있다. 이미 자극적이고 강력한 시각적인 포인트로 많은 소비자의 머릿속에 각인되었고 판매량에 있어 소위 대박 난 제품들이다.

이 때문에 제조 기획자와 광고 영상 PD는 제품 기획 단계부터 함께 논의해 생산 여부를 결정한다. 한 번 바르면 묻어나지 않고 오랫동안 유지되는 립스틱은 미디어커머스로 풀 수 있는 제품에 해당하고, 수분을 공급하는 에센스 로션은 그렇지 않은 제품에 해당되는 식으로 결정이 이루어지곤 했다. 미디어커머스로 풀어낼 수 있다는 것은 영상 콘텐츠에서 시각적으로 제품의 특징을 표현할 수 있느냐의 여부인데, 앞서 이야기한 묻어나지 않는 립스틱은 머그컵, 티슈, 옷소매 등에 입술이 닿았을 때 묻어나지 않은 장면을 보여줄 수 있는 콘텐츠 제작이 가능하다는 것을 의미한다.

나는 창업 초 이러한 원칙과 주어진 조건을 고려해 블랙헤드를 없애는 코팩을 만들었다. 코팩을 눈여겨본 이유는 코팩을 사용하는 소비자들은 정기적인 블랙헤드 관리의 필요성을 느끼고 있었고 경쟁사가 1년 동안 1천만 개나 유사 제품을 팔았을 정도로 시장이 크다는 것을 파악했기 때문이다. 또한 블랙헤드를 뽑고 관리하는 과정을 영상화하면 소비자가 즉각적으로 문제를 인식하여 구매 결정으로 이어지기 쉽고 시각적 효과 역시 좋을 것이라 생각했다.

코팩 제품을 기획하고 준비한 지 5개월 후에 첫 제품을 출시했다. 현재는 제품 기획에서부터 생산까지 평균 6주면 신제품이 출시되지만 2017년에는 제품 제조 생산이 처음이다 보니 예상보다 훨씬 늦게 진행됐다.

▶ 아비셀 3단 코팩의 제품 이미지

아비셀에서 3단 코팩을 출시했는데 이 제품은 스킨 성분을 시트에 묻혀 코에 붙이고 블랙헤드를 불리는 1단계, 시트를 붙여 코팩이 마르면 떼어내는 2단계, 자극받은 코에 쿨링젤을 발라 진정시키는 3단계로 구성돼 있다. 첫 제품이다 보니 제품의 제형, 패키지, 디자인, 영상 등 각 업무에 모든 사람이 참견했다. 그러다 보니 제품을 만드는 과정에 있어서도 제조에 대한 지식이 없는 사람들의 입김이 들어갔다. 겉에서도 구성 제품이 보이게 패키지 상자를 만들자는 말에 종이 상자 전면에 투명한 플라스틱이 덧대어졌고, 코팩을 바르는 실리콘 붓을 무료로 넣어주자는 말에 실리콘 붓도 추가로 발주했다. 1단계에 사용하는 시트지도 5장은 무료로 넣자, 제품을 세울 수 있게 상자 안에 또 다른 종이 상자를 만들자, 인쇄 위에 라벨 스티커를 붙이자는 각종 요구를 모두 반영했고 제조가는 우리 예상치의 2배를 넘었다. 지금 생각하면 코팩 1종만 심플하게 판매하면 될 것을 덕지덕지 붙여서 무거운 제품이 탄생한 것이다.

나를 포함해 초기 제품 제조에 관여했던 직원 모두 제조에 무지했다. 제조 담당자는 일정에 쫓겨 아는 업체 한 군데에서만 제품 샘플을 만들었고 제품 생산과 판매에 있어 꽤나 고생했다. 제품을 생산할 때는 제조사 여러 군데에 샘플링을 먼저 맡기는 게 맞다. 우리 제품을 제조할 때 한 군데 업체에만 문의했다는 것 자체가 협상이나 더 좋은 제품을 선택할 기회를 날린 셈이었다.

단일 제조사를 통해 코팩 제형을 잡기 위한 샘플링을 수차례 진행했지만 원하는 제형이 나오진 않았다. 코팩은 빨리 마르고 접착력이 뛰어나 블랙헤드를 잘 뽑아내야 하는데, 빨리 마르는 제형이면 접착력이 떨어지고 접착력이 좋으면 느리게 마르는 식으로 샘플이 나와서 정확한 샘플링에 실패했다. 결국 완벽하지 않은 어느 정도의 합의점을 찾는 선에서 최종 결정했다.

지금의 내가 만드는 모든 제품은 제품력에 있어 합의란 없다. 원하는 제형이 나오지 않으면 샘플링 과정에서 취소한다. 제조 담당자와 갈등이 있을지라도 제대로 된 제품을 위해 다양한 업체의 샘플을 받을 것을 요구한다. 엉성하게 만든 제품은 소비자의 재구매가 보장되지 않고 제품 단종으로 이어지기 때문에 제품력을 갖추는 것은 매우 중요하다. 그러나 2017년은 시간과 자본에 쫓기고 있었고 제조사 네트워크도 충분하지 않았다. 모든 게 엉망이었다.

게다가 소비자에 대한 명확한 이해 없이 제품을 만들다 보니 제품 생산 이후 영상 광고를 만드는 과정에서야 무언가 잘못되었음을 깨달았다. 기본적으로 코팩은 코 위에 도포된 후 빠른 시간 안에 건조하고 시트를 떼어내면서 블랙헤드를 탈락시키는 원리를 가진다. 즉, 코가 말라 있는 상태에서 도포해야 정해진 시간 안에 제형이 건조될 수 있다. 그러나 친절하게 3단계로 만들어진 우리 제품의 경우 블랙헤드를 불리기 위해 코를 적셨다가, 코팩을 바르는 과정에서 말렸다가, 다시 진정시키기 위해 적시는 단계로 구성되었다. 즉 코팩이 완벽히 제기능을 하기 위한 '건조한 코'라는 조건이 맞지 않았던 것이다. 제품에 대한 이해도가 낮았고 제조원가에 대한 고려 없이 근사한 것을 만들려고 이것저것 갖다붙이는 바람에 비싸고 아쉬운 제품이 생산됐다.

아비셀 브랜드 제품의 악몽은 3단 코팩으로 끝나지 않았다. 이어 출시된 제품 역시 동일한 제조사에서 만든 미백크림이었고 결론부터 말하면 망한 제품이었다. 두 번째 제품의 제조 생산은 다른 제조사로 진행하고 싶었으나 제조 담당자의 고집으로 변경이 어려웠다.

▶ 아비셀 미백크림

다행히 샘플링 과정에서 미백크림의 제형은 잘 잡혔다. 발림성과 흡수성이 좋았고 하얗게 일어나는 백탁현상이 적으면서 피부는 뽀얗게 연출되는 제품이 완성됐다. 미백크림을 발랐을 때의 비포앤애프터가 확실해서 비주얼적으로 영상화했을 때도 그림이 제법 예쁘게 연출되었다.

그러나 첫 라운드 판매가 무사히 끝나고 재생산된 제품에서 문제가 발생했다. 제조 과정에서 발생한 문제로 성상 분리현상이 발생한 것이다. 재생산된 제품이 물류사에 입고돼 한창 팔리고 있는데 크림 위에 오일이 분리된 채 동동 떠 있다는 CS가 접수된 것이다. 여러 건의 클레임이 들어오자 즉시 물류사에서 입고된 제품을 무작위로 추출해 뚜껑을 열어봤다. 크림과 오일 성분이 분리된 채 고객 말대로 크림 위에 오일이 동동 떠 있었다. 그 순간 망연자실하게 제품을 바라봤다. 제품이 이렇게 제조된 이유는 무엇일까? 왜 우리에게는 이런 시련이 연이어 찾아오는 것일까? 한참 인기리에 팔리던 아비셀 미백크림은 그렇게 판매 종료를 선언했다. 구매한 고객 전원에게 전화해 제품을 회수했고 환불했다.

그리고 다시는 그 제조사를 쳐다보지도 않았다. 두 번 연속 제품 제조에 있어 실수했던 직원은 회사를 떠났다.

이어 제조한 제품은 아비셀 어성초 비누와 어성초 세럼이었다. 그동안의 실수를 만회하기 위해 신중하게 접근했다. 아비셀 어성초 세럼은 제조사를 통해 어성초 추출물을 얼마나 넣을지 결정하는 과정에서 샘플링 작업이 여러 차례 이루어졌다. 어성초는 트러블 피부에 좋다고 알려져 있는데 내부 직원 전원이 임상테스트를 해보니 제품력이 꽤 좋았다. 변경된 제조사는 제품 제형을 잘 잡았고 안정적으로 생산했다. 아비셀 어성초 세럼을 기반으로 회사는 다시 한 번 일어설 수 있었다. 제품은 잘 팔렸고 우리는 두 번의 실수를 딛고 이제는 좋은 성과를 만들면 되겠다며 다시금 파이팅을 외쳤다. 밤새워 광고를 만들어도 지치지 않았고 노력은 매출로 보답했다. 그리고 장밋빛 미래에 잠시 취했던 어느 즈음이었다.

표시광고법 위반으로 식약처에서 2명의 여성 담당자가 방문했다. 우리는 스타트업이고 표시광고법에 대한 이해가 부족했다며 선처를 부탁했다. 대개 표시광고법을 처음 위반할 경우 해당 문구 수정 또는 훈계로 조치하는 것이 일반적이다. 그러나 우리 담당자는 어림없었다. 그들의 표현은 인상적이었다. '우리도 위에서 떨어진 게 있어서 이번 달에 1건은 해야 한다'며 '2건으로 왔으니 1건은 봐주고 하나만 광고 정지 처분을 하겠다'고 했다. 식약처라는 조직도 월 목표 달성치가 있고 우리와 같이 무지한 업체들이 목표 달성을 위한 쉬운 먹잇감이었을 것이다. 조직이란 그러하다. 주어진 목표를 달성해야 인사고과에 반영될 테니 이번 달 1건은 맞춰야 한다는 표현이 씁쓸했지만 받아들여야 하는 운명이었다. 아비셀 어성초 세럼은 3개월 광고 정지 처분이 내려졌다. 아비셀은 그렇게 망했다.

제조원가가 지나치게 비싸고 제품에 대한 이해 없이 생산 판매했던 아비셀 3단 코팩, 크림과 오일층이 분리되는 불완전했던 아비셀 미백크림, 광고 정지 처분으로 역사의 뒤안길로 사라진 아비셀 어성초 세럼까지 우리는 2017년에 만들었던 모든 것을 잃었다. 무식해서 용감했지만 돈도 잃고 사람도 잃고 시간도 잃었다. 그리고 대미의 장식은 2017년 12월 31일 모두가 쉬는 일요일, 사무실 상수도관이 폭발하는 것으로 마무리했다. 보안경비업체의 연락을 받고 직원 2명과 현장에 도착해 보니 그 넓은 사무실 바닥 전체가 10cm 이상 물에 잠겨 있었다. 컴퓨터는 침수되었고 바닥에 있는 집기들이 모두 차가운 물 속에 가라앉아 있었다.

문제 해결을 위해 119에 연락해 소방대원이 4명이나 출동했지만 타공할 곳이 없어 결국 철수하고 나와 직원 2명은 발에 동상 걸리는 것도 모른 채 슬리퍼를 신고 한 겨울 빗자루와 밀대를 이용해 화장실까지 물을 퍼다 날랐다. 2018년 새해 아침에도 회사에 나와 물을 마저 퍼냈다. 슬픔, 분노 어떠한 감정을 느낄 새도 없이 나는 사무실을 찾기 위해 여기저기 뛰어다녔다. 2018년 1월 2일, 포스코 사거리에 위치한 패스트파이브라는 공유 오피스로 이사했다.

집기는 대부분 버려야 했다. 돈은 없었고 망가진 PC 중 일부를 살려 일했다. 컴퓨터를 다시 살 돈도 없었다. 2월에 직원들 월급 줄 돈이 없어서 개인 예금 3천만 원을 해약했다. 중소벤처기업진흥공단에서 대출을 받은 데 이어 신용보증기금에 개인보증으로 돈을 빌렸다. 지옥 같은 시절이었다. 그럼에도 불구하고 미디어커머스 기업으로서 사업을 이어나갔고 2018년 4월 다행스럽게도 메가인베스트먼트로부터 15억 원의 투자를 받았다. 그리고 우리는 셀로몬 브랜드를 론칭하면서 미디어커머스 기업으로서 전성기를 맞이했다.

1-2 미디어커머스가 뭔데?

미디어커머스란 미디어media와 이커머스E-commerce를 합친 단어다. 미디어커머스 개념 안의 미디어는 기본적으로 디지털 광고 마케팅에 활용되는 모든 종류의 광고 콘텐츠를 칭한다. 영상, 이미지, 텍스트, 배너 등 제품이나 서비스 판매를 위한 각종 콘텐츠를 미디어라 부른다. 이커머스는 온라인쇼핑 거래를 의미한다.

2016년 초창기 미디어커머스는 광고 콘텐츠를 영상으로 만들어 운영했기 때문에 어떤 기업들은 자신들을 미디어커머스 대신 '비디오커머스' 기업이라고 했다. 2020년에는 '콘텐츠커머스' 기업이라 부르는 업체도 등장했지만 포괄적인 개념은 미디어커머스라 보는 것이 좋다.

미디어커머스는 한마디로 '보고, 산다'로 정의할 수 있다. 소비자가 SNS 채널과 각종 온라인 플랫폼상에서 제품 광고 영상을 보고 마음에 들어 해당 영상을 클릭했을 때 나오는 제품을 클릭 몇 번으로 구입하는 구조이기 때문에 '보고, 산다'고 표현할 수 있다는 뜻이다.

2016년 겨울 미디어커머스 비즈니스 모델로 IR을 하던 당시 발표를 마친 내게 투자자들이 '그냥 온라인 도소매업 아니냐'고 폄하하며 쏘아붙인 적이 있다. 엔젤투자라운드를 위한 공개 PT 자리였는데 퍼포먼스 마케팅에 대한 개념조차 생소했던 시절이었다. 투자자들은 우리 경쟁력이 무엇인지 질문을 던졌고, 나는 '퍼포먼스 마케팅'이라 답했지만 정확히 이해하지 못한 상태에서 대수롭지 않은 듯 낮은 점수를 줬다. 이때 투자를 받지 못했다.

그러나 그 후 얼마 되지 않은 시점에 미디어커머스 선두 기업인 블랭크TV(현 블랭크코퍼레이션)가 퍼포먼스 마케팅의 경쟁력을 내세워 소프트뱅크벤처스에게 100억 원의 투자를 받았다. 블랭크TV는 블랙몬스터 다운펌이라는 제품으로 대박을 낸 후 바디럽 브랜드를 론칭해 마약 베개, 필터 샤워기를 판매하면서 급격히 성장했다. 2018년에는 SBI인베스트먼트, 유니온투자파트너스 같은 벤처캐피탈에게서 추가 300억 원의 투자를 받기도 했다.

2020년 8월 코스닥에 상장한 브랜드엑스코퍼레이션은 2017년 8월 설립해 애슬레저 브랜드 젝시믹스를 론칭했다. 이 회사는 설립 3년 만에 코스닥 상장 쾌거를 달성했고, 2019년 매출 556억 원, 2020년 1092억 원으로 두 배 가까운 성장을 하더니 작년에는 1478억 원의 매출을 기록했다.

유재석 화장품으로 알려진 메디큐브를 비롯해 에이프릴스킨, 널디 의류 브랜드 등을 운영하는 에이피알은 2014년 설립 후 2018년 미래에셋투자, NH 투자증권, KB증권으로부터 276억 원의 투자를 받았다. 에이피알은 전년동기대비 17.8% 성장한 작년 2199억 원의 매출을 기록하면서 지난해 사상 최대 매출 실적을 보였다. 푸드 관련 미디어커머스 기업으로는 '오늘 뭐 먹지'로 이름을 알린 쿠캣이 2019년 GS 홈쇼핑으로부터 50억 원의 투자를 받았고 2022년 1월 GS리테일에 인수되었다. 보정 속옷 브랜드로 출발한 어댑트는 20여 개 브랜드를 운영하며 성장했고 2019년 아주IB투자, 롯데홈쇼핑 등으로부터 120억 원을 투자받았다.

우리 회사 역시 설립 2년차인 2018년 40억 원의 매출을 찍고 메가인베스트먼트, 산업은행, 기업은행으로부터 누적 70억 원의 투자를 받았다. 급격한 성장세와 대규모 투자 소식이 전해지면서 2018년부터는 금융권에서도 관심을 갖고 미디어커머스 기업을 찾는 모습으로 분주했다. 퍼포먼스 기반 마케팅을 하는 미디어커머스 기업들은 2017년에서 2019년 사이에 뜨거운 관심과 대규모 투자를 받았다.

미디어커머스 기업은 데이터를 기반으로 광고를 운영하고 효율적으로 비용을 관리하는 퍼포먼스 마케팅이라는 경쟁적 차별점을 바탕으로 시장에서 상당한 인기를 끌었다. 퍼포먼스 마케팅 등장 이전에는 기업의 광고 마케팅에 데이터가 중심이 되는 경우는 거의 없었다. 일부 기업들이 데이터를 분석하고 이에 맞는 광고 마케팅을 펼치기도 했지만 데이터가 마케팅 활동의 중심이 되지는 않았다.

그러나 미디어커머스 기업들은 등장하자마자 데이터 기반으로 퍼포먼스 마케팅을 수행했고, 제품을 만들면 불티나게 팔리니 외부의 시선에서 봤을 때 신기할 수밖에 없었다. 우리 회사도 자본금 5천만 원으로 시작했는데 첫 해 매출 10억 원을 찍었다. '광고비 1만 원만 써도 제품이 10만 원어치 팔렸다구요?' '광고비를 그렇게 적게 써도 사람들이 알아주나요?' 각종 질문이 쏟아졌는데 실제 미디어커머스 시장 초기에는 높은 ROAS와 적은 광고비로 신기하게 제품이 잘 팔렸다.

미디어커머스 비즈니스는 제품의 기획, 제조, 디자인, 광고 마케팅, 판매, 사후관리로 이어지는 모든 업무가 유기적으로 얽혀 있다 보니 속도가 매우 빠르고 기민하게 움직였다. 또한 기존 광고 방식과 달리 제품을 구매할 만한 타깃을 정밀하게 설정해 광고를 집행하기 때문에 비용 측면에서도 누수가 적었다. 돈은 적게 쓰면서도 핵심 타깃 고객에게 광고를 보여주어 제품 구매로 빠르게 이어지니 어느 유통 기업이라 해도 부러워할 광고 기법이었다.

기업들은 너도나도 할 것 없이 퍼포먼스 마케팅과 미디어커머스의 장점을 배우기 위해 혈안이 됐다. 꽤 많은 유통업체가 내게 강연을 요청했고 언론매체에서도 정기 포럼 행사를 개최하는 등 비즈니스를 파악하기 위해 난리였다. 그야말로 제조 유통 업계 패러다임에 변화를 가져온 충격적인 비즈니스의 등장이었다. 그러나 2018년이 지나면서 미디어커머스 비즈니스 자체는 특별할 것이 없어졌다. 기업이 그들이 배운 것을 바탕으로 조직 내부에 미디어커머스팀을 신설하기 시작하면서 **퍼포먼스 마케팅은 비즈니스 모델이 아닌 하나의 마케팅 기법으로 변화한 것이다.**

2018년 뉴미디어 광고 시장에 유명 화장품 기업들을 필두로 퍼포먼스 마케팅을 적용한 대기업 SNS 광고가 등장했는데 이들은 기존 미디어커머스 기업의 광고 콘텐츠를 레퍼런스로 하여 배우고 성장해나갔다. 2019년이 지나면서 화장품 기업뿐만 아니라 홈리빙, 가구, 디바이스 등 유통 기업 제품의 SNS 광고가 대거 쏟아져 나왔다. 그야말로 퍼포먼스 마케팅이 진정한 마케팅 기법 중 하나로 자리하게 되었다. 그만큼 뉴미디어 광고 시장은 예전보다 경쟁이 치열해졌고, 이에 소비자는 피로를 느껴 광고가 없는 SNS를 찾아 옮겨가는 모습을 보였다.

2021년에는 대기업들이 더 큰 움직임을 보이기 시작했다. CJ ENM은 미디어커머스 사업 조직을 떼어 내 자회사 다다엠앤씨를 설립했다. 이들은 다다픽이라는 상품 판매 플랫폼을 운영하면서 미래에셋자산운용으로부터 210억 원의 투자를 받았다. GS홈쇼핑은 MCN 기업 레페리에 100억 원 규모의 전략적 투자를 단행했고, 현대홈쇼핑은 2021년 12월 미디어커머스 사내 독립기업(CIC)을 신설했다. 20여 명 정도로 구성된 CIC 조직에서는 생활용품, 헬스케어, 이너웨어 제품을 중심으로 사업을 전개할 것이라고 했다.

미디어커머스 비즈니스가 등장했을 때 제조 유통 시장 패러다임의 변화를 가져왔고 비즈니스 모델 그 자체로 투자가 꾸준히 이루어졌다. 이후 퍼포먼스 마케팅에 대한 시장의 검증이 끝나고 기존 유통 대기업들은 내부에 조직을 두어 퍼포먼스 마케팅을 마케팅 기법으로 활용하기 시작했다. 일부 투자자들은 대기업까지 진출했으니 이제 미디어커머스 기업이 경쟁력을 잃은 게 아닌지 우려 섞인 질문을 하기도 한다. 그러나 미디어커머스 기업은 꾸준히 진화하고 있다. 그동안 축적한 데이터를 바탕으로 시장 변화, 소비자 움직임을 쫓아 다음을 준비하고 있다. 퍼포먼스 마케팅은 여전히 중요하며 '데이터'에 기반한다는 것만으로도 다가올 변화에 적응하며 활용할 수 있는 마케팅 기법이라는 뜻이다.

그러한 점에서 미디어커머스를 중심으로 지난 5년간 시장과 소비자는 어떻게 변화했으며 미디어커머스 기업들은 광고 시장에서 어떻게 적응했는지 살펴봐야 한다. 이를 바탕으로 앞으로 맞이할 광고 시장은 어떤지 그리고 변화하는 상황에 어떻게 대응해야 하는지도 함께 살펴보자.

Performance Marketing • Performance Marketing

따지고 보면
옛날이 좋았지

Performance Marketing • Performance Marketing • Performance Marketing

각 분야 온라인 기업들의 시장이 재편되는 시점은 언제일까? 여기서 말하는 시장의 재편이란 재무제표나 평판, 영향력 등으로 기업의 순위가 매겨지고 소비자의 최초상기도top of mind에도 1-3위에 오르는 것을 의미한다. 백화점이라는 단어가 나왔을 때 소비자는 현대백화점, 롯데백화점, 신세계백화점 등을 떠올리고 배달앱 하면 배달의민족, 쿠팡이츠, 요기요를, 숙박앱 하면 야놀자, 여기어때 등을 떠올린다. 이처럼 최초상기도는 특정 분야, 단어를 언급할 때 소비자 마음속에 가장 먼저 떠오르는 기업이나 브랜드를 지표화한 것으로 업계의 대표적인 기업, 브랜드를 알 수 있다.

2010년 이후 온라인 비즈니스를 지켜보면서 시장이 재편되는 시점을 체크해 왔는데, 몇몇 기업들이 소비자의 마음속에 기억되는 시점은 해당 분야 선두기업의 연간 매출이 1천억 원을 돌파하는 시점이었다. 1위 업체가 확고하게 자리매김하기 전까지는 기업들의 각축전이 격렬하게 펼쳐진다.

소셜커머스 기업의 사례로 살펴보자. 소셜커머스라고 하면 우리는 쿠팡, 위메프, 티몬을 쉽게 떠올린다. 그리고 소비자들이 이 세 업체를 떠올리게 된 시점은 2013년부터다. 참고로 소셜커머스는 국내에서 2010년 이름을 알리기 시작했다. 당시 티켓몬스터, 위메이크프라이스 등의 이름으로 등장해 1일 1쿠폰을 제공하는 방식으로 서비스를 시작해 지금의 모습으로 자리하게 되었다.

2013년 티몬을 시작으로 쿠팡, 위메프가 연간 순매출액 1천억 원을 돌파했고 시장이 정리되기 시작했다. 그루폰이라는 해외 업체도 2011년 들어와서 공격적인 마케팅을 하다가 2014년 매출 부진으로 철수했다. 2013년에 티몬은 순매출액 1천억 원을 돌파했고 쿠팡은 연간 누적거래액 1조 원을 돌파했다. 이후 5년 뒤인 2018년 쿠팡은 월 거래액 1조 원을 돌파했다. 이로써 시장이 재편되었고 소비자들이 소셜커머스를 이야기할 때 주저없이 쿠팡, 위메프, 티몬을 떠올린다는 것에 누구도 이견은 없을 것이다.

매출액 1천억 원에 대한 온라인 기업의 시장 재편의 기준은 다른 온라인 비스니스에도 적용된다. 예를 들어 배달의민족 서비스를 운영하고 있는 우아한형제들은 2017년 1626억 원으로 연매출 1천억 원을 돌파했다. 그 시점 이후 약간의 순위 변동이 있었지만 현재 배달앱의 대표적인 업체들은 배달의민족, 요기요, 쿠팡이츠 등으로 압축된다. 2018년 숙박앱의 대표 기업인 야놀자가 매출 1900억 원을, 장보기앱 전문 기업 마켓컬리는 1571억 원의 매출을 기록했고, 미디어커머스의 대표기업 블랭크코퍼레이션은 1160억 원으로 매출을 마감했다. 다양한 온라인 비즈니스 중 나는 온라인쇼핑 즉 전자상거래를 이야기하고자 한다. 온라인쇼핑은 처음 통계청에서 국내 전자상거래액을 조사하기 시작한 2001년 3조 3470억 원에서 시작해 20년도 채 안 된 2018년 연간 거래액 100조 원을 돌파했다. 20년간 시장이 30배나 성장한 것이다.

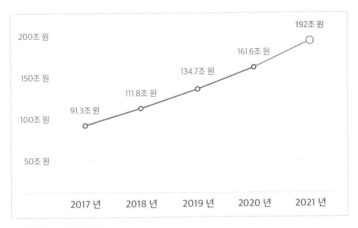

▶ 국내 전자상거래 규모

내가 미디어커머스 사업을 시작한 2017년부터 국내 온라인 쇼핑거래액을 보면 2017년 91조 3000억, 2018년 111조 8939억, 2019년 134조 7370억 원 그리고 2020년 161조 6995천억 원을 기록했으며 2021년에는 약 192조 원의 거래액을 기록했다. 이제 전자상거래 200조 원 돌파를 눈앞에 두고 있다.

이커머스가 성장할 수 있는 이유는 어디에 있을까? 2020년부터 이어져오는 코로나19 팬데믹 상황은 예외로 하고 가장 중요한 성장 요인을 살펴보자면 크게 두 가지로 나눌 수 있다.

첫 번째 요인은 물류와 배송의 경계가 허물어진 것이다. 몇 년 전 한 마트의 전무가 '모든 제품이 온라인으로 주문, 배송되더라도 신선 식품은 최후의 보루로 남을 것'이라는 이야기를 사석에서 언급한 적 있다. 그러나 현재 우리는 새벽 배송을 통해 신선한 달걀과 꽝꽝 언 아이스크림이 문 앞까지 배달되는 경험을 하고 있다.

불가능한 배송 영역이 사라지고 있다. 기업들은 새벽 배송에서 더 나아가 당일 배송, 수 시간 내의 배송까지도 약속하면서 공격적인 마케팅을 펼치고 있다. 이러한 흐름에 맞춰 물류 시스템이 고도화되고 있다. 사전에 지역별 평균 수요량을 예측해 거점 물류 센터에 필요한 수량만 보관하면서 적시에 출고하는 식으로, 수요예측에 따른 재고관리에 기반한 배송이 이루어지고 있다.

두 번째 요인은 소비자의 선택 영역에 있어서의 변화다. 불과 몇 년 전만 해도 쇼핑을 하면 기본적으로 2-3일 배송을 기다리는 것은 당연했다. 하지만 현재 소비자들은 더 빠른 배송을 선택할 수 있으며 원하는 배송 시점을 결정할 수도 있다. 그리고 이러한 니즈가 물류 혁신으로 충족되고 있다. 유통 기업들이 새벽 배송, 주문 후 2-3시간 내 배송을 서비스하고 있다 보니 소비자는 이틀 기다려 제품을 받는 선택을 할 수도 있고 다음날 아침 배송을 선택할 수도 있다.

교환, 반품, 환불도 편리해졌다. 제품을 교환, 환불할 경우 온라인에서 클릭 몇 번이면 언제 제품을 회수해갈지, 어떠한 조건으로 교환할지를 선택할 수 있고 소비자는 택배기사를 기다릴 필요 없이 정해진 시간에 맞춰 제품을 문 앞에 두기만 하면 된다. 어느 기업의 경우 소비자가 반품 요청을 할 경우 새제품을 먼저 발송하고 난 후 반품 제품을 회수한다.

집단지성으로 인한 스마트 소비도 소비자의 선택 영역에 있어서의 변화를 가져왔다. 제품을 구매하기 전 커뮤니티, 블로그, 제품의 구매후기를 통해 각종 정보를 수집하기 때문에 소비자들은 제품에 대한 사전 이해가 높고, 가격을 비교해 최적의 제품을 찾는 스마트한 소비 행태를 보인다.

더불어 오프라인 매장에서의 쇼핑 활동이 줄어든 만큼의 기회비용을 다른 여가 활동에 쏟을 수 있기 때문에 온라인쇼핑을 선택하기도 한다. 미디어커머스 기업은 무너진 배송 경계, 소비자의 선택 영역의 확대로 인해 온라인쇼핑 성장 국면에 편승해 동반 성장했다.

한편, 미디어커머스 기업들은 사업을 영위해 나가면서 시장의 성숙도, 소비자 구매여정, 각종 광고 제약 등의 변화에 따라 매년 시장을 분석하고 마케팅 전략을 수정하고 있다. 작년에는 가능했던 광고가 올해 광고 정책 변화로 불가능한 광고가 되는 경우도 있어 각 기업의 마케팅 담당자는 변화를 주시하고 그에 맞는 마케팅 활동을 한다.

매해 새로운 이슈와 트렌드가 발생하고 사라진다. 지금부터는 2015년 이후 매년 시장이 어떻게 변화했는지 살펴보고 시기별 유효했던 광고 전략, 소비자가 주목했던 플랫폼들을 이야기하고자 한다. 앞으로의 시장 변화에 대처하는 방법을 찾는 데 도움이 되길 바란다.

2015년, 콘텐츠를 만들면 소비되었다

주요 키워드	#MCN #유튜브 #스낵콘텐츠 #웹드라마
주요 플랫폼	f 페이스북, ⓘ 인스타그램, ▶ 유튜브
광고 콘텐츠 포맷	네이티브 애드, 브랜디드 콘텐츠

시청자　　　　　콘텐츠　　　　　콘텐츠 소비

2015년 LTE 시대에 접어들면서 언제 어디서나 모바일로 스트리밍 영상을 시청하게 됐다. 뉴미디어 기업들이 채널을 개설해 콘텐츠를 제작하고 구독자를 늘려나갔다. 당시 인기 콘텐츠는 주로 스낵 콘텐츠, 웹드라마류였고 소비자들은 이를 왕성하게 소비했다. 이 당시 시장의 모습은 공급자는 콘텐츠를 만들고, 수요자는 콘텐츠를 소비하는 시장으로 정의되었다.

　SNS 플랫폼 중에는 페이스북 페이지가 가장 인기를 끌었다. 메이크어스, 72초와 같은 콘텐츠 제작 MCN 기업이 성장했고 일반인 커버곡 영상, 간단한 요리 레시피, 상황극, 웹드라마, 꽁트 같은 다양한 소재로 영상 콘텐츠를 만들었다. 뉴미디어는 기존 올드미디어와 달리 호흡이 빠른 편이었고, 3–5분 길어도 10분 이내의 영상 콘텐츠가 인기를 끌었다. 이러한 스낵 콘텐츠가 인기를 끌면서 뉴미디어 기업들은 대규모 외부 투자를 통해 덩치를 키워나갔다.

　뉴미디어 기업들에게 있어 SNS 채널 중 페이스북 페이지가 인기 있었던 이유는 콘텐츠의 자연 도달률이 높았기 때문이다. 오가닉 도달률organic reach이라고도 부르는 이 개념은 콘텐츠를 올릴 경우 구독자의 피드에 유료 광고 없이 노출되는 것을 의미한다. 2015년만 해도 페이스북 페이지 구독자가 10만 명일 경우 콘텐츠 하나를 올리면 평균 6천 명의 구독자 개인 피드에 노출되었다. 그리고 구독자가 좋아요, 댓글, 공유하기 반응을 보이면 해당 콘텐츠는 기하급수적으로 확산되는 특징이 있었다.

많은 구독자에게 콘텐츠가 퍼질 수 있다는 것은 기업 입장에서는 영향력이 있음을 의미한다. 기업이 메시지를 전달하기 위해서 기본적으로 다양한 광고 매체, 미디어를 통해 비용을 지불해야 하지만 많은 구독자를 확보한 페이스북 페이지가 있으면 비용 없이 손쉽게 메시지를 전달할 수 있었다. 그 결과 뉴미디어 기업들이 구독자 많은 페이스북 페이지를 암암리에 불법으로 매매하곤 했다.

뉴미디어가 성장하면서 전문 영상 제작자, 콘텐츠 에디터가 양산되었다. 이들은 올드미디어의 호흡과는 다른 SNS 채널에 적합한 콘텐츠를 올리면서 콘텐츠별 소비자 데이터를 축적하여 소위 '대박 공식'을 찾아내기도 했다. 대박 공식이란 소비자들이 좋아하는 콘텐츠 유형, 소재 등을 파악해 유사 콘텐츠를 만들어 올리면 기본 이상의 조회수가 보장되는 콘텐츠를 말한다.

내가 일했던 뉴미디어 회사인 M사에서는 대박 공식을 찾아내기 위해 CMScontents management system와 바이럴 스코어 지표를 만들어 운영했다. 바이럴 스코어란 콘텐츠를 올린 후 10분 이내의 좋아요, 댓글, 공유하기 같은 인게이지먼트engagement를 수치화하고 가중 평균을 적용해 점수화하는 것을 의미한다. 예를 들어 바이럴스코어 10점 만점에 8점이 나올 경우 해당 콘텐츠는 100만 조회수가 나온다고 예측했고 대체로 적중했다. 그렇게 M사에서는 대박 공식을 찾아가며 소비자가 좋아할 만한 영상을 꾸준히 시장에 공급했다. 또한 내부에 CMS를 갖추고 있었는데 이는 콘텐츠를 제작해 업로드하면 동시에 여러 페이지, 채널에 전송할 수 있는 시스템이었다. CMS를 활용해 콘텐츠를 한 번에 여러 채널에 배포함으로써 영향력이 더 높은 채널을 파악하거나 채널별 적절한 콘텐츠 포맷을 찾아갔다.

2015년에는 콘텐츠 제작 수준이 이전보다 꽤 높아졌다. UCC와 같은 일반인들이 만든 아마추어 영상 자리를 대신해 뉴미디어 기업 소속 영상 PD들이 품질 높은 숏폼 영상 콘텐츠를 제작했다. 뉴미디어 기업에 소속된 PD들은 대부분 올라운드플레이어로 시나리오 구상부터 기획, 제작, 연출 편집을 혼자 진행할 수 있어 경쟁력이 높았다. 실제 전 직장에서는 PD 2명이 웹드라마를 제작하기도 했다. 이들은 대단위 스태프와 비용을 들여 정교하게 만드는 지상파 예능 프로그램이나 드라마까지는 아니더라도 모바일 세대가 충분히 호응할 수 있는 콘텐츠를 만들어냈다. 스낵 콘텐츠는 주로 '어느 장소에 놀러가면 꼭 경험해야 할 맛집 10곳' '특정 성향의 사람들이 흔히 하는 행동 5가지' 등 순위를 매기는 추천 콘텐츠가 인기를 얻었고 맛집 탐방, 요리 레시피, 상황극 연출의 호응도 높았다.

뉴미디어 기업들이 구독자 많은 SNS 채널을 바탕으로 영상 제작 인력과 관리 시스템을 갖추자 기존 기업들이 광고를 의뢰하는 경우가 많아졌다. TV CF 제작만 해도 광고 영상 제작을 위한 모델료, 장소 섭외, 제작사 섭외 등의 비용과 완성된 영상을 내보내는 매체비가 추가로 들었지만 뉴미디어 채널은 낮은 가격에 광고 영상 제작과 매체 집행이 가능했다.

전 직장에서는 광고 영업을 할 때 영향력 있는 페이스북 페이지를 보여주면서 업로드 비용은 무료로 하되 제작비만 받는 식으로 협의하여 광고를 수주해오는 경우가 많았다. 기업 입장에서는 매체비를 절감할 수 있으며 모바일 세대를 타깃으로 광고를 보여줄 수 있기 때문에 손해 볼 것 없는 제안이었다. 이러한 제안으로 제작한 광고를 네이티브 애드, 브랜디드 콘텐츠라 부른다. 네이티브 애드의 특징은 기존 페이스북 페이지와 같은 SNS 채널의 톤앤매너를 훼손하지 않으면서 '광고인 듯 광고 아닌 광고'로 제작되었기 때문에 오히려 시청자들이 적극적으로 광고를 공유하는 현상이 많았다. 예를 들어 커버곡 페이스북 페이지에 일반인이 신곡을 부른 영상을 직접 포스팅하는 것이 네이티브 애드다. 영상을 시청한 사용자가 친구들에게 자연스레 공유하며 바이럴하기 때문에 광고주 입장에서는 거부감 없이 신곡을 알릴 수 있었다.

2015년 뉴미디어 초기 광고 시장은 뉴미디어 기업의 영상 제작자와 마케터가 콘텐츠를 만들면 소비자가 콘텐츠를 소비하는, 콘텐츠를 만들기만 하면 소비되는 시장이었다. 또한 뉴미디어 기업의 마케터는 SNS 광고 초기 시장에서 광고 콘텐츠별 노출수, 클릭률, 전환율 등의 핵심 데이터를 축적했으며 대박 공식을 가진 콘텐츠 포맷을 자산화했다.

2016년, 콘텐츠를 보면 구매가 일어났다

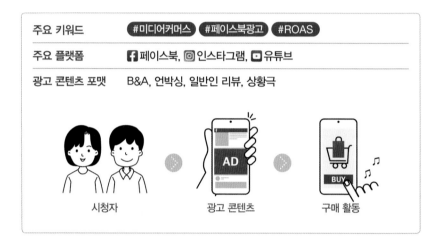

주요 키워드	#미디어커머스 #페이스북광고 #ROAS
주요 플랫폼	페이스북, 인스타그램, 유튜브
광고 콘텐츠 포맷	B&A, 언박싱, 일반인 리뷰, 상황극

시청자 　　　　광고 콘텐츠 　　　　구매 활동

2016년 뉴미디어 광고 시장은 공급자는 콘텐츠를 만들고, 소비자는 제품을 구매하는 것으로 이어지는 시장이었다. 이 시기에는 MCN 기업 출신의 직원들이 미디어커머스 비즈니스를 시작했다. 대표적인 기업이 블랭크TV(현 블랭크코퍼레이션)였는데 메이크어스 출신 직원 6명이 모여 사업을 시작했다. 이들은 MCN 기업에서 콘텐츠 대박 공식을 경험했으며 데이터를 관리하고 분석하는 업무를 담당했기 때문에 퍼포먼스 마케팅에 특화된 경쟁력이 있었다.

　블랭크TV는 첫 제품의 광고를 태우자마자 대박을 냈다. 광고 콘텐츠임에도 불구하고 소비자들이 적극적으로 좋아요, 댓글, 공유에 참여하면서 돌풍을 일으켰고 제품 론칭 3개월 만에 15억 원의 매출을 올렸다. 이때 제작된 제품이 남성용 다운펌이었다. 광고는 2분 내외 영상으로, 뜨는 옆머리가 고민인 남성의 부스스한 모습을 보여주고 이 제품을 쓰고 난 후 머리가 가라앉으면서도 멋스럽게 연출되는 변화하는 보여주는 비포앤애프터 방식이었다.

미디어커머스 기업의 광고 콘텐츠는 제품을 판매하는 영상을 만든다는 점에 있어 TV홈쇼핑과 동일하다고 생각할지 모르겠지만, TV홈쇼핑과 달리 미디어커머스 영상은 광고 크리에이티브에 대한 제약이 덜하면서 SNS 사용자의 취향 저격 광고 콘텐츠가 많았다. 제품 구매자 역시 18-35세 사이의 젊은 남녀가 주류를 이루었다.

미디어커머스는 시각적으로 제품의 효능, 기능, 특징을 설명하기 때문에 시청자의 주목을 끌었으며 영상을 보고 클릭 몇 번이면 제품 구매가 바로 가능한 결제 편의성으로 즉각적인 매출 전환율도 높았다.

2016년 미디어커머스 기업은 사용 전후를 보여주는 비포앤애프터, 택배를 개봉하는 것부터 보여주는 언박싱, 일반인 사용 인터뷰, 에피소드 상황극을 주요 광고 형식으로 활용했고 대부분 인기를 얻었다. 각각의 광고 유형에 대해 알아보자.

비포앤애프터는 제품의 사용 전후를 보여주는 광고 영상으로 마케터들은 B&A(비앤에이)라고 줄여 부르곤 했다. 이 광고 포맷의 특징은 극단적인 사용 전후의 대비를 보여주면서 소비자를 자극한다. 예를 들면 제품을 발랐더니 잡티가 완벽히 가려지는 쿠션, 듬성듬성한 눈썹에 쓱쓱 칠했더니 일주일 이상 눈썹이 유지되는 타투펜 같은 식이다. 이때만 해도 식약처나 페이스북이 비포앤애프터 광고를 제재하지 않았기 때문에 이런 유형의 콘텐츠는 일반적이었다. 제품을 사용하면 극적인 효과를 볼 것이라는 환상에 묻지마 구매도 많았다. 제품력에 비해 효과가 형편없는 업체도 소비자를 기만하는 허위과장광고를 만들어 판매에만 열을 올리기도 했다. 제품의 판매가는 주로 2-3만 원 정도여서 소비자가 쉽게 지갑을 열 수 있었다. 착한 업체와 사기 업체가 혼재했다.

2016년 인기 광고 중 언박싱 영상도 있었는데 언박싱은 일반인 후기를 올리는 듯한 형식이 특징이다. 미디어커머스 기업이 섭외한 모델이 일반인처럼 연출해 택배 제품을 받아들고 박스를 개봉해 제품을 보여주고 제품을 사용하는 과정을 보여주는 영상이다. 소비자들은 이러한 연출에 대해 스낵 콘텐츠, 웹드라마를 통해 익숙하게 받아들였기 때문에 이 역시 광고라기보다 하나의 콘텐츠로 반응했다. 언박싱 영상은 2018년부터 '연출된 가짜 영상'이라며 소비자들이 외면했던 형식이지만 2016-2017년에는 상당히 인기를 끌었다. 언박싱 영상은 비포앤애프터 영상과 함께 제작되는 경우가 많았다. 소비자에게 '이 제품 이런 효과가 있어요'라는 비포앤애프터 광고 영상 다음 '일반인이 실제 써 보니 이렇더라'는 스토리로 이어졌기 때문에 소비자들은 광고성 콘텐츠와 리뷰형 콘텐츠를 함께 보면서 구매에 확신을 가질 수 있었다. 이를테면 구매후기를 영상으로 보여주는 식으로 이해하면 된다.

2016-2017년에 제작된 일반인 리뷰 콘텐츠는 섭외된 모델임을 알면서도 시청했다. SNS에서 많은 콘텐츠를 소비하는 시기였기 때문에 어떠한 콘텐츠든 쉽게 시청하고 반응했다. 그러나 2018년 이후부터는 일반인 리뷰나 언박싱 형식의 콘텐츠는 소비자에게 전혀 통하지 않았다. 소비자들은 '섭외된 모델에 의한 가짜 리뷰'라고 생각했고 영상을 걸러내기 시작했다. 물론 2018년 이후에도 일반인 리뷰 콘텐츠가 제작되는 경우가 있었는데 이 경우에는 실제 소속, 이름, 나이 등을 밝힌 구매자들을 찾아 리뷰하는 식이었다.

마지막으로 2016년은 상황극 형식이 통했다. 여러 명의 모델이 시나리오에 따라 연기하는 전형적인 웹드라마, 스낵 콘텐츠 양식을 그대로 차용한 것이다. 청춘남녀가 데이트하면서 겪는 에피소드를 풀어내면서 '이러한 상황을 대비해 이 제품을 써야 한다'라는 식의 시나리오가 많았다. 그러나 상황극 콘텐츠는 2017년에 접어들며 거의 없어진다. 스낵 콘텐츠와 미디어커머스 광고의 경계선에 있는 유형이라 제작 비용과 모델 섭외 등의 이슈가 있어 미디어커머스 기업들이 자연스럽게 포기한 것이다.

요약하면 2016년은 공급자는 콘텐츠를 만들고 소비자는 구매를 했던 시장이었다. 2015년의 경험이 그대로 이어진 초기 미디어커머스 기업에게는 빠르게 성장할 수 있는 환경이었다. 뉴미디어 광고 시장은 여전히 페이스북, 유튜브, 인스타그램이 주요 광고 플랫폼으로 자리했으며, 본격적인 미디어커머스 기업의 등장으로 제품 판매를 위한 광고 콘텐츠가 제작되었다. 광고 영상은 사용 전후를 보여주는 비포앤애프터, 언박싱, 일반인 리뷰, 상황극 콘텐츠가 효과적이었고 소비자는 광고인 줄 알면서도 시청하면서 자연스레 제품 구매 활동으로 이어졌다.

한편 식약처가 SNS 광고 채널에 광고 규제나 가이드를 내놓지 않았기 때문에 자극적인 광고, 허위과장 광고를 제작하는 업체들이 2016년 후반 우후죽순 생겨났다. 초기 미디어커머스 기업들이 성공하는 모습을 본 기존 유통사들은 대박 난 제품을 그대로 베낀 일명 '복붙 제품'을 만들어 미디어커머스 기업의 제품 가격 대비 20-30% 낮게 팔면서 시장을 빼앗아 갔다. 어디 제품뿐이겠는가. 대박 난 광고 영상까지도 그대로 베껴 판매하면서 시장을 흐려놓았다.

자극적인 광고로 인해 제품의 생애주기는 짧았다. 한 번 팔고 말 것처럼 온갖 허위과장 광고를 하는 기업으로 인해 소비자들 중 일부는 분노하기도 했다. 초기 시장이었기 때문에 기업과 소비자 모두 새로운 경험을 했고 이러한 과정을 통해 시장 상황은 점차 변화해갔다.

2017년, 자극적 콘텐츠 그리고 믿거페

주요 키워드	#미디어커머스 #믿거페 #인플루언서마케팅
주요 플랫폼	f 페이스북, ⊙ 인스타그램, ▶ 유튜브
광고 콘텐츠 포맷	실험 B&A, 3D 애니메이션, 신뢰 콘텐츠

2017년 뉴미디어 광고 시장은 자극적 콘텐츠에 이른바 '믿고 거르는 페이스북'
이라는 믿거페 현상이 심화되고 기업의 옥석이 가려지는 중요한 변곡점에 놓
인 시기였다. 이 시기는 뉴미디어 MCN 기업들이 다시 주목받으면서 콘텐츠 시
장의 성장을 주도했고 페이스북뿐만 아니라 유튜브, 인스타그램이 폭발적인 인
기를 끌었다. 소비자는 더 이상 페이스북 페이지에서 광고 콘텐츠를 보지 않아
도 됐다. 이들은 자신의 SNS 피드에 일반 콘텐츠보다 광고 영상이 많다고 느꼈
고, 치열한 광고 경쟁과 자극적인 콘텐츠로 피로감이 커졌다. 2016년 과장 광
고를 보고 제품을 구매한 소비자들이 광고에 대한 일방적인 불신을 갖게 된 점
도 한몫했다. 이때부터 본격적으로 믿거페를 외치기 시작했다.

　상당수 소비자들이 페이스북을 이탈했다. 이탈자수에 대한 수치나 자료는 없
지만, 광고를 집행하는 기업 입장에서는 고객 모수의 변화를 체감하고 있었다.
이에 페이스북의 유기적 도달율 역시 급감했다. 유기적 도달은 구독자를 보유한

페이스북 페이지에 콘텐츠 하나를 올렸을 때 구독자의 피드에 자연 도달해 노출되는 비율을 의미한다.

유기적 도달 관련 발표 데이터를 보면 2012년에는 16% 정도이고 2017년에 들어서면서 3-4%까지 떨어진 것으로 추정된다. 숫자로 이야기하자면 50만 명 구독자를 보유한 페이스북 페이지가 콘텐츠를 하나 올릴 경우 이전에는 평균 8만 명의 피드에 자연 노출된다면, 2017년 이후에는 1.5만 명에게만 도달하는 것이다. 유기적 도달률이 무려 80% 감소했다. 유기적 도달이 떨어졌다는 것은 기업들이 그만큼의 유료 광고를 집행해 도달수를 올려야 함을 의미한다. 그래서 페이스북 피드 대부분을 유료 광고가 차지하기 시작했다. 당시 나도 페이스북 개인 피드를 보면 3개 중 1개는 유료 광고가 등장할 정도로 지나치게 많은 광고가 올라온다는 것을 느꼈다.

소비자들이 페이스북을 이탈함에 따라 미디어커머스 기업들은 광고 채널을 다각화하기 시작했다. 미디어커머스 초기 기업들은 광고 효율이 좋은 페이스북에서만 광고를 집행했지만, 시장 성장과 변질에 따라 다양한 플랫폼으로 광고를 분산 운영하게 되었다.

한편 믿거페와 페이스북 이탈률 증가에 따라 2016년에 효과적이었던 광고 유형은 사라졌고 2017년부터는 실험에 기반한 비포앤애프터, 3D 애니메이션, 진정성 있는 콘텐츠가 대표적인 광고 유형으로 자리 잡았다.

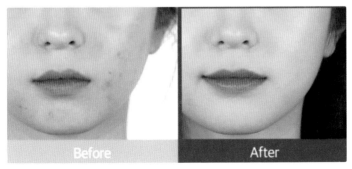

▶ 비포앤애프터 이미지

비포앤애프터 영상은 2016년엔 제품 효과를 자극적이고 드라마틱하게 보여 줬다면, 2017년에는 편집 없는 무보정 실험 영상으로 사실에 기반한 정보만을 제공했다. 또한 뾰루지를 제거하는 모습을 과도하게 확대해 보여주거나 블랙헤 드를 뽑아내는 등 자극적인 영상에 대한 거부감을 줄이기 위해 3D 애니메이션 으로 광고를 제작했으며, 이를 통해 시각적 효과는 극대화하면서도 혐오감을 주 는 콘텐츠에서 벗어날 수 있었다. 그리고 소비자로부터 신뢰감을 되찾고자, 제 조사 직원을 인터뷰하고 제품 제조 공정을 보여주는 영상과 같이 진정성을 호소 하는 방향의 콘텐츠가 많이 제작되었다.

한편 미디어커머스 시장에 관심을 갖던 대기업과 전통 유통업체가 미디어커 머스 비즈니스 모델을 차용하면서 이를 하나의 마케팅 기법으로 도입하려는 움 직임을 보이기 시작했다. 대기업의 화장품 광고도 유명 연예인의 우아한 표정에 서 벗어나 밀레니얼 세대가 볼 만한 스낵 콘텐츠 방식으로 바뀌는 움직임이 있 었다. 미디어커머스 기업뿐만 아니라 대기업도 이 시장에 뛰어들면서 경쟁이 치 열해지자 상도덕, 저작권은 뒷전이었다. 제품과 영상을 그대로 베끼는 기업이 비일비재했고 소비자들은 지속적으로 이탈했다. 그러나 2018년에 들어서면서 시장은 질서정연하게 방향을 찾기 시작한다.

한편 2017년 뉴미디어 광고 시장에서는 미디어커머스와 더불어 인플루언서 마케팅이 주목받았다. 유튜브를 통해 구독자수를 늘려온 크리에이터들이 대형 유튜버로 성장하면서 그들의 채널에 네이티브 애드, 브랜디드 콘텐츠 방식으로 기업 광고가 붙기 시작했다. 인기 유튜버들은 분기별 광고 예약 스케줄이 일찌 감치 마감될 정도로 기업들의 광고 러브콜이 쇄도했다. 이때까지만 해도 인플루 언서는 뒷광고 논란 없이 기업 광고를 했고 여러 콘텐츠 속에 광고가 뒤섞이면 서 소비자들의 구매 행동에도 많은 영향을 끼쳤다. 이후 뒷광고 논란으로 몇몇 대형 유튜버들이 사과하고 자숙하면서 활동을 중지하는 이슈도 있었으나, 이 모 든 상황이 정리되면서 2022년에는 더 새롭고 솔직한 형태의 인플루언서 광고가 자리잡게 된다.

요약하면 2017년은 자극적인 콘텐츠에 믿거폐 현상이 심화된 시장이었고, 페이스북 페이지만을 운영했던 기업은 소비자들의 페이스북 이탈 움직임을 쫓아 다양한 광고 채널로 이동하며 광고 범위를 확장했다. 그 와중에 잘 팔리는 제품과 광고 콘텐츠를 베끼는 기업들이 여전히 존재했지만, 다수의 대기업과 전통 기업이 미디어커머스 비즈니스 모델에 관심을 갖고 하나의 마케팅 기법으로 인지해 이를 배우기 시작했다.

2-4 2018년, 너는 떠들어도 판단은 내가 할게

주요 키워드	#스마트소비 #미디어커머스 #브랜딩
주요 플랫폼	페이스북, 인스타그램, 유튜브, 네이버, 구글
광고 콘텐츠 포맷	2016-2018년도 모든 콘텐츠 콘셉트 활용

시청자 — 광고 콘텐츠 — 구매 활동

2018년 뉴미디어 광고 시장은 소비자 구매여정의 변화와 스마트 소비로의 전이로 요약할 수 있다. 미디어커머스 비즈니스가 등장한 지 4년차를 맞으면서 선두 업체들은 상장 준비에 들어갔으며, 후발 주자들도 데스밸리death vally를 지난 업체 중심으로 정리되는 양상을 보였다. 이 시기 두각을 드러낸 선두 업체는 화장품 브랜드 메디큐브를 보유한 에이피알, 바디럽, 블랙몬스터 등 히트 제품을 생산한 블랭크코퍼레이션이 있다. 애슬레저 브랜드 젝시믹스를 중심으로 성장한 브랜드엑스코퍼레이션은 후발 주자였지만 2020년 8월 가장 먼저 코스닥에 상장한다.[1]

2018년 시장이 재편되면서 미디어커머스 기업을 표방한 업체 중 대략

---

[1] 마사지 기기 클럭으로 유명한 에코마케팅이 2016년 광고대행업으로 상장했다. 미디어커머스 뷰티 브랜드 유리카를 2017년 인수하면서 본격적으로 미디어커머스 사업에 뛰어들었기 때문에 순수 미디어커머스 기업으로서 상장한 것은 아니다.

40-50개 업체가 문을 닫았다. 이들은 시장의 제약과 소비자의 변화를 따라가지 못하고 중요 지표인 광고비 지출 대비 매출(ROAS)에 심각한 타격을 입지만 보유 현금마저 없어 사업을 이어나가지 못했다. 2018년 뉴미디어 광고 시장은 효율적인 광고 집행을 하기에 훨씬 어려운 시장이었다. 소비자들은 더 이상 페이스북에 머물면서 광고 콘텐츠를 보지 않았다. 이들에게 페이스북은 그들이 활동하는 다양한 플랫폼 중 하나였고 광고 콘텐츠도 여러 채널에 노출된 콘텐츠 중 하나였다.

광고를 바라보는 소비자 태도 역시 '2016년 무조건 반응한다'는 우호적인 태도에서 '2017년 무조건 회피한다'는 반응을 거쳐 '2018년 스마트한 콘텐츠 소비'로 바뀌었다. 예를 들어 소비자가 SNS에서 광고를 보면 즉각적인 구매 행동으로 이어지지 않고 네이버 지식쇼핑에서 최저가를 검색하거나 인스타그램 인플루언서의 리뷰를 참고하거나 유튜브에서 사용법과 후기를 시청한다. 그리고 결심이 선 이후에 구매한다. 그야말로 스마트 소비로의 변화가 일어난 것이다. 이에 기업은 ROAS만을 목표로 하는 광고는 더 이상 유효하지 않다는 것을 느꼈다. 전략 수정이 필요한 시점이었다.

2017년까지만 해도 미디어커머스 기업에서 퍼포먼스 마케팅을 했던 마케터들은 구매전환 광고에만 집중하면 됐지만, 2018년부터는 본격적으로 퍼널 구조에 따른 단계별 광고 전략을 짜서 운영하기 시작했다. 퍼널 구조란 잠재 고객이 회사의 브랜드를 인지하고 관심을 갖고 구매로 이어지는 퍼널funnel(깔대기) 모양의 과정을 의미한다. AIDA 모형이라고도 하는 퍼널 구조는 다음 이미지처럼 소비자가 브랜드를 인지하는 단계, 흥미를 갖는 단계, 제품 구매 의사가 있는 단계, 제품을 구매하는 단계로 구분된다.

퍼널 구조에 기반한 광고 전략은 크게 노출형 광고, 클릭형 광고, 전환형 광고 3가지로 이루어진다. 노출형 광고는 브랜드를 알리기 위한 인지를 목적으로 하는 광고로 많은 사용자에게 광고가 도달하는 것을 목표로 한다. 클릭형 광고

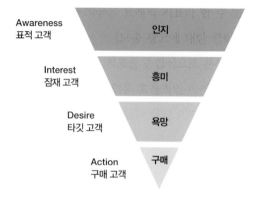

▶ 소비자 행동에 따른 마케팅 전략 AIDA 모형

는 광고 콘텐츠를 보고 댓글을 달거나 공유하거나 클릭을 통해 자사 쇼핑몰로 이동해 상세 페이지 등을 조회하는 것을 목표로 한다. 클릭수가 성과 측정의 주요 기준이 된다. 마지막으로 전환형 광고는 소비자가 행동으로 이어지는 광고로 타깃 범위가 가장 좁다. 광고를 보고 바로 구매로 이어지는 타깃에게 광고를 하기 때문이다. 전환형 광고에서 중요한 것은 얼마나 많은 구매전환이 일어났는지이며 이는 전환율conversion rate(CVR)과 ROAS로 측정된다.

2018년 이전에는 전환형 광고만 집행해도 충분했다. 영상을 보고 빠르게 구매전환으로 이어졌기 때문이다. 퍼포먼스 마케팅 측면에서도 현재와 비교하면 업무 난도가 낮은 축에 속했다. 그러나 소비자들은 스마트한 소비를 하기 시작했고 영상을 봐도 구매하지 않았다. 소비자는 탐색을 위해 다양한 채널을 뒤졌고 기업은 소비자가 이동하는 모든 경로에 광고 비용을 추가로 들였다. 이를테면 우리가 어떤 제품을 팔기 위해 페이스북 광고와 네이버 파워링크 광고, 유튜브 배너 광고 등을 집행한다고 가정해보자. 소비자들은 페이스북을 통해 광고를 접하고 네이버에서 제품을 검색해 가장 상위에 있는 우리 제품의 파워링크 광고를 클릭한다. 그리고 유튜브에 들어와 영상 콘텐츠를 소비하다가 화면에 떠 있는 우리 회사의 배너 광고를 발견하고 클릭해본다. 기업들은 페이스북 광고 비용만으로도 구매전환이 일어났던 시절에서 벗어나 페이스북 전환 광고, 네이버 검색 광고, 유튜브 배너 광고라는 세 가지 광고 플랫폼 비용을 소진해야 구매전환이 발생하게 되는 상황에 직면한 것이다. 2016년 1억 원의 광고를 집행해 4억 원의 매출을 만들며 ROAS 400%가 가능했던 시절의 광고 기법은 더 이상 유효하지 않았다. 기본적으로 비용을 3배 이상 투자해도 구매전환이 잘 일어나지 않았고 소비자는 광고를 더욱 까다롭게 보고 선택하기 시작했다.

그리고 이 시기에는 다양한 카테고리의 제품들이 쏟아졌다. 기존 미디어커머스 기업들은 대부분 화장품을 중심으로 판매했으나 2018년부터는 뷰티, 일상생활용품, 반려동물용품, 리빙인테리어 소품 등으로 품목이 급격히 증가했다. 소비자 입장에서는 선택의 폭이 넓어졌다는 의미이며 기업 입장에서는 수많은 카테고리 제품 광고와 경쟁해야 함을 의미했다. 미디어커머스의 경쟁력은 구매전환율을 극대화하는데 주안점을 둔 효율적인 퍼포먼스 마케팅 전략을 수행하는데 있었지만, 이 시기부터는 모든 퍼널 단계를 생각해 퍼포먼스 마케팅을 펼치는 방향으로 변화하였다. 모든 퍼널 단계란 우리의 자사몰로 소비자를 유입시키는 광고와 자사몰에서 제품을 구매하게끔 만드는 광고 전략을 통합해 활용하는 것을 의미한다. 그리고 퍼포먼스 마케팅을 제대로 수행하기 위해 소비자를 다양한 오픈마켓으로 유도하지 않고 자사몰으로만 모일 수 있게 트래픽을 몰아주는 전략을 취했기에 D2Cdirect to customer 전략이라 보아도 좋겠다.

2018년 뉴미디어 광고 시장은 소비자들이 스마트 소비를 하면서 기업은 구매전환율만을 따지는 퍼포먼스 마케팅 방식에 변화를 주기 시작했고, 선두 업체를 중심으로 시장이 재편됨에 따라 상당수 중소기업들이 사라졌다. 큰 기업들은 IPO 상장을 위한 단계를 밟으며 연예인, 대형 인플루언서를 활용해 자신들의 브랜드를 키워나가기 시작했다.

2-5 2019년, 결국은 브랜드잖아

주요 키워드	#브랜딩 #챌린지 #바이럴
주요 플랫폼	틱톡, 페이스북, 인스타그램, 유튜브, 네이버, 구글, 카카오
광고 콘텐츠 포맷	풀퍼널 마케팅 캠페인

2019년의 뉴미디어 광고 시장은 **결국은 브랜드**로 돌아간다고 요약할 수 있는 시장이다. 이 시기 1020세대는 틱톡, 인스타그램 스토리를 주로 이용했고 3040세대 이상은 유튜브, 페이스북을 중심으로 활동하는 모습을 보였다. 이에 따라 타깃층의 연령이나 관심사에 따라 광고주가 주력으로 운영해야 하는 광고 플랫폼이 나뉘었다. 우선 1020이 즐겨 찾았던 숏비디오 방식의 플랫폼을 알아보자. 소비자들은 텍스트, 이미지, 카드뉴스, 영상 등 수많은 콘텐츠 포맷을 거쳐 2019년에는 아예 숏폼 콘텐츠만 모아 보여주는 비디오 플랫폼을 찾았다. 이 중 현재는 유튜브에서는 쇼츠Shorts, 인스타그램은 릴스Reels, 넷플릭스의 패스트 래프Fast Laughs 등이 있지만 당시 대세는 글로벌 숏비디오 플랫폼인 틱톡TikTok

이었다.

틱톡은 15초짜리 영상을 만들고 공유할 수 있는 숏폼 비디오 플랫폼이다. 2020년 기준으로 틱톡은 전 세계 누적 다운로드 수 30억 회를 기록하며 전 세계인들이 가장 많이 다운받은 앱 중 하나로 기록되었다. 그동안 전 세계적으로 30억 회 이상 다운로드한 앱은 페이스북, 인스타그램, 왓츠앱이 있는데 이들은 모두 메타 계열사다. 이런 점에서 틱톡의 비약적 성장은 눈여겨볼 만하다.

틱톡이 성공한 요인은 무엇일까? 우선 이 서비스는 15초 이내의 영상으로 다량의 콘텐츠를 가볍게 소비할 수 있었기에 짧고 굵게 영상을 보고 싶은 1020세대의 니즈를 충족시켰다. 또한 특별한 영상 편집 프로그램 없이도 손쉽게 영상 제작이 가능하고, 페이스북과 달리 맞팔로우를 하지 않고 다른 사람이 올린 게시물을 확인할 수 있다는 점도 흥행할 수 있던 요인이다. 여기에 수익화하는 전략으로 소비자와 광고주의 성향을 파악해 브랜디드 콘텐츠 마케팅 솔루션 광고 상품으로 '챌린지'를 내걸면서 신작, 신곡, 드라마 등의 홍보가 필요한 엔터테인먼트사를 끌어들여 홍보 마케팅의 주요 수단으로 자리매김했다. 2019년에는 지코의 '아무노래' '아이스버킷' 챌린지가 크게 히트했고, 특히 '아무노래'는 2019년 8월 한 달 동안 관련 영상의 조회수가 9억 뷰를 기록하면서 광고주 입장에서 틱톡을 써야 하는 이유를 분명히 제시했다.

한편 3040세대는 여전히 페이스북, 유튜브에서 많은 활동을 보였다. 숏비디오 콘텐츠의 인기에 따라 2019년 페이스북에서도 짧은 영상 기반의 서비스인 인스타그램 스토리, 페이스북 왓츠를 적극적으로 세일즈했다. 미디어커머스 방식으로 제품을 판매하는 기업들은 타깃 소비자층에 따라 틱톡과 동시에 페이스북, 인스타그램을 활용했다. 틱톡이 인기 있다 하더라도 1020 사용자가 주고객층이라 효과있는 제품은 한정적이었다. 예를 들어 틱톡에서 1020이 자주 사용하는 립틴트 영상은 인기를 끌 수 있지만, 숙취해소제는 적절하지 않다.

2019년에는 틱톡, 페이스북, 인스타그램 외에도 네이버, 유튜브, 카카오, 구글 등 대부분의 SNS 광고 플랫폼이 광고 채널로 활용됐다. 기업들은 여러 플랫폼을 동시에 사용했지만 페이스북, 인스타그램 비중이 여전히 높은 편이었다. 타 플랫폼 대비 상대적으로 효율이 높았기 때문이다. 한편 소비자들이 브랜드와 가치를 연결하기 시작하면서 단순 할인, 프로모션 혜택만으로 판매를 이어나갈 수 없었다. 구매전환을 위한 광고뿐만 아니라 해당 브랜드가 그들의 가치, 이상과 맞는지에 대해 설명해야 했다. 이때부터 미디어커머스 기업들의 브랜딩 전략이 본격적으로 펼쳐졌다.

퍼포먼스 마케터들은 이전보다 훨씬 많은 광고 플랫폼을 활용하면서 동시에 해당 플랫폼에 맞는 풀퍼널 전략으로 소비자를 유인하는 광고를 펼쳐야 했기에 그 어느 때보다 마케팅하기 어려웠다. **퍼포먼스 마케팅은 단순히 데이터를 관리하는 게 아닌가 생각할 수도 있지만 데이터를 얻기 위해 수십 번 아니 수천 번의 광고 소재 테스트를 진행하기 때문에 잔업과 반복 작업이 많다.**

풀퍼널 마케팅full-funnel marketing 전략은 소비자가 브랜드를 인지하고 호기심을 가지고 구매로 이어지는 여정을 관리하는 각 과정에서 노출형 광고, 트래픽 광고, 전환형 광고를 적절히 운영하는 것을 의미한다. 내가 판매했던 셀로몬 브랜드의 발각질 제거제를 풀퍼널 전략의 예로 들어 본다면 각각의 광고 메시지는 다음과 같다.

소비자가 브랜드를 인지하고 상기하기 위해 **노출형 광고**에서는 '당신의 불편함에 귀 기울였습니다. 셀로몬에서 불편한 고민을 해결하세요'라는 메시지를 활용했다. 소비자들은 이 메시지에서 셀로몬은 고민을 해결해주는 브랜드로 인지하게 된다. 노출형 광고의 주요 목적은 소비자들이 브랜드를 인지하는 데 있다.

트래픽 광고 메시지는 '여름철 발뒤꿈치 각질 고민 있는 사람? 30초만에 해결하는 방법'이라는 메시지를 설정했는데, 이 메시지는 노출형 광고에서 셀로몬이 불편함을 해결해주는 브랜드라는 것을 인지하고 있는 소비자들을 타깃으로 뿌려진다. 트래픽 광고의 주요 목적은 소비자들이 우리 브랜드에 호기심을 갖고 온라인몰을 방문하게 하는 데 있다.

마지막으로 **전환형 광고** 메시지는 '24시간 동안만 추가 15% 할인 쿠폰이 제공되니 놓치지 마세요'라고 설정했다. 소비자들은 노출형 광고로 브랜드를 인지하고 트래픽 광고로 우리 사이트를 방문했다. 또 전환형 광고로 구매로 이어지게 하기 위해 소비자를 유인했다. 여기서 구매전환이 발생하면 우리가 설정한 소비자의 구매여정이 종료된다.

이렇게 풀퍼널 전략을 설정하면 소비자는 브랜드를 인지하고 지속적인 브랜드 메시지를 통해 자신과 맞는 브랜드에 호감이 생기고 점차 로열티를 갖는다. **이 과정이 반복되면서 기업의 브랜드가 브랜딩되어 간다.** 미디어커머스 기업은 소비자가 활동하는 플랫폼에서 브랜드를 알리는 노출형 광고, 소비자의 흥미를 유발하는 클릭형 광고, 그리고 구매전환으로 이어질 수 있는 혜택을 강조하는 전환형 광고를 집행하면서 어떠한 비율로 광고 비중을 두는 것이 효과적인지 데이터를 쌓아간다.

이때의 광고 비중은 신규 고객을 모객하기 위해 노출형, 트래픽, 전환형 광고를 설정할 때 어디에 얼만큼 더 많은 광고비를 투입할지에 대한 비중을 의미한다. 만약 초기 유입자를 확보하려 한다면 전환형 광고보다는 노출형 광고를 통해 브랜드가 많은 사람에게 알려지는 것이 중요하다. 이를테면 초반에는 노출형 광고, 트래픽 광고, 전환형 광고 비중을 5:3:2로 운영하다가 어느 정도 모수가 쌓이면 구매로 이어질 수 있도록 2:3:5 비중으로 변경한다. 이처럼 데이터 성과에 따라 각 광고 비중을 조금씩 수정해가면서 광고를 운영하면 되고, 이 운영방식은 모든 광고 플랫폼에 동일하게 적용된다.

2019년에 들어서면서 소비자가 브랜드에 관심을 보이자 2016년부터 미디어커머스 기업이 초창기에 활용했던 '원아이템 원쇼핑몰' 전략을 더 이상 활용하지 않게 된다. 원아이템 원쇼핑몰 전략이란 하나의 쇼핑몰에 하나의 제품만 판매하는 형태를 의미한다. 퍼포먼스 마케팅 전략을 펼치는 미디어커머스 기업은 소자본으로 창업하는 경우가 많았기 때문에 제품 하나와 잘 만든 SNS 광고로 매출을 만들어냈다. 그리고 여기서 얻은 수익으로 제품 가짓수를 늘려가며 브랜드몰로 발전했다. 그러나 2019년부터는 이러한 원아이템 원쇼핑몰 전략이 유효하지 않았다. 소비자는 더 이상 원아이템 원쇼핑몰 형태의 브랜드를 '브랜드'로 생각하지 않고 'SNS 제품'이라고 인지했기 때문이다.

뉴미디어 광고 시장도 변화했다. 2018-2019년을 지나면서 소비자의 스마트 소비, 플랫폼과 식약처의 광고 규제 강화, 브랜드로의 관심 이동으로 인해 수십 개의 미디어커머스 기업들이 폐업했고 브랜드 통폐합이 이루어졌다. 여기서 살아남은 미디어커머스 기업은 본질에 충실하고 브랜딩에 관심을 기울인 업체였다. 결국 브랜드를 키워야 오래 살아남을 수 있다는 걸 보여준 해였다.

2-6 2020년, 퍼포마도 안 먹히는데 심지어 코로나

주요 키워드	#코로나 #라이브커머스 #인플루언서마케팅 #숏폼
주요 플랫폼	틱톡, 페이스북, 인스타그램, 유튜브, 네이버, 구글, 카카오
광고 콘텐츠 포맷	실시간 소통 콘텐츠

2020년 뉴미디어 광고 시장의 화두는 효율을 잃은 퍼포먼스 마케팅과 코로나 19 팬데믹으로 성공과 실패가 공존한 시장이다. 미디어커머스는 온라인을 기반으로 하는 비즈니스여서 코로나 팬데믹 특수를 누렸을 것이라 생각한다. 물론 그런 기업도 있지만 모두 그런 것은 아니었다. 이 시기 일상생활용품, 식품업에 진출했던 미디어커머스 기업들은 재택, 비대면 환경에서 안정적인 성장세를 보인 반면 구매를 미뤄도 되는 제품군들은 성과가 저조했다. 마스크를 쓰기 때문에 여성의 립스틱을 비롯한 색조화장품 판매가 줄었고 국내외 여행 제약으로 관련 상품 매출이 사라졌다.

2020년은 모든 광고 키워드 상위 키워드가 '코로나'였다. 기업의 광고는 '코로나'를 중심으로 이루어졌다. 제품 제조에 있어서도 모든 제품의 부자재 수급은 코로나 관련 제품 생산에서 후순위로 밀렸다. 2020년 상반기에는 마스크를 구하지 못해 난리였고, 품귀현상으로 마스크 가격이 치솟는 풍경도 연출됐다. 개인 위생과 방역 때문에 손소독제 역시 비싸게 팔렸다. 손소독제 수요 급증으로 인해 공장에서는 해당 용량의 부자재 용기를 구하는 게 하늘의 별따기였고, 나 역시 200ml 제품을 생산하는데 용기가 없어 평소 1개월 내 생산되는 제품이 3개월이나 밀리기도 했다.

한편 이 시기에는 본격적인 라이브커머스 서비스가 시작됐다. 네이버, 카카오, 쿠팡 같은 대기업이 라이브커머스를 전면에 내세우면서 그립Grip과 같은 라이브커머스 모바일 앱이 코로나 수혜로 고속 성장했다. 소비자들이 집에 머무는 기간이 길어지고 비대면이 강화된 환경에 따라 판매자와 소비자가 실시간으로 소통하는 라이브커머스가 자연스레 성장할 수 있었다.

네이버는 같은 해 4월 네이버 쇼핑라이브 서비스를 시작했다. 초기에는 네이버 스마트스토어 판매자 중 파워 등급 이상인 쇼핑몰 운영자들에게만 라이브커머스 오픈 권한을 주며 베타서비스를 진행했고, 현재는 파워 등급 판매자가 아니어도 방송할 수 있게 서비스를 확장했다. 카카오는 일반 판매자가 아닌 쇼호스트가 나와 TV홈쇼핑을 그대로 모바일에 녹인 형태로 서비스를 구성했으며, 쿠팡은 개별 크리에이터들이 제품을 받아 방송을 진행하는 형식으로 라이브커머스를 운영했다.

미디어커머스 기업들도 퍼포먼스 마케팅과 함께 라이브커머스를 적극적으로 활용했다. 판매자는 라이브커머스를 통해 현장의 생동감을 전했고 소비자는 오프라인 쇼핑 경험을 온라인에서 해소하며 실시간으로 1:1 상담하는 듯한 새로운 형태의 구매 경험을 쌓아나갔다.

미디어커머스 기업들은 코로나 팬데믹의 장기화에 대비해 광고 비중을 줄였고 사업 구조를 피봇하거나 다각화하기 시작했다. 나의 경우 브랜드 채널만 운영하다가 플랫폼 신규 세팅, 인플루언서 사업을 추가로 진행했고 일부 업체는 콘텐츠 IP 사업, 광고대행업, 퍼포먼스 기반 IT 등으로 사업을 확장했다.

2021년, 광고 추적도 안 되고
타깃 마케팅도 안 된다면

주요 키워드	#코로나 #CRM #ATT #CDP
주요 플랫폼	틱톡, 페이스북, 인스타그램, 유튜브, 네이버, 구글, 카카오
광고 콘텐츠 포맷	개인화, 맞춤형 콘텐츠

2021년의 뉴미디어 광고 시장의 화두는 단연 개인화, 맞춤형 시장으로의 변화다. 본격적인 고객관계관리(CRM) 마케팅이 미디어커머스 기업의 주요 과제로 부상했다. 미디어커머스 기업은 주로 퍼포먼스 마케팅에 기반하여 데이터를 수집하고 분석해 궁극적으로 소비자들이 제품을 구매하도록 하는 데 목표를 둔다. 그러나 2021년이 되면서 세밀한 타기팅으로 마케팅하던 기존 방식에 제약이 생겼다. 애플의 개인정보보호 관련 정책이 시작되었기 때문이다.

2020년 하반기 애플은 iOS에서 운영하는 모든 모바일 애플리케이션에 사용자 데이터 수집 및 사용에 대한 동의를 개인에게 직접 구하는 것을 강제화하는 정책을 마련했고, 2021년 상반기 앱추적투명성app tracking transparency(ATT) 정책을 시행했다.

앱추적투명성 정책은 개인의 기본 정보와 활동을 기업이 동의 없이 수집해 마케팅에 사용하지 못하도록 강제하는 것인데 이 정책으로 SNS 광고 플랫폼 기업이 직접적인 타격을 받았다. 구글, 페이스북을 비롯한 여러 SNS 광고 플랫폼은 광고주들에게 개인의 데이터에 기반해 효율적인 마케팅 집행이 가능한 점을 장점으로 어필했는데, 애플이 이에 제약을 걸어버린 것이다.

그동안 애플 앱스토어에 등록된 앱들은 사용자 동의 없이도 그들의 로그를 수집했다. 예를 들자면 소비자가 특정 온라인몰에서 명품 가방을 보고 장바구니에 담아두었는데, 온라인 뉴스를 보다가 기사 중간 배너 광고에 장바구니에 담은 동일한 명품 가방이 노출되는 식이다. 아쉽게도 애플은 앱추적투명성 정책을 시행했고, 디바이스 내에 광고식별자(IDFA)를 모두 0으로 리셋하고 앱을 실행하면 팝업이 나타나 소비자가 직접 개인정보 사용에 동의 여부를 체크하게끔 만들었다. 이는 소비자 동의 없이는 광고가 불가능해졌다는 뜻이다.

다음 그림처럼 앱을 구동하기 전에 사용자에게 검색 기록과 방문 이력 등의 데이터를 추적하고 로그를 제공하는 데 동의를 구한다는 메시지를 팝업으로 띄우고 사용자들은 이에 응답하는 방식이다. 예상했겠지만 대부분의 사용자가 이에 동의하지 않았다. 애플은 2021년 4월 당시 앱추적투명성 정책을 시행한 직후 iOS 14.5 업데이트를 진행한 전 세계 이용자 530만 명 중 13%만이 앱 추적에 동의한 것으로 집계했다.

앱추적투명성은 퍼포먼스 마케터에게 청천벽력 같은 소식이었다. 광고식별자identifier for advertiser(IDFA) 수집을 못 한다는 것은 오디언스 마케팅, 개인화 광고와 성과 측정이 불가능하다는 것을 의미하기 때문이다. 안드로이드 역시 2022년 2월 2년의 유예기간을 두고 앱추적제한limit ad tracking(LAT)정책을 시행한다고 발표했다. 안드로이드는 광고 플랫폼 업체가 이에 대응할 시간을 고려해 정책을 발표했다.

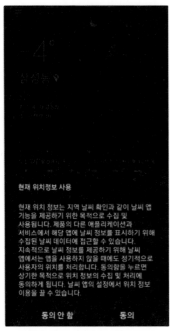

▶ 개인정보 활용 시 동의를 구하는 메시지

    2021년 11월 파이낸셜타임스 기사에서는 앱추적투명성 정책 이후로 스냅챗, 페이스북, 유튜브, 트위터 등 미국 주요 정보기술 업체들의 6개월간 매출이 약 11조 5983억 원이 증발했다고 보도했다. 이 중 광고 관련 매출 손실 규모는 동기간 전체 매출의 12%로 해당한다고 밝혔고, 앱추적투명성 정책을 고려한 새로운 광고 기반을 만드는 데 최소 1년 이상 걸릴 것으로 예측해 손실은 확대될 것으로 전망했다. 퍼포먼스 마케팅에 있어 효율과 정확성 측정이 더욱 어려워진 것이다.

    예를 들어 운동화를 구매할 남성 고객에게 광고를 보여줬고 이 중 클릭한 5% 고객의 데이터를 보고싶다고 가정하자. 이전에는 남성만 타깃으로 지정할 수 있었지만, 현재는 성별을 식별할 수 없기 때문에 전체 사용자에게 광고를 보여준

후 여기서 5%의 클릭 유저를 선별해내야 한다.

퍼포먼스 마케팅을 하는 미디어커머스 기업들은 이에 어떻게 대응하고 있을까? 우선 우리 회사는 내외부채널에서 수집한 모든 고객의 데이터를 통합한 고객 데이터 플랫폼customer data platform(CDP)을 구축했고, 불필요하게 확장된 온라인몰을 정리해 자사몰 위주의 정책인 D2C 강화, 구글의 데이터 스튜디오 기반 통합 데이터의 시각화를 통한 관리, 고객관리 시스템 구축을 진행했다.

고객 데이터 플랫폼을 구축한 이유는 결국 비용을 효과적으로 집행하기 위해서다. 앱추적투명성 정책으로 고객 데이터 수집에 제약이 생겨 최대한 데이터를 한곳에 모아 한 채널에서 부족한 데이터를 다른 채널에서 메워 종합적으로 데이터를 분석하기 시작했다. 외부 채널을 통해 들어오는 고객과 내부에 보유한 고객을 그룹에 따라 분류하고 관리할 수 있도록 라벨링했고, 데이터 스튜디오를 기반으로 이를 시각화했다. 매체별 광고 데이터를 개별적으로 확인하는 과정 없이, 고객 데이터 플랫폼과 데이터 스튜디오를 구축하여 통합 대시보드 내에서 모든 데이터를 열람할 수 있다. 이는 비효율적인 반복 작업을 해소하고 고객과 소재에 더 집중하여 인사이트를 얻고 마케팅 전략을 수립하는 데 도움을 준다.

고객 데이터 플랫폼과 관련해 미국의 한 IT 리서치 기관 자료에 따르면 2020년 미국 4684개 기업을 대상으로 한 설문조사에서 47% 기업이 이미 고객 데이터 플랫폼을 개발 완료했거나 개발 중이며, 28% 기업이 도입할 예정이라 밝혔다. 그리고 기존에 확보한 고객 데이터를 세분화하기 시작했다. 정밀한 타기팅 광고가 불가능해졌기 때문에 기존에 확보한 고객 데이터를 바탕으로 고객의 구매여정을 세밀하게 관리할 필요가 있었다. 우리 회사는 2021년 본격적으로 고객관계관리 마케팅을 위해 시스템을 도입하고 세팅했다. 고객 데이터 플랫폼(CDP)과 고객관계관리(CRM)에 대한 내용은 이후에 자세히 다룰 예정이다.

좌우간 2021년 코로나19 팬데믹 2년 차에 접어들며 여전히 어려움을 겪는 기업도 있었지만, 뉴미디어 광고 시장은 끊임없이 진화하며 변화에 대응해나갔다. 퍼포먼스 마케팅은 여전히 진행하되 소비자의 구매여정 중 성과에 집중하기 위해 그로스 해킹 방식의 그로스 마케팅도 적극 도입하기 시작했다.

뉴미디어 광고 시장은 매년 소비자와 시장 그리고 환경의 변화에 맞춰 발전, 진화하고 있다. 현재 앱추적투명성이라는 큰 이슈로 인해 뉴미디어 광고 시장의 마케팅 방식이 변화를 맞이하고 있지만 페이스북, 스냅챗과 같은 광고 플랫폼 기업들은 분명 한 단계 더 진화한 광고 시스템을 만들어 광고주들에게 다시 세일즈할 것이다. 뉴미디어 광고 시장은 변화에 맞서 성장하고 미디어커머스 기업들도 피봇, 사업 다각화를 통해 꾸준히 성장할 것이다.

작지만 다 해요

Performance Marketing • Performance Marketing • Performance Marketing

이번 장에서는 미디어커머스 비즈니스의 각 단계별 진행 방식, 노하우, 리스크 관리에 대해 실무 관점에서 이야기하려고 한다. 미디어커머스는 크게 제조, 디자인, 쇼핑몰, 광고 마케팅, 물류와 배송, 영업과 유통, CS와 사후관리로 나뉜다.

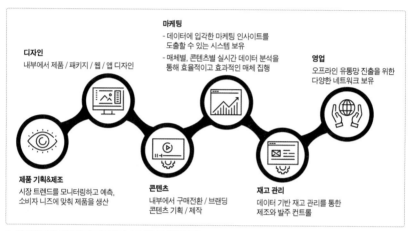

마케팅
- 데이터에 입각한 마케팅 인사이트를 도출할 수 있는 시스템 보유
- 매체별, 콘텐츠별 실시간 데이터 분석을 통해 효율적이고 효과적인 매체 집행

디자인
내부에서 제품 / 패키지 / 웹 / 앱 디자인

영업
오프라인 유통망 진출을 위한 다양한 네트워크 보유

제품 기획&제조
시장 트렌드를 모니터링하고 예측, 소비자 니즈에 맞춰 제품을 생산

콘텐츠
내부에서 구매전환 / 브랜딩 콘텐츠 기획 / 제작

재고 관리
데이터 기반 재고 관리를 통한 제조와 발주 컨트롤

▶ 풀밸류체인 구조에서 미디어커머스 각 단계별 업무

미디어커머스는 제품을 만들어 팔고 관리하는 모든 업무를 조직 내에서 수행한다. 이 과정에서 조직 구성원이 유기적으로 협력하면서 시너지 효과를 만들어낸다. 이러한 비즈니스 모델을 풀밸류체인full value chain(FVC)이라 한다. 풀밸류체인 모델을 운영하는 데 있어 가장 중요한 차별점은 '속도'와 '개선'이다.

풀밸류체인 모델 미디어커머스 기업은 제품 샘플링을 확정하면 생산 완료일을 기준으로 론칭일을 정한다. 제품 생산 일정이 생산 의뢰한 날로부터 6주 뒤라고 한다면 이 기한 내 론칭을 위한 모든 내부 유관 업무들이 동시다발로 이루어진다. 6주라는 데드라인을 두고 쇼핑몰 론칭, 콘셉트 사진 촬영, 상세 페이지 제작, 광고 소재 기획과 제작, 사전 퍼포먼스 마케팅을 위한 채널별 광고 전략 설정, 사전 이벤트 기획, CS 매뉴얼 작성과 리허설이 진행된다. 이러한 과정으로 제품이 물류에 입고되자마자 즉각적인 매출 활동을 시작할 수 있다. 미디어 커머스 비즈니스가 매출을 내는 속도가 **빠른** 이유다.

신제품을 론칭하면 각 광고 플랫폼을 통해 퍼포먼스 마케팅을 실행한다. 채널별 소비자 유입량과 구매전환율을 체크하고 평균 데이터에 미치지 못할 경우 해당 원인을 분석하여 즉시 개선한다. 클릭률은 높은데 구매전환율이 현저히 떨어질 경우 퍼포먼스 마케터는 상세 페이지의 논리적 설득 구조가 약한지, 회원 가입에 어려움이 있는지, 결제 편의성이 떨어지는지 등 홈페이지 내 경로별 이탈 사유를 분석한다. 만약 평균 유입량 대비 상세 페이지에서의 전환율이 떨어진다면 즉시 상세 페이지의 순서를 변경하거나 내용을 수정하는 식으로 말이다.

요약하면, 풀밸류체인을 바탕으로 운영되는 미디어커머스 기업은 제품 출시 전부터 모든 과정을 함께 준비하며 제품 론칭과 동시에 모든 데이터를 점검, 수정, 개선하기 때문에 단기간 매출을 만들어 성장한다. 이 과정에서 업무 간 유기적으로 시너지 효과를 내기 위해 마케팅 담당자 혹은 의사결정 담당자는 전체 구조에 대해 개괄적으로 이해할 필요가 있기 때문에 이번 장을 마련했다.

처음 제품을 만들 때 어떤 점을 고려해야 하는지, 온라인몰 상세 페이지를 제작할 때는 어떤 기준과 근거로 제작해야 하는지, 유통에서 가격 설정이 왜 중요한지 등 각 과정에 대한 명확한 이해와 실무 노하우가 있다면 기업은 리스크를 낮추면서 안정적인 매출을 만들 수 있다. 여기서 다루는 내용은 중소상공인이나 미디어커머스 방식으로 처음 제품을 생산해 판매하려는 개인, 인플루언서에게 좋은 팁이 될 것이다.

3-1 제품 제조, 어디서부터 어떻게 해야 하지?

브랜드를 만들고 제품을 처음 생산하기 위해서 할 일은 무엇일까. 제품 제조에서 가장 중요한 것은 '어떤 제품을 만들 것인가'이다. 이는 제품의 카테고리일수도 있고 진입할 시장에 대한 고민일 수도 있다. 제조할 제품이 화장품인지 식품인지, 화장품이라면 비건 화장품과 기능성 화장품 중 무엇인지, 식품이라면일반 식품과 건강기능식품 중 무엇인지 등에 따라 제품을 준비하는 과정에서 각각 다른 절차를 밟는다.

식품을 예로 들어보자. 요즘 다이어트를 하는 1020 여성들이 많이 찾는 '장활동에 좋은 제품'에는 '난소화성말토덱스트린'이라는 성분이 들어간다. 식이섬유가 풍부한 성분인데, 이를 얼마나 넣느냐에 따라 식품이 될 수도 있고, 건강기능식품이 될 수도 있다. 함량에 따라 구분되는 것이다.

그리고 그 함량의 차이에 따라 광고 마케팅 범위가 달라진다. 건강기능식품은 '사전' 심의를, 식품은 식약처가 '사후' 심의를 한다. 건강기능식품은 광고 소재마다 건별로 심의료를 내고 심사를 받아야 한다. 이때 광고 문구 중 일부가달라지거나 이미지가 변경될 경우에도 매번 사전 심의를 받은 후에 광고를 집행할 수 있다. 초기 비용이 식품보다 많이 들어가는 셈이다. 다만 건강기능식품이식품보다 표현의 제약은 적다.

장활동 관련 제품을 건강기능식품으로 만들어 광고할 때는 '변비' '쾌변' '매일 시원하게 비우세요' 등의 표현이 가능하다. 광고 문구의 경우 건강기능식품은 효과, 효능에 대해 직접적으로 표현할 수 있기 때문에 소비자들은 광고를 보고 즉각적으로 제품 기능에 대해 이해할 수 있다. 반면 식품으로 제조할 경우'변비' '장활동' '쾌변' 등의 단어를 사용할 수 없다. 신체기관인 '위'와 '장'에 대한 표현도 사용할 수 없다. '매일 아침 화장실에서 비워내다'라는 표현 역시 사용할 수 없다. 직접적인 효능에 대한 내용은 뺀 채 '유산균이 많이 들어 있어요' 혹은 '식이섬유가 풍부해요'라는 표현을 쓸 수 있다. 소비자들이 광고를 봤을 때 직접적인 효능에 대해 알 수 없으며 생소한 성분인 경우 학습 과정이 필요하다. 그러나 사전 심의를 받지 않기 때문에 수십 개의 광고 소재를 제작해도 비용이 들지는 않는다.

그러므로 제품을 생산할 때는 어떤 제품을 만들 것인지 카테고리부터 정의해야 한다. 이때 해당 카테고리를 선택했을 때 발생 가능한 리스크를 미리 점검해야 한다. 앞서 언급했듯 미디어커머스 비즈니스의 모든 단계 업무는 유기적으로 얽혀 있기 때문이다.

3-1 제품 제조, 어디서부터 어떻게 해야 하지?

(1) 제품의 기획, 콘셉트, 시장조사

제품 제조 생산의 첫 단계는 제품 기획이다. 기획을 할 때는 다양한 사항을 고려해야 하는데 무엇보다 '시장의 경쟁 강도'를 면밀히 파악해야 한다. 미디어커머스로 판매하기 위해 처음 브랜드 제품을 만들 경우 대부분 기업은 이미 시중에 판매되고 있는 제품 중 잘 팔 수 있을 만한 것을 선정한다. 제품 제조가 쉽기 때문이다. 그러나 그만큼 많은 업체들과 경쟁해야 한다.

요즘 애슬레저[1]가 인기이니까 레깅스를 만들어 판매하겠다고 생각했다면 간단히 네이버 지식쇼핑에서 '레깅스'를 검색해보자. 460만 개의 제품이 검색된다. 레깅스를 제조, 판매하는 순간 기존 460만 개의 제품과 경쟁해야 한다. 한번도 알려지지 않은 브랜드 제품을 출시해 처음부터 460만 개가 넘는 제품들과 경쟁해야 한다? 한정된 자본으로 기업을 운영하는 중소상공인, 스타트업에게는 쉽지 않은 선택이다. 만약 레깅스와 관련해 자신 회사만이 보유한 특허가 있고 다른 업체가 따라할 수 없는 착용감과 발열으로 운동 효과가 뛰어난 고유한 특성이 있다면 460만 개 이상의 제품과 싸우더라도 확실한 무기 하나는 있으니 이길 방법이 있다.

그러나 시중에서 일반적인 제품을 찾고 약간의 콘셉트 비틀기로 제품을 내놓아야 하는 경우라면 '경쟁률이 낮은 시장부터 공략'하는 것이 효율적이다. 이른바 틈새시장 공략으로 경쟁 강도가 낮은 시장에 약간의 마케팅 콘셉트를 더해 판매하는 전략이다. 단기간 공격적인 마케팅으로 틈새시장에서 점유율을 빠르

---

1 '운동'을 의미하는 애슬레틱(athletic)과 '여가'를 뜻하는 레저(leisure)의 합성어로, 스포츠웨어 업계에서 일반인에게 스포츠웨어를 판매하기 위해 스포츠웨어를 일상복에 가깝게 만들면서 탄생한 패션 용어이다.

게 높이면서 성장할 수 있는 장점이 있다. 단점으로는 경쟁자가 해당 시장을 보고 유사품을 만들어 가격을 낮춘 뒤 진입해 시장 파이를 갉아먹을 수 있다. 어찌됐건 제품을 만들 때는 경쟁자가 따라올 수 없는 자신만의 무기를 갖는 것이 중요하다.

두 번째로 중요한 제품 기획 요소는 '셀링포인트selling point'다. 우리 제품이 다른 제품과 구분되는 차별점, 즉 소비자가 우리 제품을 선택해야 하는지에 대한 명확한 포인트가 있어야 한다. 그리고 셀링포인트를 광고 이미지, 영상 등에서 시각적으로 표현할 수 있는지가 중요하다. 미디어커머스 기업들은 이러한 셀링포인트에 대해 차별적 셀링포인트unique selling point(USP)라 부른다. 광고 소재를 만들 때 PD들이 '이 제품의 USP를 영상으로 더 표현해보자'는 식으로 심심치 않게 언급하는 만큼 USP는 현업 실무자들이 자주 사용하는 용어다.

이 점에서 미디어커머스는 TV홈쇼핑 제품과 유사성을 보인다. 이는 TV홈쇼핑 제품 선정에 있어서도 중요한 고려 대상이 시각적인 연출 효과와 제품 자체의 차별적 경쟁력이기 때문이다. 다만 미디어커머스와 TV홈쇼핑의 차이점은 전자는 1-2분 정도의 짧은 영상으로 소비자를 설득해야 한다는 것이고, 홈쇼핑은 1시간 내외의 긴 호흡이라는 것이다.

세 번째로 중요한 제품 기획의 요소는 '제품력'이다. 몇몇 기업은 '시각적 효과가 확실하게 보이니까 대충 만들어도 된다'고 판단해 제품력에 관심을 기울이지 않는다. 이러한 기업은 브랜드를 키우기보다 단기간 매출을 만들려는데 혈안이 되어 있다. SNS 광고를 많이 하는 업체의 제품력이 형편없다면 소비자 구매 리뷰에 반드시 이에 대한 언급이 있다. 이런 리뷰들이 쌓이면 한 번은 구매하겠지만 두 번은 찾지 않는다. 제품력은 갖추지 못한 채 SNS 광고로 돈 버는 데에만 혈안이 되어 있는 업체들이 활개를 칠수록 다른 선량한 기업들도 피해를 볼 수 있다. 앞선 장에서 이야기한 '믿거페' 현상처럼 일부 업체가 다수의 기업에 피해를 준 사례다.

이러한 점에서 제품을 기획할 때는 어떠한 시장에서 무엇을 파는지에 대한 정의, 시장의 경쟁 강도, 차별적인 셀링포인트, 제품력을 고려해야 한다.

제품 기획에 이어 준비해야 하는 과정은 판매할 제품이 속해 있는 시장에 대한 조사다. 진입하려는 시장의 규모와 성장성, 소비자들이 꾸준히 찾는 시장인지, 우리 제품이 시장의 일반적인 제품 대비 경쟁력을 갖추고 있는지 등을 분석해야 한다.

가장 빠르고 쉬운 일차적인 방법은 네이버에서 데이터를 체크하는 것이다. 네이버에는 크게 '지식쇼핑'과 '네이버 데이터랩' 그리고 '네이버 광고'가 있는데, 이 서비스를 통해 전체적인 경쟁 강도와 소비자의 데이터 검색량 추이를 찾아볼 수 있다.

가장 쉬운 단계인 네이버 지식쇼핑 결과부터 알아보자. 레깅스를 판매할 경우 네이버 쇼핑 영역에서 '레깅스'를 검색했을 때 나오는 결괏값이 판매되고 있는 제품의 수를 의미하며, 이 숫자로 우리 제품과 경쟁할 제품이 얼마나 많이 있는지 파악할 수 있다. 앞서 예시로 들었던 레깅스는 네이버 지식쇼핑 결과 460만 개의 제품이 판매 중이다.

▶ 레깅스를 검색한 네이버 지식쇼핑 검색 결과

두 번째로 네이버 데이터랩을 활용할 수 있다. 네이버에서 제공하는 데이터 랩은 무료로 활용할 수 있으며 기간별 검색어트렌드, 쇼핑인사이트, 분야별 인기 검색어 등 소비자 행동 데이터를 파악할 수 있다. 일간, 주간, 월간 단위로 소비자들이 분야별 어떤 검색어를 찾았는지를 체크해 해당 카테고리의 검색 트렌드를 파악할 수 있다. 검색어 통계를 성별, 연령별, 기간별로 나누어 그래프 차트로 자세하게 검색할 수도 있다.

나는 데이터랩의 쇼핑인사이트 메뉴를 자주 들여다보는데, 쇼핑인사이트에 노출되는 인기검색어 TOP 500을 종종 모니터링한다. 이 순위가 중요한 이유는 소비자들이 찾는 쇼핑 단어와 브랜드, 제품을 어떻게 찾는지 파악할 수 있기 때문이다. 일반적으로 소비자들이 포털사이트에서 키워드를 검색하는 이유는 크게 '정보 획득'과 '쇼핑'을 위해서다. 이때 정보를 얻기 위해 입력한 검색어를 '정보 검색어', 쇼핑을 하기 위해 입력한 검색어를 '커머스 검색어'라고 분류한다.

네이버는 해당 검색어를 많이 찾는 소비자들의 행동 패턴을 알고리즘으로 분석해 최적화된 검색 결과를 보여준다. 예를 들어 '레깅스'를 검색하면 가장 상단에 네이버 지식쇼핑이 노출되고 '운동'을 검색하면 헬스장 관련 네이버 플레이스, '관절'로 검색하면 지식백과가 먼저 노출된다. 이처럼 소비자들이 특정 검색어를 입력했을 때의 목적을 학습하고 검색어에 따라 맞춤 결과 목록을 보여주는 것이다. 이렇게 내 제품이 네이버 알고리즘에 걸리려면 커머스 검색어여야 한다. 정보 검색어일 경우 소비자들이 이탈할 가능성이 상대적으로 높다.

다시 데이터랩의 쇼핑인사이트를 이야기하자면, 쇼핑인사이트에서는 '커머스 검색어' TOP 500을 보여준다. 다음 이미지는 네이버 데이터랩에서 '레깅스'를 검색한 결괏값이다. 이를 검색하기 위해 각각 필터를 지정해야 하는데, 나는 분야를 패션의류 〉 여성의류 〉 레깅스를 지정했고, 기간은 1년, 기기는 PC와 모바일 전체, 성별 전체, 연령 전체를 두고 검색 결과를 뽑았다.

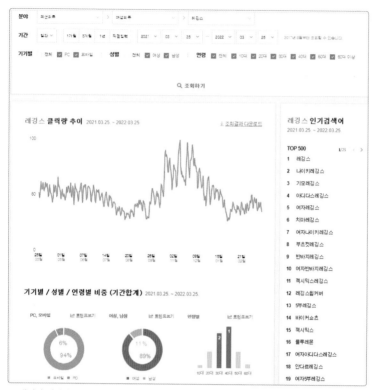

▶ 네이버 데이터랩 쇼핑인사이트의 레깅스 검색 결과

　　기간 설정을 1년으로 두고 연간 데이터를 보면 계절별 등락폭도 볼 수 있으며 전반적인 시장 추이가 성장 흐름인지 하락 흐름인지도 파악할 수 있다. 또한 특정 제품을 구매할 때 지난 1년간 어떤 커머스 검색어로 검색했는지에 대한 트렌드도 엿볼 수 있다.

　　마지막으로 시장조사를 위해 '네이버 광고'의 데이터를 확인한다. 네이버 광고를 검색했을 때 나오는 네이버 제공 광고 시스템에 회원가입 한 후 [키워드 도구] 메뉴를 찾는다. [키워드 도구]에서 정보 검색어, 커머스 검색어에 대한 결괏값을 제공하는데 소비자들이 어떤 키워드를 많이 검색했는지 월 단위, 연 단위별 검색량을 볼 수 있고 연령별, 성별, 기기별로도 구분하여 볼 수 있다.

▶ 네이버 광고의 키워드 도구를 활용한 월간 검색량 체크 결과

네이버 [키워드 도구]에 '레깅스'를 검색하면 2022년 1월 기준 모바일은 5만 4200건, PC는 7250건의 검색이 발생했다. PC, 모바일 합산 월 6만 건 이상 검색이 이루어진다는 것은 매우 트렌디하고 소비자들이 많이 찾는 단어임을 뜻한다. 경쟁이 치열할 수밖에 없는 시장이라는 것도 읽어낼 수 있다.

결과 목록에서 해당 키워드를 클릭하면 성별, 연령별, 기기별 차트도 확인할 수 있다. 다음 그림에서 레깅스의 월별 검색어 추이를 보면 12월 검색량이 가장 적고 3–4월엔 검색량이 많다. 3–4월에 레깅스를 가장 많이 검색했고 구매로 이어졌음을 추정할 수 있다. 대개 운동, 다이어트 관련 제품의 경우 여름을 준비하기 위해 봄부터 검색량이 올라가는 경향이 있는데, 레깅스도 이러한 전형적인 흐름을 보이고 있다. 레깅스 검색어는 10월에서 12월 사이 급격히 줄다가 1월에 다시 피크를 보인다.

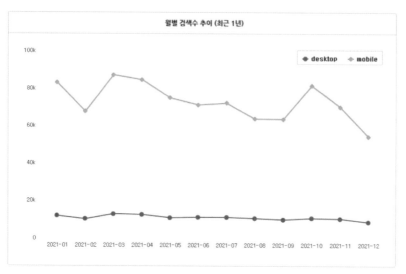

▶ 레깅스 PC 모바일 월별 검색량 추이

한 가지 주의할 점은 보이는 **데이터를 무조건 맹신해서는 안 된다**는 점이다. 검색어 트렌드를 움직일 정도로 큰 기업들의 대규모 프로모션 행사가 있을 경우 일시적으로 키워드 검색량이 급격히 증가할 수 있기 때문이다. 이러한 기업들이 단기간에 광고 비용을 쏟아붓는 이벤트를 하면 데이터에 오차가 발생한다. 그러므로 데이터는 숫자 그대로 믿기보다는 전체 시장을 조망하기 위한 보조 측정 도구로 사용하는 것이 좋다.

한편, 최근 '레깅스' 검색에서 흥미로운 점은 해당 키워드에 대한 남성의 모바일 검색량이 증가했다는 것이다. 막대 그래프 이미지에서 파란 막대가 desktop, 녹색 mobile 데이터를 의미하는데 월간 검색 수를 보면 남성의 '레깅스' 검색 비율이 모바일에서는 전체 22.44%, PC에서는 전체 46.28%를 보였다. 최근 애슬레저 브랜드들이 공격적으로 남성용 레깅스를 광고하면서 남성 소비자의 관심이 증가한 결과로 볼 수 있다.

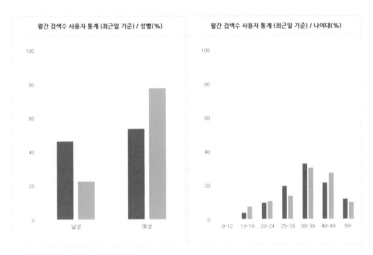

▶ 성별, 연령별 레깅스 사용자 통계

　　데이터를 보는 기본적인 이유는 틈새시장을 찾아 제품 론칭 후 해당 시장에서 브랜드 인지도를 빠르게 올리기 위함이다. 유의할 점은 네이버 도구를 바탕으로 경쟁 강도와 트렌드를 모두 고려했다고 할지라도 제품의 시장 규모가 너무 작을 경우 성장하는 데 한계가 있을 수 있다는 것이다. 그러므로 시장조사를 할 때는 다양한 채널을 통해 다각도로 정보를 수집해 분석하는 것이 중요하다. 데이터를 기본으로 시장에서 나오는 리포트, 경쟁사 현황을 체크하면서 진입할 수 있는 시장인지 점검해야 한다.

3-1 제품 제조, 어디서부터 어떻게 해야 하지?

(2) 제조사 찾기, 제품 샘플링과 평가

퀄리티 높은 제품을 생산하는 제조사를 많이 확보하고 있는 것은 제조 담당자의 역할이자 능력이기도 하다. 담당 직원이 평소 다양한 제조사 네트워크를 보유하고 제품에 대한 이해가 높을 때 회사 입장에서는 제품 샘플링, 생산에서의 시간을 상당히 절약할 수 있다. 이번 절에서는 내가 론칭한 숙취해소제 네버다이 247을 예로 들어 제품 제조에 대한 이야기를 하겠다.

나는 기존의 올드한 숙취해소제 시장에서 벗어나 2030세대를 주요 타깃으로 하는 힙한 숙취해소제 브랜드 론칭 계획을 세웠다. 젊음과 열정을 떠오르게 하는 네버다이247이라는 이름을 제품명으로 지었다. 네버다이247 혹은 ND247이란 24시간 7일 내내 죽지 않는다는 의미다.

기존 숙취해소제의 드링크 제품은 대부분 맛이 강하거나 쓰다. 숙취해소 관련 성분이 쓴 맛인 경우가 많았고, 인위적인 첨가물 향을 넣다 보니 맛이 독특하면서도 강해진 것이다. 나는 맛있는 숙취해소제를 만들고자 가장 잘 팔리고 효과도 좋다고 알려져 있는 것을 구매해 제품 테스트를 진행했다. 소비자들이 효과 좋다는 제품, 재구매를 많이 하는 제품에는 그 나름의 특징이 있는데, 특정 성분일 수도 있고 술을 마신 다음에 목넘김이 좋다는 이유일 수도 있다. 그래서 다양한 제품 샘플링 과정을 통해 좋아하는 포인트를 찾아 레시피를 만들었다.

숙취해소 성분으로 헛개, 꿀, 배, 밀크씨슬을 선정했다. 그리고 2030 젊은 소비자를 위해 에너지드링크 성분을 첨가했다. 여기에 선정된 성분은 아르기닌, 마카, 비타민B, 천연카페인(과라나)였다. 제품 음용 후 깔끔함을 주기 위해 자일리톨을 첨가했다. 네버다이247은 콘셉트 성분을 바탕으로 숙취해소제와 에너지드링크가 결합된 기존에 없는 새로운 제품으로 탄생했다.

나는 제품의 레시피를 정하고 본격적으로 제조사를 찾아 나섰다. 드링크 제품이었기 때문에 유리병 제조 설비를 갖춘 업체여야 했다. 이런 재질의 제품을 생산해봤다면 알겠지만 최소발주수량(MOQ)이 상당히 높다. 제조사 네트워크가 풍부한 지인을 통해 우수한 제조사 두 군데를 찾았고, 자본의 제약으로 인해 MOQ 15만 병인 업체를 선정하고 턴키 방식으로 제조를 의뢰했다. 참고로 비교군이었던 다른 제조사들의 MOQ는 50만 병, 100만 병이었다.

제조에 있어 중요한 개념 중 하나가 '턴키' 생산이다. 턴키turnkey란 열쇠를 돌리면 모든 설비가 가동되는 상태로 인도한다는 뜻으로, 더 이상 부가하거나 수정하지 않고 가동할 수 있도록 완성된 시스템을 의미한다. 제조에서 턴키는 제조사가 부자재를 알아서 수급하고 생산하여 결과물을 박스 포장해 전달해주는 것을 말한다.

턴키 제조와는 다른 방식이 부자재 사급 방식이다. 이는 회사 내부에 제조 담당자가 있을 경우 회사가 직접 거래한 부자재로 용기, 이중 소캡 등을 발주, 인쇄해 제조사에 부자재를 넣어주는 방식이다. 이 경우 각 단계에 들어가는 임가공비가 제외되기 때문에 제조 단가를 낮출 수 있고 제조사는 회사가 제공하는 용기에 용액만 충전하면 생산이 완료된다. 제조 담당자가 기존 제조사, 부자재 업체와의 네트워크가 풍부할 경우 각 단계에서 부자재 비용을 줄일 수 있기 때문에 회사 입장에서도 좋다.

추가적으로 제조사를 알아볼 때 업체의 일반적인 제조 발주 단위, 발주 주기와 제품 생산 이력을 살피는 것도 좋다. 발주 주기는 첫 발주 주기와 재발주 주기를 함께 확인하는 것이 기본이다. 첫 발주는 상호 간 합을 맞추기 때문에 재발주 기간보다 평균 2-3주 이상 오래 걸린다는 점을 감안해야 한다.

발주 시기를 확인하는 이유는 제품 론칭 시기를 파악해 사전에 온라인몰 세팅, 상세 페이지 제작, 이미지 촬영 및 작업, 광고 소재 기획과 제작, 물류사와의 사전 조율 등의 맞물린 업무를 일정에 차질 없이 진행해야 하기 때문이다.

제품이 한창 팔릴 때 재고가 빠져나가는 속도를 따라가지 못하는 경우 제품 쇼티지shortage[2]가 발생하는데, 소비자들은 품절 상태가 오래 지속되면 쇼핑몰을 이탈해 다른 대체품을 구매한다. 이미 이탈한 소비자를 다시 끌어들이기 위해 써야 하는 광고비는 초반 모객 활동에 쓰는 비용보다 높다. 첫 발주는 6주, 재발주는 4주가 걸리는 제조사의 제품이라면, 제조 담당자는 마케터와 함께 광고 집행에 따른 재고 소진 속도를 계산하고 재생산 일정을 파악해 늦어도 4주 전에 제품 재생산을 의뢰하여 재고 소진을 예방해야 한다.

제조사 발주 단위를 체크하는 것도 중요하다. 만약 A 화장품 업체에서 제조하고 싶지만 A 업체의 MOQ가 2만 개라면 중소상공인들은 쉽게 도전하기 어렵다. 무조건 제품력이 좋은 업체에서 생산해야 한다는 생각에 자기 자본을 초과하는 비용을 제품 생산에 무리하게 투입할 경우 마케팅 예산 배분에 제약이 생길 수 있다. 따라서 자본과 제품력을 고려한 최적의 제조사를 찾는 것이 중요하다.

마지막으로 제조사가 그동안 쌓아온 레퍼런스를 체크해야 한다. 시중에 팔리는 제품 중 꾸준히 제조하고 있는 제품 생산 이력이 있는지, 제조 경험은 충분한지를 점검해야 리스크를 최소화하여 안정적인 생산을 할 수 있다.

다음은 제조 단계에 있어서 가장 중요한 샘플링과 평가다. 샘플링과 평가는 제품의 기본 스펙을 결정하는 과정이다. 샘플링 과정에서 제품이 확정되면 성분과 제품 사양이 모두 결정되는 것이다. 이는 제품 리뉴얼 전까지는 바꿀 수 없는 부분이므로 신중하게 접근해야 한다.

제조업체 후보군이 2-3개로 좁혀졌다면, 각 제조사에 원하는 제품의 스펙을

---

2   수요는 늘어나는데 공급이 부족한 수급 불일치 상황, 즉 품귀현상을 말한다.

넘기고 샘플링을 의뢰한다. 이 과정은 제품을 기획한 대로 제조할 수 있는지 확인하기 위한 과정이다.

제조사는 요청한 양식대로 샘플링하지만, 그보다 중요한 것은 우리 스스로 제품력을 온전히 평가할 수 있어야 한다. 기획한 제품 스펙대로 구현되었는지, 기준점을 모두 통과했는지에 대해 내부의 다양한 직원이 함께 평가하는 과정이 있어야 한다.

네버다이247 숙취해소제를 예로 들면, 우리는 최종 선정된 한 곳의 제조사에서 제품 샘플링을 위해 맛 테스트를 25회 진행했다. 오렌지맛, 블루베리맛, 망고맛, 코코넛맛에서부터 샴페인맛, 와인맛에 이르기까지 다양한 맛에 농축 비율을 조절하면서 평가 항목대로 내부 직원 투표를 했다. 그리고 어떠한 조합일 때 가장 맛있고 효과가 좋은지 파악하기 위해 소주, 맥주, 보드카, 와인, 고량주 등 각종 주류의 음주 전후 테스트, 마신 후 1시간 뒤 테스트 등 제품력 테스트를 진행했다. 여러 주류와 섞었을 때의 맛 평가도 했다.

경찰이 실제 사용한다는 음주측정기를 구입해 음주단속처럼 직접 빨대를 불면서 하는 테스트도 진행했다. 이는 내부 직원들 간의 자체 실험이었고, 객관적인 수치로 검증하기 위해 국내 전문 임상기관에 의뢰해 숙취해소 효과에 관한 혈중알코올농도의 변화, 혈중 아세트알데하이드 농도 변화 테스트를 완료하기도 했다.

샘플링을 꼼꼼하게 진행하면 제품이 출시되었을 때 완성도가 훨씬 높아진다. 또한 뛰어난 제품력을 가지고 있을 경우 구매한 소비자들을 통해 입소문 나는 것은 시간문제다. 그러므로 제조 단계에 있어 샘플링은 의사결정권자가 직접 참여하는 것을 추천한다.

제품 제조에 있어 마지막 단계는 말 그대로 '제조'다. 제품에 대한 콘셉트와 기획을 정의하고 제조사를 통한 샘플링까지 완료했으면 이제 제품의 최종 발주를 의뢰한다. 앞서 이야기했듯 MOQ는 어떻게 할지, 턴키로 의뢰할 것인지 부자재를 사급해 제공할 것인지, 제조 당일 현장 감독을 할 것인지 등 제조가 이루어지기 위한 의사결정을 하면 된다. 물류사에 입고 일정을 미리 조율해 완성제품을 창고에 보관하고, 현장에서는 어떻게 포장해 판매할 것인지 결정하면 판매를 위한 준비는 끝이 난다.

제품 제조, 어디서부터 어떻게 해야 하지?

(3) 실무 꿀팁 **제조 시 발생하는 이슈들**

제품을 직접 제조할 경우 회사 내외에서 발생 가능한 이슈를 동시에 생각해야 한다. 회사 내부에서 발생 가능한 이슈는 제조를 담당하는 직원이 일으킬 수 있는 문제를 의미하며, 회사 외부에서 발생 가능한 이슈는 제조사의 무지 혹은 도덕적 해이에서 발생할 수 있는 문제를 의미한다.

우선 회사 내부 이슈부터 살펴보자. 식품을 제조하는데 제조 담당자가 화장품 제조는 진행해봤지만 식품 제조는 경험이 없다면 어떻게 될까? 화장품과 식품은 제조 관련 성분 함량의 표기법이나 표시광고법이 다르게 적용된다. 그러므로 다른 영역의 제조 담당자가 맡을 경우 '초보자'로 여겨야 한다. '제조 경험이 있으니 이런 분야도 할 수 있겠지'라고 생각하면 실패할 가능성이 매우 높다.

우리 회사에서도 부자재를 주로 담당했던 제조 담당자가 식품을 맡은 적이 있었는데 식품 함량 표기 관련 지식이 없어 실패했다. 이를테면 유산균이 들어간 제품은 생산 단계에서 100억 유산균을 넣는다고 하더라도 제품 라벨에는 100억 유산균이 함유되었다고 쓸 수 없다. 제품 성분 표기는 유통기한을 기준으로 최종 남은 잔여 수량을 표기하는 게 원칙이기 때문이다. 유통기한이 2년이고 2년 이후 유산균이 10억으로 떨어질 경우 라벨 표기는 최종 잔여량으로 추정하는 10억 유산균이라 표기해야 한다. 그래서 100억, 1000억 유산균이라 표기된 제품의 경우 실제는 이보다 훨씬 많은 유산균이 생산 단계에서 투입된다고 보면 된다. 이러한 식품 라벨 표기에 대한 지식이 없던 탓에 당시 제조 담당 직원은 셀링포인트가 없는 어정쩡한 제품을 만들었고, 우리는 그 제품을 울며 겨자먹기로 손해 보며 팔았다.

한편 2019년 회사는 본격적인 성장 궤도에 들어섰고 산업은행, 기업은행 등으로부터 50억 원의 투자를 유치했다. 회사가 한 단계 도약할 수 있는 귀중한 투자였다. 회사 성장 속도에 맞춰 좋은 인재를 많이 채용했고 직원은 25명에 달했다. 그동안은 주니어들이 회사를 이끌어갔다면, 5-10년 차의 경력직 직원들도 채용하면서 회사는 체계를 갖추기 시작했다. 그러나 그 중 한 직원이 회사를 뒤흔들어놓은 사건을 만들었다.

제조 담당으로 베테랑을 스카웃한 적이 있었다. 그 담당자는 제조 영역에 오래 머물면서 소위 '나쁜 짓'을 많이 배웠고 이를 우리 회사에도 적용하려고 했다. 그는 입사하고부터 꾸준히 기존 제조사를 변경하려고 했고, 중간에 아는 부자재 업체들을 끼워 넣어 백마진을 챙기는 구조를 만들고 있었다. 게다가 기존 제조사에게 따로 수수료를 요구하거나 접대를 강요한 것으로 드러났다. 결국 그 직원은 권고사직했지만 짧은 기간 동안 회사의 기강을 무너뜨려 이를 다시 회복하기 위해 상당한 시간이 소요됐다. 두 사례는 각각 제조를 모르거나 혹은 제조를 너무 잘 알아서 발생한 문제다. 이러한 문제는 어느 회사에서나 발생할 수 있으니 팁으로 알아두자.

회사 외부 이슈로는 제조사의 능력 혹은 도덕적 해이를 들 수 있다. 다양한 곳에서 생산하다 보면 제조사별로 업무 능력이 천차만별인 것을 경험한다. 업무를 대하는 태도가 아마추어나 사기꾼 같은 업체도 만나곤 한다. 이 중 우리 화장품을 제작했던 어느 제조사는 성상이 분리되는 제품을 만들었고 연구실에서 뽑은 레시피와 실제 대량 생산된 제품의 제품력 차이가 많이 나는 제품을 생산한 적이 있다. 샘플링 과정에서 선정된 제품을 그대로 구현하지 못하면 회사 입장에서는 제품력 문제로 판매할 수 없다. 이때 어떤 제조사는 배째라 식으로 책임을 회피하기도 한다. 제조상의 문제임이 분명함에도 차일피일 미루면서 보상을 해주지 않는 것이다. 이외에도 제품의 제조 생산 관련 콘셉트, 성분에 대한 독점 계약을 맺은 제조사가 있었는데, 제품이 인기를 끌고 해외 수출까지 하게 되자 계약을 무시하고 되레 협박하면서 연간 생산 수량을 개런티해달라고 요구하거나 다른 업체에 비슷한 제품을 허락 없이 만들어주는 등 몰상식한 행동을 했다.

이처럼 제조 단계에서 제조 담당자와 제조사로 인한 이슈가 언제든 발생할 수 있으므로 꾸준히 모니터링하는 자세가 필요하다.

3-2 제품에 가치를 입히는 작업, 디자인

(1) 케이스 스터디 숙취해소제 네버다이247 패키지 디자인

미디어커머스에서 디자인 작업은 여러 단계로 나뉘어 있다. 제조하는 단계에서 제품에 입힐 라벨 디자인, 단상자에 디자인을 입히는 패키지 디자인, 쇼핑몰을 꾸미는 웹디자인 그리고 오프라인 유통망에 진출 시 홍보하기 위해 제작하는 와 블러 POP, 각종 스티커와 브로슈어 디자인 등이 있다.

이번 단계에서 살펴볼 내용은 패키지 디자인이다. 화장품을 예로 든다면 화 장품 용기, 스티커 라벨, 화장품 박스, 택배상자의 겉면 등 소비자가 제품 포장 을 뜯고 제품을 마주하기까지 속해 있는 전 과정을 의미한다.

패키지 디자인은 소비자로 하여금 제품을 차별화하고 브랜드를 기억하도록 만든다. 예를 들어 명품 브랜드 중 샤넬을 떠올리면 블랙과 화이트의 깔끔한 디 자인을 떠올리고, 에르메스를 떠올리면 강렬한 오렌지 컬러를 바탕에 둔 디자인 을 연상하는 것처럼 브랜드의 패키지 디자인은 소비자의 브랜드 상기도에 있어 매우 중요하다.

내가 제조한 숙취해소제 네버다이247을 예로 들어보겠다. 이 제품의 기본적 인 디자인 콘셉트는 '24시간 7일 내내 죽지 않는다'는 제품 정의에 맞춰 강렬한 느낌을 주고자 블랙, 화이트, 레드 컬러를 사용했다. 굵고 강한 남성적인 느낌 을 연출하기 위해 헬베티카 영문 폰트로 텍스트를 앉혔다. 다음 그림의 하단은 드링크 겉면을 둘러싼 수축필름 디자인이다. 소비자는 라벨 디자인 내에 표기된 모든 성분과 성분의 출처, 영양정보, 유통기한을 비롯한 음용 방법, 사용 시 주 의사항, HACCP 인증 여부, 주요 성분 함량 등을 확인할 수 있다.

한편 식품을 제조할 경우 제품명은 반드시 한글 사용을 원칙으로 한다. 영문

명을 표기하고 싶으면 한글과 병행해야 하는데, 폰트 크기를 동일하게 맞추거나 한글이 영문보다 커야 한다. 만약 그렇지 않으면 라벨 표시법을 위반하는 것이다. 네버다이247의 경우 그림에서 보는 바와 같이 영어로는 ND247, 한글로는 네버다이247로 함께 표기했다.

▶ 네버다이247 수축필름 패키지_칼선 디자인

디자인 작업이 끝나고 제작 발주할 때는 견본 이미지와 더불어 정확한 인쇄 사양, 컬러 코드를 함께 기재한다. 디자이너는 화면에 연출된 색상을 그대로 인쇄하기 위해 팬톤 컬러칩 등을 직접 확인하고 색상 코드를 체크한다.

네버다이247의 내용물을 충진 후 닫는 이중 소캡, 즉 병뚜껑 디자인은 다음 그림과 같다. 뚜껑은 무광 블랙으로 디자인했고, 뚜껑 가운데는 흰색으로 네버 다이never die 약자 ND를 표기했다. ND의 의미는 '네버다이'의 줄임말이기도

하지만, 뚜껑을 열기 위해 180도 뚜껑을 돌리면 ND는 'ON'으로 읽히게 되며, 조금 각도를 꺾으면 숫자 '2'가 보인다. 이 로고에서 내가 연출하려고 했던 것은 제품은 네버다이(ND)인데 뚜껑을 돌려 제품을 여는 순간 정신이 번쩍 깨이고 (ON), 2차(2)까지 끄떡없다는 메시지다.

ND　　　　　　ON　　　　　　2

▶ 네버다이 뚜껑 로고 의미

　한편 용기 디자인 외에도 제품을 담을 수 있는 박스 디자인과 제품을 적재해 큰 박스로 판매하는 카톤 박스 디자인도 필수다. 소비자가 제품을 단품으로 구입할 경우 드링크 용기만 보지만, 박스로 구입하면 10병이 들어 있는 박스 디자인을 보기 때문에 패키지에도 어떠한 요소를 넣어 브랜드를 알릴지 고민해야 한다.

　제조 단계에 있어서 패키지 디자인의 중요성을 살펴봤다. 이제는 본격적으로 제품을 생산한 후 어떠한 경로로, 어떻게 판매해야 할지 이야기해보자.

3-2 제품에 가치를 입히는 작업, 디자인

(2) 실무 꿀팁 패키지 디자인 시 발생하는 이슈들

패키지 디자인에서는 두 가지 팁만 이야기하겠다.

우선 패키지 디자인에 모든 직원의 의견을 반영해서는 안 된다. 사업 초기에 디자이너, PD, 마케터 할 것 없이 제품 제조와 패키지 디자인에 모두가 관여한 적이 있다. 그 결과 '패키지에 이러한 것을 추가하자' '서비스로 이것도 넣자' '인쇄 위에 라벨 스티커도 붙이자' 같은 요구사항이 늘어나다 보니 결국 제조가만 비싸졌다.

이후에도 신규 화장품 패키지 디자인을 선정할 때 직원 25명의 의견을 다수결로 반영해 디자인을 수정해나간 적이 있었는데, 결국 많은 이들의 의견이 합의점을 찾지 못해 무려 2개월 넘게 최종 디자인을 확정하지 못한 경험도 있다. 다양한 의견도 중요하지만, 패키지 디자인에 있어서는 디자인과 마케팅을 담당하는 직원이 브랜드 방향을 잡고 그에 따라 결정하는 게 좋다.

두 번째는 제조 담당자와 패키지 디자이너는 반드시 인쇄 감리를 하러 가서 현장에서 출력물을 봐야 한다는 것이다. 용기, 단상자, 라벨 등 인쇄하는 단면의 재질에 따라 내부에서 디자인했던 색이 그대로 구현되지 않을 때가 있다. 또한 인쇄소마다 색을 섞는 과정이 조금씩 다르기 때문에 현장에서 원하는 색이 용기와 상자에 구현되는지 확인해야 한다. 귀찮다고 감리를 보지 않았다간 채도가 낮은 고급스러운 붉은색이 새빨간 색으로 인쇄될 수도 있다. 그러므로 제조 담당자와 패키지 디자이너가 반드시 함께 감리를 볼 것을 내부 프로세스로 정립하는 것을 추천한다. 그리고 현장 감리 후 최종 확정한 색상이 출력된 인쇄물을 가져와 내부 담당자들과 색상을 다시 한번 확인하는 과정이 필요하다.

3-3 제품을 어디에서 팔아야 할까?

(1) 가격 설정, 온라인몰 세팅, 상세 페이지 기획과 제작

미디어커머스 풀밸류체인의 유기적인 업무는 제품 샘플링이 끝나고 제품을 확정한 때부터 본격적으로 시작된다. 제품 출시 전에 내부에서는 본격적인 제품 판매를 위해 가격 구조의 설정, 론칭에 맞춘 출시 이벤트, 콘셉트 이미지 촬영 및 상세 페이지 제작, 퍼포먼스 마케팅을 위한 광고 소재 준비와 바이럴을 위한 체험단을 준비하고 제품 판매 관리를 위한 CS 매뉴얼을 마련해야 한다.

이 중 판매에 있어 가장 중요하고 우선시해야 하는 요소가 '가격 설정'이다. 가격 설정은 제조가 대비 얼마에 팔아 이윤을 남길지부터 프로모션을 할 경우 어떻게 할인율을 책정할지까지 고려해야 하므로 회사 상황에 맞는 가격을 설정해야 한다. 예를 들어 4천 원에 만든 어떤 제품을 온라인몰에서 1만 원에 판다고 가정하자. 가격 설정 시 고려할 요소는 제품 출시 기념 할인 진행 여부, 제품을 보관하는 물류비와 배송비, 제품 개당 광고비 정도를 들 수 있다.

1만 원짜리 제품 출시 기념으로 20% 할인할 경우 판매가는 8천 원이 된다. 물류 보관비와 관리비는 정가의 8%, 제품 광고비는 정가의 30%가 들어간다고 가정해보자. 그러면 제조비 4천 원, 이벤트 할인비 2천 원, 물류비 800원, 광고비 3천 원으로 총비용은 9800원이다. 초기 마케팅임을 고려해도 마진은 제품당 200원이다. 1만 원 제품을 판 마진율이 2%에 불과하다. 그러나 이 금액에는 아직 인건비와 고정비가 포함되지 않았다.

정 가	10,000원
− 제조비	4,000원
− 할인액	2,000원
− 물류비	800월
− 광고비	3,000원
이 익	200원

▶ 가격 정책 결정 과정에서 비용을 뺀 수식

이 제품이 오프라인 매장에도 진출했다고 가정해보자. 오프라인 공급가는 5천 원으로 책정되었다. 그러면 우리는 이 가격에 제품을 넘길 수 있을까? 물류비 800원, 제조원가 4천 원이기 때문에 5천 원에 공급하면 200원이 남는다. 오프라인에서는 할인 프로모션 없이 1만 원에 판매해야 200원이 남는다. 소비자들은 온라인에서 2천 원을 할인받아 8천 원에 구매할 수 있는데 굳이 오프라인에서 구매할까? 이러한 온오프라인 유통 확장까지 고려한다면 제품 가격을 어떻게 설정해야 할까? 회사 자체 오프라인 매장이 없는데 오프라인에 진출하고자 한다면 편의점, H&B, 백화점 같은 대형 프랜차이즈를 통하게 될 것이다. 그리고 유통 수수료율은 30−55%로 거의 정해져 있다.

의사결정권자는 가격 설정 시 단순히 제품을 론칭해서 판매하는 게 아니라 향후 성장 시 어디까지 판매 채널을 넓힐 것인지 미리 염두에 둬야 한다. 이 제품을 온라인에서만 단독 판매할 것인지 혹은 오프라인 채널로 유통망을 확장할 것인지에 대한 유통 정책을 제품 판매 전에 세워야 한다.

나는 제품 판매가 설정을 위한 별도의 엑셀 산식을 만들어 가격을 관리한다. 엑셀은 채널별 고정비, 마진율 구간, 이벤트 발생 시 이익 계산 등을 모두 고려해 결과가 자동으로 산출되도록 설정해두었다. 제품을 준비하는 기업이라면 이렇게 상황에 맞게 가격에 대한 산식을 정리해두면 채널 확장에 따라 가격 구조를 쉽게 정할 수 있다.

가격 설정 후에는 본격적으로 온라인몰을 세팅한다. 마케팅팀은 상세 페이지를 제작하고 이벤트를 설계하며 유/무료 바이럴 광고를 준비한다. 그리고 제품의 주요 특징과 예상 질문에 대한 답변으로 CS 매뉴얼을 만든다. 온라인몰 제작 방법은 크게 두 가지로 나뉘는데, 첫 번째는 자체 사이트를 개발하는 것이다. 이를 위해서는 사이트 기획부터 디자인, 개발, 결제 시스템 연동까지 개발 전문 인력이 필요하고 예산과 편의성 등의 문제도 있기 때문에 책에서는 다루지 않는다. 두 번째는 쇼핑몰 솔루션을 이용하는 것이다. 쇼핑몰 솔루션에는 네이버 스마트스토어, 카페24, 고도몰, 메이크샵, 아임웹 등이 있는데 자신이 원하는 기능과 환경에 적합한 플랫폼을 선택하길 바란다. 자체 사이트를 개발하는 것보다 빠르고 간편하게 온라인몰을 만들 수 있어 대기업부터 중소기업까지 이를 활용하고 있다. 나의 경우 카페24 플랫폼을 활용해 만든 쇼핑몰을 메인으로, 네이버 스마트스토어를 보조로 사용 중이다.

▶ 카페24 관리자 페이지에서 픽셀 설치하는 방법

카페24 플랫폼을 이용한 온라인몰은 구글애즈, 페이스북과 같이 광고 플랫폼과 연동할 수 있어 데이터를 서로 주고받으면서 광고 효과를 측정하는 퍼포먼스 마케팅이 가능하다. 이렇게 만들어진 온라인몰에서 추적 코드를 세팅하고 연동하는 것으로 퍼포먼스 마케팅을 시작한다. 이 추적 코드는 광고 매체마다 다른 명칭을 사용하지만 모두 같은 기능을 수행한다(페이스북과 카카오는 '픽셀', 구글애즈는 '태그', 네이버는 '전환 스크립트'로 명명한다).

추적 코드란 온라인몰에 코드를 심어놓고 광고를 통해 들어온 고객의 행동을 추적하여 광고 성과를 측정하고 분석하는 것이다. 추적 코드를 활용하면 광고를 클릭해서 유입된 소비자만 선별하고 1회 방문자만을 위한 마케팅 메시지를 보낼 수 있으며 다양한 마케팅 전략도 펼칠 수 있다. 몇 년 전까지만 해도 추적 코드를 연동하기 위해서는 개발자가 코드를 심어줘야 했지만, 현재는 많은 솔루션에서 클릭 한번으로 다양한 광고 매체와 온라인몰 연동이 가능해졌다.

한편 네이버 스마트스토어는 추적 코드를 활용한 데이터 추적이 제한된다. 스마트스토어는 네이버 자체의 광고 매체를 제외한 페이스북, 인스타그램, 구글, 카카오 등과 같은 외부 매체 코드와의 연동이 불가능하기 때문이다. 따라서 앞서 언급한 풀퍼널 방식의 퍼포먼스 마케팅을 수행하기에 적절한 쇼핑몰이 아니다. 그럼에도 네이버 스마트스토어를 이용하는 이유는 소비자의 접근 편의성 때문이다. 네이버 지식쇼핑을 통해 제품을 보고, 블로그 검색을 통해 제품 리뷰를 본 소비자들이 빠르게 구매로 이어질 수 있도록 하기 위해서다. 게다가 2020년 상반기부터 시작한 라이브커머스 서비스인 네이버 쇼핑라이브는 스마트스토어를 보유한 판매자만 라이브 방송을 할 수 있어 스마트스토어 계정을 가지고 있는 편이 낫다.

쇼핑몰을 결정하고 소비자 구매여정에 따른 경로와 편의성을 설계하기 위해 다양한 가정을 서비스에 적용해야 한다. 소비자 구매여정이란 소비자가 쇼핑몰 사이트로 들어와 회원가입 하고, 제품 검색, 장바구니 담기 과정을 거쳐 결제를 완료한 후 서비스를 종료하는 과정을 의미한다. 만약 제품 구매 의사가 있어 소비자가 사이트에 들어왔는데 회원가입 단계에서 잦은 이탈이 발생했다면 회원가입 절차가 까다롭다고 가정할 수 있다. 이런 경우 가입할 때의 불편함을 낮추기 위해 네이버, 카카오 같은 SNS를 연동해 회원가입을 유도할 수 있다.

결제 단계에 있어서도 다양한 결제 수단을 제공하면서 결제 과정에서의 이탈을 줄일 수 있다. 예를 들어 대부분 소비자는 신용카드 결제 방식을 선호하지만 최근 들어 네이버페이, 카카오페이 같은 간편 결제도 많이 이용한다. 사이트에서 소비자들이 자주 사용하는 결제 방식을 서비스로 제공한다면 소비자 이탈을 막을 수 있다.

소비자 구매여정에서의 편의성을 위한 설정이 끝난 이후에는 소비자가 외부 플랫폼에서 우리 쇼핑몰을 빠르게 찾을 수 있도록 검색엔진최적화search engine optimization(SEO)작업을 해야 한다. 검색엔진최적화 작업을 하면 소비자가 포털에서 제품명이나 브랜드명을 검색할 때 제품 혹은 쇼핑몰이 노출된다. 비용을 들이지 않고 소비자에게 내 사이트와 제품을 알릴 수 있기 때문에 가장 기본적이면서 중요한 작업이다. 만약 검색엔진최적화, 메타태그 작업이 이루어지지 않을 경우 우리 제품과 브랜드를 검색해도 공식 쇼핑몰이 나오지 않아 소비자가 이탈할 수 있다. 참고로 광고를 보고 쇼핑몰에 진입한 소비자 대비, 우리 제품을 직접 검색해 유입한 소비자의 구매전환율이 월등히 높다.

다음으로 진행해야 하는 과정은 상세 페이지 기획과 제작이다. 아무리 좋은 제품이더라도 논리적으로 소비자를 설득하는 과정이 필요한데, 상세 페이지는 소비자들을 설득하기 위한 논리 구조가 담긴 콘텐츠다. 상세 페이지는 소비자가 제품을 이해하고 구매 결심으로 이어지게 하는 데 있어 매우 중요하다. 외부 광고배너, 제품 리뷰를 통해 유입된 소비자가 제품 구매 전 필요한 기능이나 효과가 있는지 확인하고 확신을 갖는 공간이 상세 페이지다.

미디어커머스 기업들은 상세 페이지가 구매전환에 얼마나 중요한 역할을 하는지 안다. 그래서 제품이 출시되면 소비자 유입, 전환 데이터를 통해 평균적인 구매전환율을 파악하고 저조한 전환율을 보일 경우 수차례 상세 페이지를 변경하는 작업을 한다. 예를 들어 우리 쇼핑몰이 광고를 통해 1만 명의 소비자가 유입되어 평균 10%인 1천 명이 구매한다고 가정하자. 이러한 평균 구매전환율에 대한 기준이 있을 경우, 신제품 출시했는데 4% 전후의 구매전환율을 보인다면 상세 페이지 배치 변경, 논리 구조 변경 등을 통해 10% 수준까지 끌어올려야한다. 상세 페이지 수정 후 목표로 한 구매전환율이 지속해서 유지될 경우 다음 트렌드가 바뀔 때까지 그 상세 페이지를 유지한다. 그러나 치열한 광고 경쟁이 일어나거나 트렌드 변화로 전환율이 떨어질 경우 동향을 분석하고 필요 시 상세 페이지를 리뉴얼해야 한다.

추가적으로 상세 페이지 기획 제작에 있어 크게 2가지 사항을 점검하면 좋다.

첫째, 저작권과 표시광고법에 관한 사항이다. 상세 페이지의 논리 구조가 자칫 허위, 과장광고에 관한 표시광고법에 위반되지 않는지, 외부 유료 이미지를 사용할 경우 저작권 위반이 아닌지, 상업적 활용이 가능한 이미지인지 확인해야한다. 더불어 론칭하는 브랜드가 상표권 등록되지는 않았는지 확인하고 제품 론칭 전 반드시 상표권을 출원해야 한다.

둘째, 상세 페이지에 삽입하는 제품 이미지가 전체 브랜드 가이드의 톤앤매너에 맞는지 살펴야 한다. 제품 촬영 시에도 브랜드 가이드를 준수하고 있는지 꼼꼼하게 점검해야 한다. 예를 들어 숙취해소제 네버다이247의 경우, 브랜드 가이드에 따라 제품을 쥐는 방법, 제품을 노출하는 방법에 대한 가이드가 있는데 제품을 들 때 반드시 좌측 끝에 ND247 영문 로고가 보이게끔 촬영하는 것을 원칙으로 한다. 그리고 손으로 드링크를 잡았을 때 손가락이 제품명을 가려서는 안 된다. 이러한 가이드에 맞춰 찍은 이미지는 다음과 같다.

▶ 네버다이247 연출 이미지

　브랜드 가이드에 따라 제품을 촬영하고 톤앤매너를 맞추면 소비자 역시 브랜드의 느낌이 통일성 있다는 인식을 하게 되고 이는 브랜드를 기억하게 하는 데 용이하다.

　이번 절에서는 온라인몰 구축과 판매를 위한 실무 세팅 중 핵심적인 부분만 추려 언급했다. 사실 온라인몰 구축에 추가로 고려해야 할 요소가 많지만 지면의 한계로 전부 서술하지 못한 점은 양해를 구한다. 이제 온라인몰 구축을 완료했으니 본격적으로 광고 마케팅에 대해 이야기하고자 한다.

3-3 제품을 어디에서 팔아야 할까?

(2) 실무 꿀팁 저작권, 표시광고법 무시하면 광고정지 먹어요

나는 회사를 운영하면서 저작권과 표시광고법 때문에 꽤 많은 경험을 했다. 이번 절에서는 경험을 바탕으로 실무에 도움되는 팁을 제시하고자 한다.

먼저 저작권 관련해서는 반드시 회사 내부에 감시, 모니터링이 있어야 한다. 저작권은 내부에서 제작해 상업적으로 사용하는 모든 제작물에 들어가는 라이선스와 관련 있다. 예를 들어 프리미어, 애프터이펙트 같은 어도비Adobe 편집 툴, MS오피스와 같은 프로그램은 반드시 정품을 구매해 사용해야 한다. 또한 상세 페이지와 광고 제작에 유료 이미지를 사용할 경우 이에 대한 비용을 지불해야 상업적으로 사용할 수 있다.

저작권과 라이선스 준수는 너무 당연한 이야기이지만 실무에서 지켜지지 않는 경우가 많다. 일부 직원이 검색 포털에서 찾은 이미지를 아무 생각 없이 사용했다가 해당 업체로부터 공문을 받고 1년 치 사용권을 결제했던 경험도 있고, 회사 전산망으로 정품 MS오피스가 아닌 무료 버전을 썼다가 부정 사용 대가로 꽤 많은 돈을 지불했던 적도 있다. 정품 사용과 저작권, 라이선스에 대한 교육을 늘 진행하며 이에 대한 위험성을 이야기하지만 몇몇 직원은 보고하지 않은 채 유료 이미지를 사용하고는 퇴사해버리기도 했다. 그러므로 회사에서는 소프트웨어, 저작권과 관련하여 위험성을 인식하게 하고 반드시 정품을 사용하도록 안내해야 하며, 불법 소프트웨어가 사용되고 있는지 꾸준히 모니터링하는 것이 중요하다.

식약처의 표시광고법 역시 매우 중요하다. 이는 광고 소재, 상세 페이지 등 대외에 상업적인 메시지를 전달하는 과정에서 제품 카테고리별로 광고법을 준수해야 한다는 것이다. 화장품, 식품, 건강기능식품을 판매할 경우 식약처 표시 광고법을 따라야 한다. 예를 들어 화장품이나 식품을 마치 질병이 치유되는 만병통치약으로 묘사할 경우 소비자를 기만하는 행위에 해당하여 허위, 과장광고로 처벌받는다. 처벌은 크게 광고정지, 영업정지로 나뉘며 때론 관할 구역의 주무관이 연락을 취해 경고로 끝내기도 한다. 다만 주무관의 해석에 따라 판단의 기준이 다소 모호한 경우가 있다. 국민신문고를 통해 질의하면 어떠한 경우에는 시정 조치를, 어떠한 경우에는 처벌을 내린다. 내 경우 대개 경고나 주의보다는 처벌하는 경우가 많았는데, 이렇게 회사를 운영하다보면 부당하거나 불합리한 일이 발생하는 경우도 있다는 것을 염두에 두면 좋겠다.

3-4 뭘 해야 팔리는 거야?

(1) 케이스 스터디 네버다이247 기간별 광고 메시지와 캠페인

광고 소재 기획과 제작 그리고 광고 운영은 가장 중요한 과정이다. 이번 절에서는 이에 대한 전반적인 흐름을 짚고 넘어가고, 다음 절에서 광고 캠페인 세팅과 데이터 해석, 핵심지표 분석, 전략 설정에 대해 자세히 다루고자 한다.

제품을 팔기 위한 모든 준비를 마치면 이제 본격적으로 소비자를 유인하는 홍보 활동을 해야 한다. 온라인상에서 모객 활동은 과거에는 키워드 검색 광고나 카페 블로그 광고, 커뮤니티 광고 혹은 뉴스 배너를 활용한 광고가 대부분이었다.

그러나 2016년부터 퍼포먼스 마케팅 방식의 광고가 활발해지면서 디지털 광고의 패러다임 변화가 일어났다. 개별 광고 소재마다 일일이 꼬리표를 달고, 무슨 꼬리표를 달았든 광고 소재가 유의미한 결괏값을 나타냈는지 데이터로 증명할 수 있게 됐다. 여기서 꼬리표란 매개변수(UTM)을 뜻하는데 이는 4.1절에서 설명한다. 또한 광고 소재 간의 구분을 통해 소비자들이 좋아하는 단어, 문구, 이미지를 식별하게 되었다. 미디어커머스 기업들은 이러한 데이터를 쌓아나가면서 대박 공식을 가진 콘텐츠를 자산화했다. 트렌드 변화에 따라 광고 소재도 시기별로 유행을 탔지만, 데이터 분석으로 전략을 짜는 퍼포먼스 마케팅을 해야 한다는 사실은 변하지 않았다.

현재 퍼포먼스 마케팅은 ROAS만 따지는 초기 광고 운영에서 벗어나 노출형 광고, 트래픽 광고, 전환형 광고를 모두 고려하는 풀퍼널 전략에 입각한 광고 제작이 이루어지고 있다. 이에 대해 내가 현업에서 실제 제작한 광고 소재, 캠페인을 예로 들어 설명하겠다.

나는 지난 2018년 10월 숙취해소제 네버다이247을 출시했고 기간별 목표에 따른 광고 메시지, 광고 플랫폼을 선정해 퍼포먼스 광고를 집행했다. 네버다이 247은 온라인에서도 많이 판매되었지만 편의점 진출을 목표로 했다. 제품 특성상 회식 후 편의점에 들러 시원한 냉장고에서 꺼내 마시는 것이 이 제품이 가장 필요한 타이밍이기 때문이다.

나는 광고 캠페인 집행 시기를 총 4단계로 나눴고 기간별로 대표 광고 메시지를 설정했다. 1단계는 2018년 10월부터 2019년 1월까지 총 3개월이었다. '세상에 없던 숙취해소제, 네버다이'를 대표 광고 메시지로 전개했다. 네버다이247은 숙취해소제와 에너지드링크 성분을 결합한 제품이었기 때문에 기존 숙취해소제와 달리 숙취해소, 피로회복제를 겸하는 제품이었다. 이러한 새로운 제품이라는 취지에서 '세상에 없었다'라는 표현을 광고 메시지로 사용했다.

▶ 캠페인 1단계_세상에 없던 숙취해소제 영상 광고

▶ 캠페인 1단계_세상에 없던 숙취해소제 영상 광고

　브랜드 인지도 확보를 위해 초반 페이스북, 유튜브, 네이버, 인스타그램 등 SNS를 활용해 퍼포먼스 마케팅을 진행했고 인플루언서 체험단도 활용했다. 소비자가 온라인에서 접한 광고가 오프라인에서 제품 경험으로 이어지도록 '더 부스THE BOOTH'라는 수제맥주 브랜드와 콜라보 행사를 했고, 이태원 경리단길에 위치한 9개 칵테일 바와 연합해 '바 스트리트Bar Street' 이벤트에 스폰서로 참여해 핵심 타깃 소비자와의 점접을 만들었다.

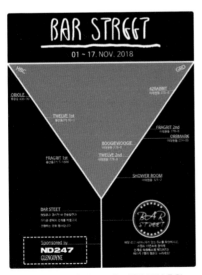

▶ 이태원 경리단길 바 스트리트 행사 공식 후원

▶ 수제맥주 브랜드 더부스 무료 시음 행사

첫 3개월 동안의 광고 메시지인 '세상에 없던 숙취해소제'는 타깃 소비자층인 2030 남녀에게 효과적으로 전달됐고 해당 기간 10만 병 이상 판매됐다. 그 결과 제품 출시 3개월 만에 오프라인 편의점 미니스톱에 입점했다.

▶ 오프라인 점포 프로모션 와블러

2단계 광고 캠페인은 2019년 1월부터 2019년 9월까지 9개월간 진행했다. 광고 메시지는 '24시간 7일 내내 죽지 않아 네버다이'로 설정했다. 1단계 광고는 숙취해소제와 에너지드링크가 결합되어 '세상에 없던 제품'이라는 제품 특성에 초점을 맞췄다면, 2단계 광고는 소비자가 네버다이247이라는 제품명을 기억하도록 하는 데 주안점을 두었다. 네버다이247에서 24, 7은 각각 24시간, 7일을 의미하며 풀이하자면 '24시간 7일 내내 죽지 않는다'는 뜻이다.

2단계 광고 캠페인 기간에는 페이스북, 유튜브, 인스타그램, 네이버를 활용한 퍼포먼스 마케팅, 키워드 검색 마케팅과 더불어 인플루언서를 활용한 브랜드 콜라보 마케팅을 진행했다. 소비자들에게 오프라인 구매 유도를 위해 '미니스톱에서 1+1 행사가 진행 중이니 마셔보라'는 메시지도 함께 던졌다.

▶ 24시간 7일 내내 죽지 않아 영상 광고

▶ 24시간 7일 내내 죽지 않아 이미지 광고

또한 남성전문잡지 「맨즈헬스」에 9개월 동안 지면광고를 진행했고, 프로게이머 임요환, 홍진호를 섭외해 트위치를 활용한 개인 방송에서 라이브 PPL를 진행했다. 그리고 라이브 방송 중 일부를 편집해 페이스북, 인스타그램, 유튜브 등의 광고 플랫폼에서 퍼포먼스 마케팅도 펼쳤다.

▶ 〈맨즈헬스〉 지면광고 –   ▶ 술먹고 개 되지 말자   ▶ 숙취를 끄는 소방차
　숙취를 찢어버린다

　오프라인에서의 소비자 접점 확대를 위해 양재 AT센터에서 펼쳐진 '바 앤 펍 쇼', 서울 코엑스에서 열린 '서울 패션페스티벌' 및 '맨즈헬스' 행사에 참여해 시음 행사를 진행하고, 강남역에 전광판 광고를 진행하는 등 본격적인 온오프라인 통합 마케팅을 펼쳤다.

▶ 바앤펍스 오프라인 전시회   ▶ 서울패션페스티벌 오프라인 전시회 구조물
　전시물

▶ 미니스톱 전국 점주들을 위한 홍보 행사 현장

제품명을 알리는 데 초점을 둔 광고 역시 성공을 거두었고, 전국 최대 약국 업체인 온누리약국, 메가마트, 고속도로 휴게소에 입점했을 뿐만 아니라 편의 점으로는 미니스톱에 이어 이마트24에 진출했다.

3단계는 2019년 9월부터 2020년 1월까지 4개월간 진행되었으며, 광고 메시 지는 '숙취엔 네버다이'로 결정했다. 1-2단계에서는 제품의 특성, 제품명을 홍 보했다면 이제는 더 직관적으로 어떠한 경우에 찾아야 할지 소비자 니즈를 자극 하기 위해 '숙취'와 '네버다이'를 직접적으로 연결하는 메시지를 뽑았다. '숙취엔 네버다이'라는 메시지를 통해 소비자가 숙취가 염려될 때 네버다이라는 제품을 마셔야 한다고 자연스럽게 연상하게끔 기획한 것이다.

3단계 광고 목표는 대형 편의점 입점이었다. 전국 5대 편의점(CU, GS25, 세 븐일레븐, 이마트24, 미니스톱) 중 두 군데에 입점했고 다음 목표는 전국 1만 개 이상의 점포를 보유한 CU, GS25, 세븐일레븐에 입점하는 것이었다. 이를 위해 연예인 '하하'를 광고 모델로 섭외해 광고 영상과 콘셉트 화보를 촬영했다. 하하를 섭외했던 이유는 당시 유튜브에 옛날 예능 콘셉트로 무한도전을 비롯한 과거 인기 예능 프로그램이 꾸준히 노출되고 있었고, 젊은 층의 시청자들이 이 를 즐긴 데에서 비롯했다. 그리고 무한도전에서 하하가 자주 했던 표현이 '죽지 않아!'였는데 해당 멘트가 네버다이247과 딱 맞아 떨어졌다.

▶ 연예인 하하를 모델로 촬영한 네버다이 광고 영상

▶ 연예인 하하를 모델로 촬영한 네버다이 포스터

　광고는 하하가 지조의 「쉐빙선」 음악에 맞춰 댄스를 추는 영상으로 제작되었다. 「쉐빙선」은 〈쇼미더머니8〉에 나와 인기를 끌었던 곡인데 원곡의 '난 쉐빙선, 난 쉐빙선, 다 갈아버려, 갈아버려'를 '네버다이, 네버다이, 죽지 않아, 다 발라버려, 숙취엔 네버다이'로 제품에 맞게 개사했다. 2030세대에 인기를 끌었던 노래여서 타깃 소비자들의 반응도 뜨거웠다.

하하 영상의 광고 효과를 극대화하기 위해 유튜브와 페이스북에 동시다발적인 광고 캠페인을 집행했다. 그 중 페이스북은 페이스북 코리아와 협업해 광고 상기도를 높이는 트루뷰True View 광고를 집행했다. 그 결과 많은 시청자가 광고 영상을 끝까지 시청했고 브랜드 인지도를 높일 수 있었다.

하하 메인 광고와 별도로 웹드라마 형식의 영상 콘텐츠도 제작했다. 직장인 회식 자리에서 벌어지는 에피소드, 회식 후 썸 타는 직장 동료 간의 일화 등 주요 타깃층이 겪을 법한 소재를 기반하여 큰 공감을 끌어냈다.

▶ 직장인들의 회식 에피소드 광고 영상

오프라인에서는 3단계 광고 캠페인 기간 동안 하하와 김종국이 운영하는 고 깃집 401에서 제품 무료 증정 이벤트, 인플루언서 파티 후원, 무료 시음 행사를 꾸준히 진행했다. 3단계 광고 캠페인 역시 소기의 성과를 달성했다. '숙취엔 네 버다이'라는 메시지와 광고 모델 하하가 절묘하게 조화를 이루면서 CU 편의점을 제외한 전국 4대 편의점에 모두 입점했고 소비자에게 브랜드 인지도를 널리 알릴 수 있었다.

▶ GS25 입점 기념 이벤트 광고 이미지

4단계 광고 캠페인은 2020년 2월부터 7월까지 진행했다. 3단계까지 성공적으로 마무리하면서 온오프라인에서 꾸준한 인지도를 쌓았기 때문에 제품명, 제품의 뜻, 제품의 효과를 직접적으로 알리는 효과에서 한발 더 나아가 브랜딩을 위한 메시지를 설계했다.

4단계 광고 캠페인의 핵심 브랜드 메시지는 '숙취해소도 전략이다'였다. 타깃을 20대 갓 대학생이 된 소비자, 2030 직장인 초년생, 30대 이상 베테랑 직장인으로 세분화하여 광고 캠페인을 전개했다. 예를 들어 대학생이 된 소비자에게는 학교 MT나 뒤풀이 때 자신의 주량을 모르고 과음해서 뻗었으니 이제 술을 마셔도 전략적으로 숙취해소를 하자는 메시지로 풀었다. 직장인은 회식 자리에서 실컷 즐기고 분위기를 이끌어도 다음 날에 프로페셔널한 모습으로 일하기 위해서는 숙취해소도 전략적으로 해야 한다는 메시지를 담았다.

▶ 숙취해소도 전략이다 광고 영상

　위 이미지들은 모두 퍼포먼스 마케팅으로 집행한 광고이다. 이중 직장인 편은 네버다이247을 마시지 않았기 때문에 꿈속에서 숙취로 시달리는 장면을 복싱하는 남자에게 실컷 두들겨 맞는 샌드백으로 표현했다. 이를 통해 숙취해소를 하자는 메시지를 은유적으로 묘사했고, 꽤 높은 클릭률과 전환율을 일으켰다.

　이번 장에서는 실판매 제품을 예시로 광고 제작, 마케팅 실무에 대해 이야기했다. 요약하자면 광고 마케팅 캠페인은 슬로건, 메시지, 광고 목표를 가지고 진행해야 한다. 그리고 광고 목표를 달성할 때마다 다음 단계의 목표를 위한 광고 메시지, 광고 기획이 필요하며 그 광고 메시지에 따라 어떠한 매체에서 광고를 집행할지에 대한 의사결정이 중요하다.

3-4 뭘 해야 팔리는 거야?

(2) 자, 이제 어떻게 배송하지?

이제 물류와 배송 과정을 살펴보자. 대부분 미디어커머스 기업은 자체물류를 운영하기보다는 3PL third party logistics이라고도 부르는 3자물류를 주로 사용한다. 3자물류란 회사는 물류사와 계약을 맺고 물류사는 특정 택배사와 계약하여, 회사가 택배사와 직접 거래하지 않아도 제품이 물류를 거쳐 택배로 배송되는 것이다. 3자물류와 대비되는 구조는 자체물류다. 자체물류를 하기 위해서는 제품을 보관할 창고와 제품을 포장하고 배송하는 인력이 필요한데, 적은 자본과 빠른 속도로 움직이는 미디어커머스 기업 특성상 거의 사용하지 않는 방식이다. 미디어커머스 기업은 대부분 3자물류 방식으로 운영한다.

나는 지난 5년간 물류사를 무려 4번이나 바꿨다. 미디어커머스 초기 기업들이 물류사가 제안하는 견적서를 제대로 읽지 못해 잘못된 계약을 하는 경우가 종종 있는데 나 역시 이상한 계약관계 혹은 물류사 자체 이슈로 인해 수차례 비용을 낭비하며 물류사를 변경했다. 미디어커머스 기업에 있어 좋은 물류사를 파트너로 두는 것은 매우 중요하다. 제품의 보관, 포장, 배송이 정확해야 제품 신뢰로 이어질 수 있기 때문이다.

5번째 만에 지금의 물류사를 만났고 현재까지 3년 넘게 거래를 유지하고 있다. 이 물류사를 선정한 이유는 가장 기본에 충실했기 때문이다. 제품 오배송이나 누락에 대해 변명이 없고 잘못했을 경우 절차에 따라 정확한 피드백을 해주었다. 또한 안정화된 배송관리 시스템으로 회사 내부 담당자가 손쉽게 제품 배송을 위한 데이터를 전달하고 재고관리를 할 수 있었다.

게다가 택배상자를 포장하는 과정을 CCTV로 녹화한다는 점도 한몫했다.

CCTV로 개별 송장을 부착한 상태에서 택배상자 안에 제품을 넣고 포장하는 장면을 녹화하기 때문에 소비자가 제품 누락 건으로 항의할 경우 영상으로 검증할 수 있다. 특히 제품의 오배송, 누락을 주장하는 블랙컨슈머에 효과적으로 대응할 수 있다. CCTV 녹화 영상을 본 블랙컨슈머 상당수는 증거 앞에서 수긍한다. 이처럼 좋은 물류사는 정확한 배송과 보관 그리고 고객 응대에 있어 훌륭한 증인이 된다. 물류사 선정 시 물류사에서 제공하는 서비스를 파악하는 것이 좋다.

우리 회사는 매월 물류창고의 현장 재고실사를 진행한다. 재고실사를 하면 물류사 직원들과 소통하며 제품의 보관 상태를 확인할 수 있다. 물류사에 제품 보관과 배송을 전적으로 위임하지만 정기적인 방문을 통해 지속적으로 관리하고 있다는 인상을 심어줄 수 있다. 좋은 물류사 선정은 미디어커머스 비즈니스를 원활하게 이끌어나가기 위한 중요한 요소다.

3-4 뭘 해야 팔리는 거야?

(3) 실무 꿀팁 블랙컨슈머를 막는 법, 물류사 계약 시 체크포인트

주지하다시피 제품을 판매하는 기업은 CS를 통해 고객의 불만, 요청사항, 문의 등을 접수하고 해결한다. 그리고 CS를 남기는 고객 중에는 블랙컨슈머가 있다. 최근 우리 회사도 블랙컨슈머를 경험했다. 제품을 9개 구매했는데 택배상자를 열어 보니 6개만 들어 있다며 사진을 찍어 보내줬다. 상자를 개봉하는 과정부터 촬영하진 않았기 때문에 처음부터 6개만 들어 있었는지 9개 중 3개를 빼고 찍었는지 알 수 없다.

하지만 다행히 우리 회사 물류업체는 포장하는 과정을 CCTV로 녹화하기 때문에 해당 소비자에게 녹화본을 제공했다. 그러나 소비자는 영상을 봤음에도 불구하고 자신이 받은 상자는 누락된 것이 확실하다며 오히려 따졌고 6개 제품을 돌려보낼 테니 환불해달라며 일방적으로 반품해버렸다. 그런데 알고 보니 이런 유사한 사례들이 커뮤니티나 카페에서 '제품 공짜로 얻는 방법'과 같은 제목으로 '꿀팁'처럼 공유되고 있는 것이 아닌가.

시장에는 언제나 좋은 기업과 좋은 소비자만 존재하는 것이 아니다. 우리 브랜드를 좋아하고 옹호하는 소비자가 있는가 하면 소수의 블랙컨슈머도 존재한다는 사실을 명심하기 바란다. 그리고 이러한 블랙컨슈머를 관리하기 위한 내부 매뉴얼을 갖춰야 한다. 블랙컨슈머 고객 정보 리스트를 보유해 별도로 관리한다든지 반복적으로 사기 의심 행동을 하는 블랙컨슈머는 결제를 하더라도 강제 환불 조처를 한다든지 하는 쇼핑몰 운영 매뉴얼을 갖추는 게 중요하다.

3-5 판매망을 넓히고 싶은데 감이 안 오네

온라인에서 제품을 판매하다 보면 오프라인 점포로 확대할 기회가 생긴다. 매출 증대에 따라 자연스럽게 프랜차이즈 업체들이 입점을 선제안하는 경우도 있고, 채널을 확장해야 할 필요성을 느껴 스스로 찾는 경우도 있다.

나는 2017년 2월 미디어커머스 비즈니스를 시작해 5월 첫 제품을 론칭하자 마자 오프라인 유통망 확대를 위해 업체를 소개받고 미팅을 진행했다. 이미 올리브영, 랄라블라와 같은 선두 업체가 H&B(헬스앤드뷰티) 점포에 진출해 있었기 때문이다. 조급한 마음에 제품 론칭과 퍼포먼스 마케팅을 전개하며 동시에 오프라인 유통망을 찾아 나섰다. 미디어커머스 기업들은 단기간 퍼포먼스 마케팅으로 성과를 올린 뒤 그 성과를 바탕으로 자연스럽게 H&B 스토어나 백화점, 편의점 등 유통망에 진출하곤 했다.

나는 마케팅 노하우만 있었지 제품의 제조, 유통에 대한 지식은 매우 낮았다. 제품을 만드는 것도 생소했고, 오프라인 유통을 어떻게 관리 운영해야 하는지에 대한 감도 없었다. 주변에 물어봐도 다들 뉴미디어 광고 마케팅, 스타트업 지인들이라서 도매, 유통에 대한 지식을 가진 사람이 없었다. 간간이 미팅할 때 거래 업체가 '공급률은 어떻게 됩니까?'라는 질문을 많이 했는데, 공급률이 지불하는 수수료인지 우리가 제공하는 판매가인지에 대한 개념도 없었다. 한번은 해외 무역 업체와 미팅에서 '거래 방식이 FOB[3]입니까?'라고 묻는데 이 또한 개념을 몰라 진행하지 못했다.

이번 절은 미디어커머스 비즈니스뿐만 아니라 온라인에서 제품을 팔면서 오프라인에 판로를 확장할 때 꼭 알아야 하는 개념을 짚고 오프라인 진출에 도움이 되었으면 하는 바람으로 내용을 구성했다.

---

3 Free on board의 줄임말인 FOB는 무역상거래 용어로, 매도인이 약속한 제품을 매수인이 지정한 선적항에서 선박에 계약화물을 적재하면 이행 계약이 완료되는 조건을 의미한다.

3-5 판매망을 넓히고 싶은데 감이 안 오네

(1) 오프라인 유통 구조와 기본 개념

기본적으로 유통시장은 제품을 제조해 판매하는 회사가 있고, 중간 도매 혹은 브로커, 오프라인 매장이 있다. 제조사와 유통사가 직접 거래하는 경우도 있지만 대개 큰 유통망은 브로커가 제품을 가진 사람과 유통망을 가진 사람 사이에서 업무를 조율하는 역할을 한다.

내가 제조한 제품을 K라는 편의점에 납품한다고 하자. 이 경우 K에 직접 납품하는 형태인 직납거래를 하고 싶으나, 대개 K에 제품을 납품하는 유통 브로커 회사들이 따로 있다. 이 브로커가 제조사와 소통하고 제품 적정성을 판단한 뒤 K를 만나 입점을 제안한다. 그리고 K가 입점을 승인할 경우 거래 계약을 진행하는데, 이때 브로커의 계정으로 제품이 등록된다. 만약 K가 제품 몇 개를 K가 지정한 물류센터로 발주 요청하면, 브로커가 해당 내역을 체크해 우리 회사에 전달하는 식이다. 그러면 우리는 브로커의 지시에 따라 지정된 곳에 제품을 배송한다. 이렇게 브로커는 제품을 제안하고, 점포에 입점시킨 후 발주를 체크하고, K와 커뮤니케이션하는 대가로 수수료를 받는다.

이때 주요한 개념이 공급률, 공급가이다. 이 개념은 할인율, 할인가와 대비되는데 공급가는 회사와 유통사와의 거래가격이며, 할인가는 회사와 소비자와의 거래가격이라 이해하면 쉽다. 예를 들어 제품이 20000원에 판매되고 있는데 특정 기간 중 14000원에 판매한다면 할인율은 30%, 금액으로는 6000원이 할인된다. 이 가격은 우리와 소비자 사이의 거래가격, 할인율이다.

반면 우리와 유통사와의 거래가격은 보통 '공급률' 또는 '공급가'라고 표현하는데, 우리가 유통사에 얼마의 가격에 납품할지를 나타내는 개념이다. 예를 들어 우리가 공급률 30%로 제품을 납품할 경우 소비자에게 20000원에 판매하는 제품을 6000원에 납품한다는 의미다. 이때 공급률은 30%, 공급가는 6000원이다.

대개 H&B, 편의점과 같은 오프라인 유통업체의 공급률은 매우 낮다. 유통업체가 가져가는 수수료율이 매우 높다는 의미다. 업체별 차이는 있지만 평균적으로 편의점, H&B가 떼어 가는 수수료는 40-55% 사이다. 소비자가 많이 찾는 인기 브랜드의 경우 수수료도 적은데 이는 수요 공급 법칙에서 당연한 논리다. 반면 신규 론칭한 브랜드이거나 시장에 브랜드 파워가 약할 경우 수수료율은 가장 높은 구간에서 책정된다.

그러면 중간 브로커의 수수료, 공급률은 어떻게 될까. 네버다이247 숙취해소제는 부가세 포함 20-25%로 공급률이 결정되었다. 이는 제품의 판매가가 5000원일 경우 브로커에게 넘기는 가격이 1000-1250원이라는 의미다. 그리고 브로커는 중간 마진을 뗀 후 공급사에게 2250-3000원에 넘긴다.

비용은 여기서 끝나지 않는다. 지정된 장소로 제품을 배송하는 데 드는 물류비도 회사에서 부담해야 한다. 편의점은 전국 각지에 퍼져있어 일단 중간 허브 물류센터로 제품이 발주된다. 그러면 우리는 중간 허브 물류센터로 제품을 배송하는데, 이때 지역별 물류비가 별도로 발생한다. 만약 소규모 단위로 발주할 경우 물류 비용에서 손해를 볼 수밖에 없다.

또한 1+1, 2+1 이벤트를 항시 진행하는 편의점 특성상 이러한 프로모션에 반드시 참여해야 한다. 이벤트를 신행하지 않는 신규 브랜드들은 제품 회전율이 낮아 퇴출 압박에 놓인다. 정말 인기 있는 브랜드 제품이라면 행사를 하지 않아도 소비자들이 알아서 구매하지만, 비슷한 경쟁 강도에 놓인 제품은 할인 행사를 매월 울며 겨자먹기로 해야 한다. 1+1, 2+1 이벤트에 대한 비용 부담은 브로커가 있을 경우 반반씩 부담한다. 서로의 공급률이 조금씩 하향 조정되는 것이다.

만약 직매입 거래를 하는 경우에는 어떻게 될까. 네버다이247은 4군데 편의점에 입점했는데 그중 한 곳은 직접 거래 방식으로 계약했다. 그리고 여느 편의점 할인 행사와 마찬가지로 매월 1+1 혹은 2+1 이벤트를 진행했는데 이벤트 집행에 대한 비용을 100% 우리가 짊어졌다. 거래 계약서에는 5:5로 명시되어 있지만, 실제로는 공문을 통해 자발적으로 공급자가 100% 비용을 지불한다는 내용 증빙을 남긴다. 불공정거래이지만 회사의 제품이 퇴출되지 않기 위해서는 견뎌내야 한다. 결국 나와 같이 소규모 기업이 편의점에 납품하는 것은 이익을 보기 위한 목적보다 진열을 위한 홍보 활동으로 보는 게 맞다.

H&B는 편의점보다 공급률이 상대적으로 높은 편이다. 즉 마진이 편의점보다 박하지 않다는 뜻이다. 거래는 브로커를 끼고 유통한다. 대개 브로커와의 공급률 계약은 부가세 포함 28-35% 선에서 이루어진다. 즉 10000원 짜리 제품을 팔 경우 브로커에게 2800-3500원 사이에 제품을 넘겨야 한다.

앞서 이야기한 공급률에 대한 부분은 화장품, 식품류에 대한 대략적인 수치이고 공급률은 제품 카테고리별로 다르니 참고만 하자. 이를 통해 판매가 설정과 가격 구조의 탄력적 운영이 가능할 것이다.

3-5 판매망을 넓히고 싶은데 감이 안 오네

(2) 실무 꿀팁 H&B 스토어 진출 시 제품을 야무지게 판매하려면?

화장 브랜드 기업은 올리브영, 시코르 등 오프라인 H&B 스토어에 진출하는 것을 목표로 삼는 경우가 많다. H&B 매장에 진열되면 소비자가 제품을 사용해볼 수 있기 때문에 체험이 구매로 이어지거나 입소문으로 연결된다.

H&B 진출에 있어 간과하는 부분이 있는데, H&B 스토어에 입점하기 위해서는 대부분 브로커라는 중간 유통상이 있어야 한다는 점이다. 그리고 유통상, H&B 스토어에 지불하는 유통 수수료는 상당히 높다. 공급률로 따져볼 경우 30-35% 수준이다. 즉 10000원 짜리 우리 제품이 H&B 스토어에 입점하려면 3000-3500원에 납품해야 한다는 것이다. 제품을 입고시키는 물류비, 배송비와 점포에 진열하는 진열비, 집기비, 테스터 제품에 대한 모든 비용이 고려돼야 한다. 물론 회사 고정비도 녹아 들어간다.

그렇기 때문에 단순히 H&B에 입점해서 좋은 게 아니라 회사 가격 정책이 오프라인에 진출해 들어가는 각종 비용을 공제한 이후에도 여전히 마진 구조를 유지하는지 점검해야 한다.

3-5 판매망을 넓히고 싶은데 감이 안 오네

(3) 실무 꿀팁 편의점 진출, 만만한 게 아니에요

편의점에 제품을 유통한다는 것은 H&B 스토어에 입점하는 것보다 한차원 더 높은 단계에 속한다. 편의점에 진출하는 것이 훨씬 더 치열하고 물류 역시 H&B 보다 복잡하다.

네버다이247은 전국 5대 편의점 중 CU를 제외한 편의점에 입점했다. 알다시피 숙취해소제 중에서도 드링크 영역은 이미 컨디션, 여명808, 모닝케어 등의 기존 제품들 사이 경쟁이 치열하다. 경쟁에서 살아남기 위해선 1+1, 2+1과 같은 프로모션을 상시 진행해야만 했다. 담당 MD 역시도 이러한 프로모션 없이는 소비자들이 찾지 않을 거라면서 매월 프로모션을 요청했다. 프로모션 진행 전에 반드시 확인해야 할 점은 프로모션 진행 시 해당 할인 때문에 역마진이 되지 않는지를 따져보는 것이다.

내가 계약한 여러 편의점 중 K편의점의 거래계약서에는 포로모션 진행 시 비용을 회사와 편의점이 각각 5:5로 부담한다고 명시돼 있다. 그러나 실제 행사에서는 K편의점의 MD가 별도 공문을 요청한다. 이 공문에는 우리가 자발적으로 100% 프로모션 비용을 낸다는 내용이 담겨있다. 더 구체적으로 이야기하면 K편의점에 입점된 제품의 판매 활성화를 위해 기존의 1+1 할인 행사를 하는 동안 우리가 공급가를 50%로 낮춘다는 내용의 공문을 보내야 하는 것이다.

공문을 보내지 않으면 행사가 진행되지 않기 때문에 반드시 보내야 한다. 더불어 1+1, 2+1 행사를 하면 편의점에서 이를 알리기 위해 점포 내외부 POS, LCD 등에 홍보용 광고를 게재한다. 이러한 명목으로 행사 기간 동안 광고 비용 100만 원을 추가로 부담한다. 광고대행 약정서에 따라 이 역시 반드시 납입해야 하는 비용이다. 결과적으로 K편의점과의 모든 거래를 종료한 후에 매출과 매입을 계산해보니 마이너스 6만 원이었다.

이 사례를 통해 편의점에서는 할인 프로모션을 꾸준히 진행해야 제품이 팔리기 때문에 처음부터 높은 마진을 기대하지 말아야 한다는 것을 알 수 있다. 스타트업과 중소기업은 매출과 유의미한 영업이익을 만들어내야 하므로 무조건 편의점 진출만을 목적으로 하지 말고 계산기를 꼼꼼히 두드려보라고 조언하고 싶다.

3-5 판매망을 넓히고 싶은데 감이 안 오네

(4) 실무 꿀팁 해외 수출, 눈 뜨고 무역 사기 당하지 않으려면?

회사를 운영할 때 상대방이 놓은 덫에 빠지는 경우가 있다. 작정하고 사기 치려고 덤비는 이들은 무엇이든 위조해낸다. 올해 초, 한 상장기업의 재무담당자가 1800억 원 정도의 회사 자금을 횡령한 사건이 발생했는데 이 경우가 그런 셈이다. 은행의 잔액증명서까지 위조했다고 하니 얼마나 철저하게 준비했을지 상상이 간다. 이처럼 사기를 치려고 작정하고 덤비면 '설마 이런 것까지 위조하겠어?' 싶은 문서도 위조할 수 있다.

나 또한 전형적인 문서 위조 사기, 일명 '필리핀 무역 사기'를 당했다. 필리핀 무역 사기 업체는 이메일로 접근해서 필리핀에 우리 회사의 제품을 수출하고 싶다며 견적을 요청한다. 해당 업체는 홈페이지도 버젓이 존재한다. 견적서를 보내면 카카오톡으로 소통을 진행하자며 자연스럽게 카카오 보이스톡으로 수출 관련 대화를 나눈다. 수출 방식이나 물류를 어디까지 어떻게 이동할지 등에 대한 실제 진행 프로세스를 이야기한다. 우리도 FOB 방식으로 해외 수출을 여러 차례 진행해봤기 때문에 이미 알고 있는 과정이라 의심하지 않았다.

사기 업체는 코로나로 인한 해외 물류 대란 시기라면서 배로 선적하면 언제 도착할지 몰라 항공으로 이동하겠다며 계약서에 우리가 받을 물품 대금 정산서와 항공물류비를 포함했다. 또한 본인들이 이용했던 물류 업체가 괜찮으니 그곳을 통해 항공편 관련 예약을 진행하라는 안내까지 덧붙였다. 우리는 물류 업체와 작성하는 서류들이 실제 무역 거래에서 작성하는 서류들과 똑같았기 때문에 문제없다고 판단했다.

사기 업체는 비용을 먼저 정산하기 위해 목요일로 은행 날인이 된 해외 송금증을 보내왔다. 물류비를 포함한 비용을 회사 법인 계좌를 통해 미리 보내고 환전까지 3일 정도 걸리니 급한 대로 송금증을 증빙으로 보낸 것이다. 그리고 제품 발송을 위해 물류사를 통해 항공물류비 입금을 요청했다. 우리는 해외 송금증을 받았기 때문에 아무런 의심 없이 350만 원을 입금했고, 이후 그들은 바로 잠적했다.

사기 업체와 물류 업체 모두 한통속이었다. 이들은 은행 날인 송금증을 조작했고 외화 입금까지의 시차를 이용해 목요일에 송금증을 보여주면서 범행을 저질렀던 것이다. 돌아오는 월요일, 은행 본사에서 외화 입금 사실을 확인하며 사기라는 사실을 비로소 알게 됐다. 해외에서 입금된 내역은 없었다. 담당자는 즉시 모든 내용을 캡처해 경찰서에 사기 피해 관련 고소장을 접수했다. 그리고 해당 계좌의 정지도 요구했다.

그러나 경찰은 유선을 통한 보이스피싱이 아니기 때문에 계좌 조회나 정지는 불가능하다고 했다. 사기꾼들은 이 빈틈을 노렸던 것이다. 더불어 음성 녹음이 안 되는 카카오 보이스톡을 이용할 만큼 완벽한 범죄를 계획했다. 사건 발생 2-3개월 후, 경찰은 범인을 특정할 수 없다며 사건을 종결해버렸다. 이 일을 당한 직원은 본인의 불찰이라면서 사비 350만 원을 회사 계좌로 입금했다.

이 사례를 자세히 언급하는 이유는 현재도 많은 기업이 이와 유사한 무역 사기를 당하고 있기 때문이다. 사기꾼들은 이런 빈틈을 노리기 때문에 항상 경각심을 가져야 한다.

3-6 고객관리가 그렇게 중요하다던데

CS 매뉴얼의 중요성, 솔루션을 통한 효율적 업무 처리

미디어커머스 비즈니스 운영 마지막 단계는 고객관리다. 온라인몰을 운영하는 것은 B2C 비즈니스를 한다는 것, 즉 회사와 개인 고객과의 커뮤니케이션을 통한 매출 발생을 의미한다. 제품을 잘 만들고 파는 것 못지않게 소비자와의 소통도 중요한 과정이다. 고객이 제품에 대한 궁금증과 제품 사용의 어려움을 얘기하고 이를 답하는 과정에서 다음 생산 때 수정할 부분을 발견하거나 후속 조처를 할 수 있다.

CS 고객관리는 소비자가 우리 제품에 로열티를 갖게 만드는 찰나이자 우리가 더 나은 제품을 생산하기 위한 인사이트를 얻는 통로라는 관점으로 접근해야 한다.

회사는 쇼핑몰을 운영하기 위해 내부적으로 CS 매뉴얼을 만든다. 소비자가 자주 묻는 예상 질문과 그에 맞는 답변을 작성하면서 매뉴얼을 완성하는데 배송, 교환, 환불 문의에 대한 내용이 대부분이다. 우리 회사는 CS 솔루션 중 많은 브랜드가 이용하는 채팅봇을 활용한다. 소비자들이 궁금해하는 질문을 채팅봇 메신저를 열어 클릭하면 대화하듯 답하면서 문제를 해결해준다. 고객센터 직원이 직접 대면하지 않더라도 해결할 수 있는 일반적인 질문을 채팅봇으로 대체하기 때문에 고객 응대 전화 건수가 줄어든다.

소비자에 대한 정보는 별도로 기록하는 것이 좋다. 우리 회사는 고객관계관리 시스템을 도입하기 전까지 담당자가 개별적으로 고객 특징, 질문, 문제와 해결, 상담 내역 같은 정보를 관리하며 우호적인 소비자와 악성 클레임을 하는 소비자를 구분해 응대했다.

소비자는 그들이 느끼는 불편함이 빨리 해결될 때 브랜드에 우호적인 인상을 느낀다. 그러나 일부 블랙컨슈머는 불만을 위한 불만으로 직원을 괴롭히기도 한다. 커피숍에서 일하는 직원이 고객에게 '따뜻한 걸로 드릴까요? 차가운 걸로 드릴까요?'라는 질문에 '오늘 같이 추운 날씨에 따뜻한 거지 당연한 걸 물어봐?'라고 대답하거나 '손님, 포장해 드릴까요?'라는 질문에 '그럼 손으로 들고가?'라고 답변하는 경우다.

최전방에서 소비자를 응대하는 직원들은 늘 이러한 감정노동을 해야 하는 상황에 놓여 있다. 고객은 왕이라지만 모든 고객이 왕이 될 수는 없다. 시비를 걸거나 불만을 위한 불만을 쏟는 소비자는 걸러내자. 왕이라는 타이틀을 믿고 고객센터 직원 위에 군림하려고 한다면 그 고객은 받아들이지 말아야 한다. 그러므로 CS 매뉴얼에는 욕설을 하거나 직원을 괴롭히는 경우 대꾸 없이 전화를 끊을 수 있다는 조항을 두어 블랙컨슈머를 냉정하게 대할 수 있는 내부 관리 체계를 마련해야 한다.

이것으로 제품 기획부터 고객관리까지, 미디어커머스 기업에서 실제 운영하는 단계별 업무와 주의할 점을 알아봤다. 여기서 살펴본 내용이 실무에 많은 도움이 되었으면 한다.

마! 마케팅은
실전이다

2017년부터 5년간 미디어커머스 기업을 운영하면서 퍼포먼스 마케팅 광고비로 50억 원을 넘게 썼다. 매년 10억씩 광고비를 썼다는 뜻이다. 나와 같은 중소 스타트업이 어떻게 그렇게 많은 광고비를 쓸 수 있느냐 하겠지만, 퍼포먼스 마케팅은 광고비 대비 매출액으로 환산되기 때문에 적정 목표구매전환율을 맞춘다면 이에 상응하는 매출을 기대할 수 있다.

퍼포먼스 마케팅을 기반으로 하는 뉴미디어 광고 초기 시장과 현재 시장에서 데이터의 중요성을 수차례 언급했다. 최근 시장은 퍼포먼스 마케팅을 넘어서 그로스 마케팅growth marketing으로 이동하고 있는 것을 볼 수 있는데, 두 가지 방식 모두 관점의 차이일 뿐 여전히 데이터는 중요하다.

퍼포먼스 마케팅은 우리 입장에서의 광고 운영이고, 그로스 마케팅은 소비자 입장에서의 광고 운영이다. 퍼포먼스 마케팅은 우리가 목표하는 구매전환율, 유입률, 조회수 등을 달성하기 위해 각 광고 플랫폼에서의 성과를 분석하고 전략을 세워나가는 기법이다. 그로스 마케팅은 소비자가 브랜드를 인지하고 호감을 보이고 제품을 구매하고 재구매하는 여정을 분석하여 각 여정이 유기적으로 연결될 수 있도록 하는 마케팅이다. 퍼포먼스 마케팅, 그로스 마케팅은 소비자 데이터를 기반으로 하여 데이터를 해석해 궁극적으로 가설을 검증하고 강화해가는 과정이다.

2016년 퍼포먼스 마케팅 기법이 시장에서 처음 활용되었을 때에는 '얼마나 많은 사람에게 광고가 노출되었는가?' '얼마나 많이 클릭했는가?' '얼마나 많은 고객이 구매전환되었나'라는 관점에서 데이터를 각각 나누어 관리했다. 2018년에 들어서야 본격적으로 각 단위의 광고들이 유기적으로 연결되어, 호기심을 느낄 만한 광고를 보여주고, 호기심이 구매로 이어지게끔 유도하는 풀퍼널 광고 전략이 이루어졌다.

2020년이 지나면서 소비자 관점에서 구매여정을 분석해 가설을 세우고 검증하는 그로스 마케팅이 부상하고 있다. 뉴미디어 광고 시장에서 마케팅은 분명히

'데이터'를 중심으로 성장하고 있다.

예전에는 창의성과 공감능력이 뛰어난 마케터가 좋은 광고 카피와 소재를 만들어냈다. 그러나 이제는 이러한 창의성에 데이터가 입혀지면서 공감능력이 떨어지는 사람이라 하더라도 효과적인 광고 카피나 소재를 만들 수 있게 되었다. 퍼포먼스 마케터는 다양한 광고 소재를 만들어 AB테스트를 하면서 소비자가 좋아하는 광고 이미지, 카피, 컬러를 파악하고 소비자가 집중하는 단어를 분석하여 해당 단어를 조합해 새로운 광고 소재를 만들어낸다. 그리고 그 광고 소재가 유의미한 결괏값을 만들어내면 내부 자산화하여 유사한 제품 광고에 다시 사용할 수 있다. 이는 퍼포먼스 마케팅 관점에서 효율적인 방법이다.

앞서 이야기했듯이 미디어커머스 기업들은 다양한 테스트를 통해 최적의 **광고 소재, 즉 대박을 낼 수 있는 콘텐츠를 찾아왔다.** 한동안 업계에서 퍼포먼스 마케터 몸값이 치솟았던 이유도 바로 퍼포먼스 마케터가 이 대박 콘텐츠를 찾는 공식을 학습한 경험자였기 때문이다. 퍼포먼스 마케팅은 축적된 경험이 경쟁력이다. 왜냐하면 누가 얼마큼의 광고 수행을 해봤느냐가 곧 얼마나 많은 '이기는 전략'을 가지고 있느냐이기 때문이다. 이러한 점에서 퍼포먼스 마케팅은 실전이다. 필드에서 싸우고 경험을 쌓아야 한다. 금액이 적을지라도 꾸준히 시장에서 트렌드를 쫓으면서 소비자들이 무엇에 반응하는지를 알아야 한다.

물론 나처럼 미디어커머스 초창기 시장부터 꾸준히 퍼포먼스 마케팅을 해온 기업이나 개인도 있겠지만 대부분은 퍼포먼스 마케팅을 어떻게 하는지, 어떻게 데이터를 분석하고 전략을 짜야 하는지 궁금할 것이다. 그래서 이번 장은 나처럼 광고비를 50억 원이나 쓰지 않더라도 주어진 상황에서 효과적으로 광고를 운영하고 데이터를 분석할 수 있는 방법을 이야기하려 한다. 어떤 광고 플랫폼을 써야 광고 예산을 어떻게 효율적으로 배분할 수 있는지에 대한 실무적인 팁도 제공한다.

4-1 퍼포먼스 마케팅의 기본은 페이스북

(1) 페이스북, 인스타그램 광고를 왜 해야 하나요?

매년 '페이스북 광고를 해야 하는가?'라는 질문을 받는다. 2017년 지나친 광고 노출에 대한 피로를 느낀 소비자들이 '믿거페'를 외치며 페이스북을 떠났을 때도, 틱톡이 대세였던 2019년 소비자 트래픽이 숏폼 비디오에 몰리고 있을 때도, 심지어 최근에는 페이스북에 1020 사용자가 없다는 이야기를 할 때도 어김없이 질문을 받았다. 페이스북을 중점으로 광고하면서도 나 역시 과연 페이스북을 광고 플랫폼으로 계속해서 써도 되는지에 대한 고민을 꽤 오래 해왔고, 특정 기간 동안 페이스북 광고 비중을 급격히 줄여보기도 했다. 그럼에도 불구하고 페이스북 광고는 운영하는 것을 추천한다. 왜 그럴까?

페이스북의 광고는 페이스북에서만 보이는 게 아니다. 인스타그램을 비롯해 페이스북과 파트너십을 맺는 다양한 지면과 플랫폼에 광고가 노출된다. 그러므로 페이스북을 어떻게 사용할 것인지에 대한 문제이지 페이스북 광고를 아예 끄는 것은 추천하지 않는다. 그렇다면 구체적으로 페이스북 광고를 해야 하는 이유는 무엇일까?

첫째, 페이스북 광고는 몇몇 데이터에 대한 이해만 있으면 쉽게 운영할 수 있다. 페이스북 아이디만 가지고 있어도 따로 계정을 만들 필요 없이 광고를 운영할 수 있다. 뉴미디어 광고 시장의 진입장벽이 낮다는 뜻이다. 광고비 역시 자유롭게 설정할 수 있다. 하루에 2500원-5000원만 사용하면서 광고를 운영할 수 있다.

반면 TV광고, 인쇄광고, 옥외광고, 배너광고 등의 광고 매체는 수백만 원에서 많게는 수억 원 이상의 광고비를 집행해야 하기 때문에 진입장벽이 높다. 다음 페이스북의 광고 가격 설정 화면을 보자. 일일 예산이 2500원으로 기본 설정되어 있다. 한마디로 내가 원하는 가격을 자유롭게 설정하고 저비용으로도 운영할 수 있다는 뜻이다.

예산 및 일정

예산 ⓘ

| 일일 예산 | ▼ | ₩2,500 | KRW |

경우에 따라 하루 최대 ₩3,125 또는 ₩3,125 미만이 사용됩니다. 일일 평균 ₩2,500의 금액이 지출되지만 달력을 기준으로 주당 ₩17,500의 금액을 초과하지 않습니다. 더 알아보기

예약 ⓘ

시작 날짜

2023-1-26　🕐 11 28

시작 시간

종료

종료 날짜 설정

▶ 페이스북 캠페인 내 예산 설정 페이지

둘째, 페이스북 광고는 TV광고, 인쇄매체 광고보다 더 효과적이고 성과 측정이 용이하다. TV광고는 특정 시간에 광고하기 위해 적게는 수천만 원 많게는 수억 원의 광고비를 써야 한다. 그러나 특정 시간을 사는 것일 뿐, 해당 시간에 타깃 소비자들만 시청한다는 보장은 없으므로 TV광고와 타깃 소비자를 정교하게 맞출 수는 없다. 예를 들어 '서울/경기 지역에 사는 4050 여성'에게만 광고를 노출하고 싶어도 정확한 타기팅이 어려울 뿐만 아니라 실제 광고를 몇 명이 봤는지, 연령대나 성비는 어떻게 되는지 측정하기 어렵다는 뜻이다.

이에 비해 페이스북과 인스타그램 광고는 내가 원하는 지역과 연령, 성별 등 타깃을 설정해 광고를 운영할 수 있고 1만 원의 광고비만 집행해도 몇 명에게 노출되었는지, 몇 명이 광고를 클릭했는지, 몇 명이 구매했는지 알 수 있다.

효율성 면에서도 페이스북 광고는 유튜브와 같은 다른 뉴미디어 광고 플랫폼에 비해 아직까지는 상대적 우위에 있다. 예를 들어 15초로 제작한 광고를 페이스북과 유튜브에 각각 집행해보면 그 성과 차이가 명확하다. 유튜브는 최근에

등장한 구매전환형 광고를 새롭게 운영하고 있지만, 뉴미디어 광고 시장 초반만 하더라도 집행 가능한 커머스형 광고의 대부분은 노출형이었다. 구매로 이어지기까지 허들이 있다는 뜻이다. 만약 소비자가 유튜브 영상을 보려고 클릭했더니 15초 후로 건너뛸 수 있는 광고가 나온다. 그 광고를 보고 바로 구매하겠는가? 혹은 빨리 건너뛰기를 해서 내가 원하는 콘텐츠를 보겠는가? 광고 성과 데이터가 뉴미디어 광고 플랫폼 간에도 차이가 있다는 뜻이다.

그렇다고 해서 유튜브 광고는 페이스북보다 무조건 전환 광고 효율이 낮으니 집행할 필요가 없다는 것이 아니다. 제품에 따라 유튜브 전환율이 높은 경우도 있다. 그러므로 판매하는 제품이 어떠한 광고 플랫폼에 더 적합한지 파악하는 게 중요하다.

셋째, 페이스북 광고는 실시간으로 성과 측정이 가능하기 때문에 전략 수정과 빠른 광고 대응이 가능하다. 내가 운영하는 핸드메이드오HandmadeO 플랫폼의 광고 캠페인을 살펴보자. 다음 그림을 보면 활동 중인 광고와 꺼진 광고를 볼 수 있다. 광고 효율에 따라 즉시 광고를 끄거나 켤 수 있고, 광고 금액 역시 효율이 좋은 곳의 비중을 높이고, 효율이 낮은 곳의 비중을 낮추는 등 실시간 설정도 가능하다.

▶ 페이스북 내의 캠페인 현황을 보는 대시보드

뉴미디어 광고 플랫폼 중 대부분은 실시간 데이터를 제공하지 않는다. 30분, 1시간 단위의 시간 차이가 있는 데이터를 송출하기도 하고 전일 데이터만 볼 수 있는 플랫폼도 있다. 그러나 페이스북은 실시간 데이터를 열람할 수 있기 때문에 불필요한 광고비 누수를 막을 수 있으며, 효율이 좋은 광고에는 더 많은 광고비를 투입해 단기간 높은 성과를 낼 수도 있다.

정리해보면 페이스북 광고는 세 가지 이유에서 진행해야 한다.

첫째, 적은 비용으로 광고를 시작할 수 있다.
둘째, 타 매체 대비 측정이 가능하며 효과적이다.
셋째, 실시간 광고 데이터를 추적할 수 있다.

페이스북 유료 광고를 집행하는 이유는 위에서 언급한 세 가지가 있지만 페이스북 페이지를 운영하는 담당자라면 유기적 도달 측면에서도 유료 광고를 집행할 수밖에 없다. 결론부터 말하면 페이스북의 유기적 도달이 떨어졌기 때문에 유료 광고를 써야 한다는 것이다. 유기적 도달이란 페이스북에 게시물을 올렸을

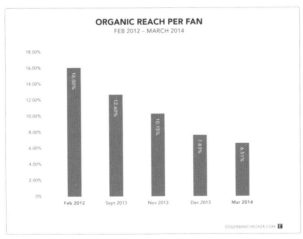

▶ 페이스북 유기적 도달의 지속적인 감소세를 보여주는 그래프

(출처 https://techcrunch.com/2014/04/03/the-filtered-feed-problem/)

때 유료 광고비를 지불하지 않고 자연적으로 사람들에게 보여지는 것을 말한다. 자연적으로 콘텐츠가 노출되면 사용자들이 게시물에 댓글, 좋아요, 공유 등의 연관 활동을 하게 되는데 상호작용이 많을수록 도달은 확대된다.

2010년 초만 해도 페이스북 페이지의 유기적 도달률은 높은 편이었다. 테크크런치에서 2012년부터 2014년까지 조사한 페이스북 유기적 도달에 대한 데이터를 보면 2012년 16%에서 2014년 6.51%로 급락했다. 물론 현재와 비교했을 때에는 여전히 높은 수치이지만 수년간 페이스북의 유기적 도달률은 급격히 떨어지고 있다. 16%에서 6.51%로의 하락은 구체적으로 어떤 의미일까? 쉽게 비유하면, 50만 명 이상의 팬을 보유한 페이스북 페이지에 콘텐츠를 하나 올리면 2012년에는 50만 명의 구독자의 16%에 해당하는 8만 명의 피드에 자연스럽게 노출됐다는 뜻이다. 2014년에는 6.51%로 줄었으니 3만 2250명에게 도달했을 것이다.

페이스북에서 도달률이 얼마큼 떨어졌는지 공식적으로는 밝히지 않았으나, 실제 페이스북 페이지에 콘텐츠를 올렸을 때의 유기적 도달과 유료 광고를 집행했을 때의 데이터에 대해 업계 사람들과 이야기해보면 현재는 체감 1-2% 대로 추정한다. 즉 50만 명 이상 팬을 키운 대형 페이지라 해도 콘텐츠 하나에 유기적 도달이 5천 명 정도에 그친다는 뜻이다. 예전 같은 도달을 목표로 광고를 집행하기 위해서는 어쩔 수 없이 유료 광고를 집행해야 한다.

페이스북이 유기적 도달을 낮추는 이유는 무엇일까? 광고주 입장에서 생각해보면 돈을 쓰라는 의미로 해석할 수 있다. 그러나 사용자 입장에서 생각해본다면 이탈하지 않고 오랫동안 플랫폼 내에 체류하기 위해서는 자신의 피드에 광고보다는 지인들의 이야기가 더 많아야 한다. 스팸을 걸러내고 광고로 도배되는 것을 막아야 사용자가 소셜 활동을 즐길 수 있다. 이러한 이유로 페이스북은 유기적 도달을 급격히 떨어뜨렸을 것이다.

그러나 과연 페이스북이 사용자만을 고려해서 유기적 도달을 낮추었을까? 광고 매출 성장을 위한 동기도 분명 작용했을 것이다. 다음 그림에서 지난 2010년부터 2021년까지의 페이스북 광고 매출 성장 속도를 보자. 이때의 광고 매출 기울기에 비해 2016년 이후부터는 가파르게 오르는 것을 확인할 수 있다. 유기적 도달이 급격히 떨어지는 시점과 맞물려 페이스북 광고 매출은 급성장하는 모습을 보였다. 이 시기 광고 관리 시스템도 이전에 비해 훨씬 진화하여 머신러닝 기반으로 광고 성과를 알아서 만들어주니 광고주도 적극적으로 활용할 수밖에 없었다.

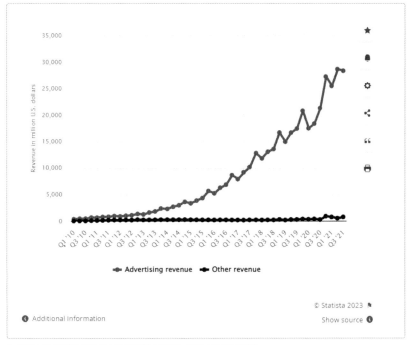

▶ 페이스북 유기적 도달 감소와 맞물려 성장하는 페이스북 광고 매출

(출처 https://www.statista.com/statistics/277963/facebooks-quarterly-global-revenue-by-segment/)

결론적으로 어떠한 이유에서건 페이스북은 유기적 도달률을 낮춰왔고 광고주들은 비용을 지불하면서 광고를 운영하고 있다. 페이스북의 광고는 페이스

북만을 대상으로 하지 않는다. 페이스북 광고 관리자 페이지에서 페이스북과 인스타그램 동시에 광고를 운영할 수도 있고, 페이스북을 제외한 인스타그램만을 운영할 수도 있다. 그러므로 앞서 이야기한 페이스북 광고의 필요성은 페이스북과 인스타그램에 모두 해당하는 이야기라고 보면 된다.

4-1 퍼포먼스 마케팅의 기본은 페이스북

(2) 풀퍼널 마케팅 전략 이해하기

이제 본격적으로 페이스북에서 광고를 세팅하는 방법과 각각의 데이터가 갖는 의미에 대해 이야기하고자 한다. 페이스북 광고는 어떻게 세팅하느냐에 따라 기술적인 부분까지 다뤄야 할 내용이 방대해지므로 여기서는 퍼포먼스 마케팅이라는 큰 틀에서 핵심만 언급하겠다 .

우선 캠페인 화면과 풀퍼널 전략이 무엇을 의미하는지 알아보자. 풀퍼널full funnel 전략은 앞서 이야기했던 AIDA 모형을 보면 좋다. 최근에는 AIDA 모형을 확장하거나 변형하는 경우도 있지만 여기서는 기본 구조 중심으로 설명한다.

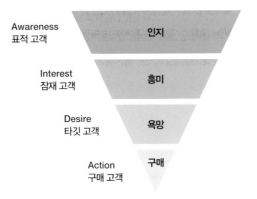

▶ 소비자 행동에 따른 마케팅 전략 AIDA 모형

그림에서 보듯 AIDA 모형은 깔때기처럼 생겨서 퍼널(깔때기)이라고 한다. 미디어커머스 퍼포먼스 마케팅에서 풀퍼널 전략은 '깔때기 전략'으로도 불리며 깔때기에 비유하는 이유는 단계별 소비자의 모수가 깔때기처럼 점점 줄어들기 때문이다.

AIDA 모형은 기본적으로 소비자가 제품을 인지하고(awareness), 제품에 흥미를 갖고(interest), 제품을 구매하거나 사용하고 싶은 욕망을 느끼고(desire), 마지막으로 구매가 이루어진다(action)고 가정한다. 이러한 과정으로 볼 때 위에서 아래로 갈수록 소비자가 줄어드는 건 당연하다. 브랜드 인지를 위한 광고는 다수에게 노출되기 때문에 표적 고객 수가 많다. 따라서 광고에 노출된 소비자는 구매전환 고객에 비해 많고 브랜드에 노출됐더라도 모두 구매로 이어지지는 않는다. 같은 광고를 보더라도 어떤 소비자는 광고와 제품에 흥미를 느껴 다음 단계로 이동할 수 있지만, 또 어떤 소비자는 이탈할 수도 있다.

소비자는 브랜드를 인지하는 데서 출발해 최종 구매하는 여정까지 지속적으로 이탈하는데, 이러한 이탈로 인해 모수는 점차 줄어 깔때기 모양처럼 된다. 광고에 적용해보면 퍼널에서 가장 윗부분에 위치한 인지와 관련된 부분은 도달형 광고, 즉 노출형 광고와 매칭할 수 있다. '흥미' '욕망'의 2, 3단계의 경우 '트래픽 광고'와 매칭할 수 있다. 가장 아래 단계인 '구매'의 경우는 '전환형 광고'로 매칭해 살펴볼 수 있다.

퍼포먼스 마케팅은 이렇게 퍼널의 방향대로 각각의 광고를 세팅해 전략을 수행해왔다. 다만, 퍼포먼스 마케팅 초창기인 2016-2017년에는 퍼널 전략 전체를 활용하지는 않았으며 가장 아래 영역인 타깃 고객과 구매 고객을 대상으로 하는 구매전환형 광고에만 초점을 맞췄다. 2018년부터 소비자들의 소비 패턴이 스마트 소비로 변화함에 따라 퍼널 전 단계에서 마케팅 정책을 수립했고 본격적으로 풀퍼널 전략을 수행했다.

풀퍼널 마케팅은 개념은 이 정도로 정리하고 페이스북 광고 관리자 페이지에서 풀퍼널은 각각 어떻게 설정되는지 살펴보자. 페이스북에서 처음 광고 캠페인을 만들게 되면 다음 화면을 볼 수 있다. 풀퍼널 마케팅 중 어느 단계의 캠페인을 진행할지 결정하는 첫 번째 단계다.

▶ 2022년 7월, 페이스북 캠페인 목표 선택 옵션 변경 전(좌)과 후(우)

　페이스북 광고 캠페인 설정의 첫 단계로 캠페인 목표를 선택해야 한다. 우측 이미지를 보면 [인지도] [트래픽] [매출] 등 다양한 항목을 클릭해 캠페인을 세팅할 수 있다. 참고로 페이스북은 2022년 7월, 캠페인 목표 선택 옵션을 변경했는데 좌측이 변경 전, 우측이 변경 후의 화면이다.

　캠페인 목표 선택에서 [인지도]는 도달형 광고에 해당하고 [트래픽]은 트래픽 광고, [매출]은 전환형 광고로 이해하면 쉽다. 하고자 하는 광고가 무엇인지 이해하고 있으면 광고 항목만 봐도 직관적으로 선택할 수 있다. 예를 들어 광고 영상을 만들었을 때 많은 사람이 클릭해 사이트로 들어오도록 하는 것이 목표라면 트래픽 캠페인, 많은 사람이 영상을 시청하길 바란다면 인지도 캠페인을 클릭하면 된다.

　그리고 광고 캠페인의 목표를 설정하는 방향에 따라 페이스북은 다른 타깃 모수를 제공한다. 각 광고 캠페인 성과에 가장 부합하는 사용자를 선택해 광고를 보여준다는 의미인데, 이를테면 전환형 광고를 집행할 경우 광고를 보는 사용자들은 대개 광고를 클릭해 구매한 경험이 있거나 그럴 용의가 있는 사람이 대상이 되는 것이다. 트래픽 광고는 전환형 광고보다 구매전환까지 진행되는 확률은 적더라도 좋아요, 댓글 등 상호작용을 하는 사용자, 호기심으로 클릭하는 사용자를 기본 타깃으로 잡을 가능성이 높다.

상식적으로 봤을 때 트래픽 광고보다는 전환형 광고 타깃 사용자수가 훨씬 적다. 클릭하는 사용자와 구매하는 사용자라고 생각하면 쉽게 이해할 수 있다. 그래서 트래픽 광고보다 전환형 광고가 더 비싸다. 동일한 광고비를 지불했을 때 도달하는 사용자 수가 몇 배 이상 차이가 나는 이유도 바로 '행동' 유무에 따라 집단이 구분되기 때문이다.

캠페인 선택 다음 단계를 보여주기 위해 임의로 트래픽 광고를 선택했다. 그러면 다음 페이지로 이동하게 되는데 현재 만들고 있는 캠페인의 위치가 어디에 있는지 좌측 메뉴바를 통해 알 수 있다.

광고 캠페인은 주식투자에서 펀드를 생각하면 쉽게 이해할 수 있다. 만약 IT

▶ 페이스북 캠페인의 광고 세트 설정하기

관련 펀드에 가입한다고 하자. 이 펀드는 [IT 펀드]라는 이름 아래 [IT 섹터]라는 산업 카테고리가 분류하고 이 섹터 안에 [네이버, 카카오] 등의 주식이 들어가게 된다. 페이스북 광고도 이와 유사하다. 광고 캠페인 〉 광고 세트 〉 광고의 과정이다. 네버다이247으로 캠페인을 한다고 가정할 때 다음과 같이 설정할 수 있다.

- 광고 캠페인 〉 네버다이
- 광고 세트 〉 네버다이247
- 광고 〉 네버다이247_영상01 / 네버다이247_영상02

광고 캠페인 설정 단계에서 예산과 일정 등 세부적인 사항을 설정할 수 있다. 우선 광고 예산과 일정을 살펴보면 하루 광고비 예산을 얼마로 할 것인지 지정할 수 있다. 금액을 기재하지 않으면 기본값으로 2만 원이 표시된다. 비용은 만원 단위로 설정할 수도 있고 3500원, 4400원처럼 더 작은 단위로 설정할 수도 있다. 내부 광고 예산에 따라 자율적으로 설정할 수 있는 부분이다.

▶ 페이스북 캠페인의 예산 및 광고 시작 일자 설정

또한 광고의 시작과 끝을 예약할 수도 있고, 예약 없이 광고를 시작할 경우 마케터가 원하는 시점에 즉시 종료할 수도 있다. 프로모션 기간이 만료했을 때 광고를 종료하고 싶다면 [시작 날짜] [종료]를 선택하면 된다.

다음은 내가 자주 이용하는 타깃 설정 부분이다. 광고를 누구에게 보여줄 것인지에 대해 설정하는 부분이 바로 타깃이다.

▶ 페이스북 캠페인의 지역, 성별, 연령, 상세 타깃 설정

기본값은 대한민국 18세에서 65세 남녀 모두에게 보여주는 것으로 되어 있다. 해당 타깃 관련 도움말은 우측 메뉴바에 있는데 이를 통해 예상되는 타깃 범위, 일일 도달 범위를 예측해서 광고 금액을 수정하거나 타깃 범위를 수정할 수 있다. 기본값으로 설정하지 않고 특정한 타깃을 대상으로 광고를 진행하고 싶다면 어떻게 하면 될까? 네버다이247 숙취해소제의 타깃을 다음과 같이 설정한다고 가정해보자.

- 지역: 서울경기 지역
- 연령: 2030세대
- 성별: 남성

이 경우 아래 이미지와 같이 나타난다. 페이스북은 미세한 지역 타기팅이 가능하다. 지역을 서울로 지정할 경우 반경을 45km로 세팅할 수도 있고 그보다 넓거나 좁게 설정해 해당 지역 사용자에게 광고를 노출할 수 있다. 반면, 카카오는 거리가 아닌 서울특별시, 인천광역시, 경기도처럼 단순히 행정구역으로 지역을 설정한다.

▶ 페이스북 캠페인의 타깃 중 지역 설정 현황을 보여주는 지도

다음은 노출 위치의 선정이다. 페이스북 광고의 기본값은 [어드밴티지+노출 위치(추천)]이며 페이스북에서도 이를 권장하고 있다. 페이스북은 기본적으로 머신러닝에 따라 광고가 운영되기 때문에 광고를 올렸을 때 가장 많이 반응하는 플랫폼을 찾아 알아서 광고를 보여준다.

[어드밴티지+노출 위치(추천)]를 선택할 경우에는 '페이스북' '인스타그램' '오디언스 네트워크' '메신저'의 모든 공간에 광고가 노출된다는 것을 의미하며, 인

스타그램에서는 '스토리' '릴스' '인스타그램 동영상' '검색' 메시지' 영역 등에서 광고가 노출된다. 다음 그림에서 구체적으로 어느 영역에 노출되는지 확인할 수 있다. [어드밴티지+노출 위치(추천)]의 경우 초기 광고를 집행할 때 그대로 두고 집행해도 무관하나, 만약 주력 제품에 인스타그램 사용자가 많이 반응하여 인스타그램 데이터가 쌓여 있다면 [수동 노출 위치]를 선택해 원하는 위치를 지정해 광고를 내보낼 수도 있다.

페이스북 광고 캠페인 중 광고 세트를 설정하는 마지막 단계는 최적화와 게재 기준이다. 트래픽 광고의 목표가 사용자가 쇼핑몰에 접속해서 상세 페이지를

▶ 페이스북 캠페인의 광고 소재를 보여줄 노출 위치 선택

읽는 거라면 [랜딩 페이지 조회]를 선택한다. [랜딩 페이지 조회]를 선택할 경우 페이스북은 최저 비용 입찰 전략을 사용해 전체 예산을 지출하고 랜딩 페이지를 조회하는 것을 중점으로 머신러닝이 이루어진다.

▶ 광고 게재 시 최적화 기준 설정

이 과정까지 마무리하면 광고 캠페인 〉 광고 세트 〉 광고의 과정에서 광고 세트까지의 설정이 끝난다. 이후 광고 소재를 올리는 최종 과정이 앞서 펀드에 비유한 카카오, 네이버와 같은 낱개의 종목을 올리듯 다양한 광고 소재를 올리는 작업이다.

광고를 올리는 마지막 과정은 광고 소재의 형식을 결정하고 간단한 제목과 설명, 트래픽 광고의 경우 랜딩 페이지 웹사이트 주소 등을 적는다. 광고 소재는 단일 이미지, 여러 이미지를 나열하는 슬라이드, 동영상 등으로 업로드할 수 있다. 웹사이트 링크를 넣을 때는 URL 매개변수[1]가 매우 중요하다. URL 매개변수를 클릭하면 다음 그림을 볼 수 있는데, 여기에는 [캠페인 소스] [캠페인 매체] [캠페인 이름] [캠페인 콘텐츠]를 기재한다. 이 내용을 UTM의 개념으로 이

1 UTM이라고도 부르며 페이스북에서는 매개변수로 표현한다.

야기해보겠다.

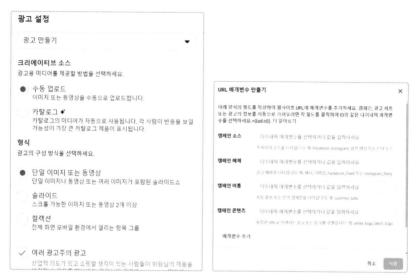

▶ 광고 설정 이미지, 영상 등의 선택 단계 ▶ 매개변수, UTM 설정하는 단계

퍼포먼스 마케팅을 진행할 때 페이스북 광고는 기본 중에 기본이다. 페이스북에서 주어지는 설정대로 광고를 진행하지 말고 반드시 UTM을 사용해서 데이터 성과를 더 정확하게 보자. UTM urchin tracking module은 소비자의 채널별 유입 경로를 측정하기 위해 사용하는 변수로서 기존 URL상에 정보를 추가해서 만든다.

UTM이 필요한 이유를 예를 들어 설명하겠다. 하나의 광고 소재를 2개의 페이스북 페이지에 올려 광고한다고 가정해보자. 소비자들이 클릭해 쇼핑몰로 이동하는 것을 목표로 웹사이트 링크는 네버다이 홈페이지인 https://www.neverdie.co.kr로 설정했다. 2개의 페이지에서 각각 다른 성향의 소비자가 사이트로 유입됐지만, 구글 애널리틱스에서 봤더니 유입된 매체와 소스가 동일했다. 즉 어떤 경로가 더 유의미한지 기록되지 않았다. 각각의 광고 소재를 여러 개의 광고 플랫폼에서 운영할 때, 어떤 경로가 가장 효과적이며 동일한 플랫폼이라도 어떤 페이지에서 반응이 높은지 구체적으로 성과를 측정하기 위해 매개변수, 즉 UTM을 사용해야 한다.

우리 회사는 외부에 나가는 모든 콘텐츠에 웹사이트 링크를 부여할 때 반드시 UTM 링크를 달고 나가게끔 교육한다. 이때 중요한 것은 콘텐츠를 제작해 배포하는 마케터 사이에 통일된 규칙을 설정하는 일이다. 예를 들어 카카오 광고는 소문자로 'kakao', 배너 광고는 'display', 2030 여성을 타깃으로 하는 트래픽 광고는 '2030여성_트래픽'과 같은 식으로 표기한다는 규칙이 이에 해당한다. 이 외에도 카카오모먼트, 구글, 페이스북, 인스타그램, 네이버 블로그, 네이버 포스트 등 각종 광고를 올릴 때 광고 소재별 타깃, 목표, 게재일 등을 어떠한 순서로 적을지에 대한 구체적인 규칙도 필요하다.

실무 담당자는 설정된 UTM 규칙을 반드시 지켜야 한다. 그렇지 않으면 구글 애널리틱스와 같은 분석 도구를 사용할 때 규칙 없이 URL을 마음대로 생성할 경우 데이터가 통일성 있게 정리되지 않아 불필요한 시간이 들고 정확히 분석할 수 없다.

이렇게 내부에 설정한 규칙대로 매개변수를 각각 입력해 보면 다음과 같이 정리할 수 있다.

- 캠페인 소스: instagram
- 캠페인 매체: cpc
- 캠페인 이름: 네버다이247_인스타그램_트래픽_2030남성_랜딩페이지조회
- 캠페인 콘텐츠: 단일이미지_220130_효력실험01

우리 회사는 마케터뿐만 아니라 디자이너와 PD에게도 광고 데이터를 공유한다. 그래서 누구나 직관적으로 알 수 있게 매개변수를 한글로 작성하고 이를 쉽게 인식할 수 있도록 변환하는 과정을 거친다.

매개변수가 설정되면 다음과 같이 별도의 UTM 링크가 생성된다. 이 주소는

굉장히 길고 의미 없는 숫자와 영문, 특수기호의 조합으로 보인다.

http://www.neverdie.co.kr?utm_source=instagram&utm_medium=cpc&utm_ca
mpaign=%EB%84%A4%EB%B2%84%EB%8B%A4%EC%9D%B4247_%EC%
9D%B8%EC%8A%A4%ED%83%80%EA%B7%B8%EB%9E%A8_%ED%8A%
B8%EB%9E%98%ED%94%BD_2030%EB%82%A8%EC%84%B1_%EB%9E
%9C%EB%94%A9%ED%8E%98%EC%9D%B4%EC%A7%80%EC%A1%B0
%ED%9A%8C&utm_content=%EB%8B%A8%EC%9D%BC%EC%9D%B4%E
B%AF%B8%EC%A7%80&utm_term=220130_%ED%8A%B8%EB%9E%98%E
D%94%BD_%ED%9A%A8%EB%A0%A5%EC%8B%A4%ED%97%9801

그러나 이 링크를 웹사이트 주소창에 입력하면 다음과 같은 값으로 바뀐다.

https://m.neverdie.co.kr/?utm_source=instagram&utm_medium=cpc&utm_
campaign=네버다이247_인스타그램_트래픽_2030남성_랜딩페이지조회&utm_
content=단일이미지&utm_term=220130_트래픽_효력실험01

두 URL 링크를 클릭하면 모두 www.neverdie.co.kr로 이동한다. 그러나
기존 www.neverdie.co.kr 링크와 매개변수를 넣은 UTM 링크는 분명히 구
별된다. 전자는 일반적인 네버다이 홈페이지 주소이기 때문에 어디에서 어떻게
들어왔는지에 대한 정보가 없다. 누구나 사용 가능한 주소다. 후자는 URL 안에
각종 정보가 들어 있다. 상기 URL 링크만을 가지고도 2030 남성을 타깃으로
트래픽 〉 랜딩 페이지 조회를 목표로 하는 광고를 집행했으며 단일 이미지로
진행되었고, 이미지의 주요 소재 특징은 효력실험01번이라는 것을 알 수 있다.
이처럼 매개변수를 사용하면 매체별, 소재별 성과 분석도 정확하게 할 수 있다.
　기본적인 광고 운영 외에도 풀퍼널 전략에 입각한 광고에는 리타기팅 광고가
있다. 리타기팅 광고는 퍼포먼스 마케팅에 효율을 올려줄 수 있는 방법으로 유
입한 고객 데이터를 활용해 광고 캠페인을 설정한다. 예를 들어 온라인몰에서

어떤 브랜드의 양말을 장바구니에 담아만 두고 구매하지 않고 나온 후 온라인 뉴스를 보는데 배너광고에서 장바구니에 담았던 바로 그 양말을 본 경험이 있을 것이다. 이러한 광고가 리타기팅 광고다.

리타기팅 광고는 사이트에서 구매한 소비자를 대상으로 광고를 집행할 수도 있고, 사이트를 방문했지만 구매 없이 이탈한 소비자에게만 진행할 수도 있다. 전자의 경우 재구매 주기에 맞춰 광고를 노출하면 되고 후자의 경우 상기효과를 올리는 광고를 집행하면 된다. 이렇게 소비자를 구분하기 위해 페이스북 광고 캠페인에서 맞춤 타깃을 설정하는 방법이 있다. 다음 그림과 같이 '최근 180일 방문자'를 추적하는 방법이다.

▶ 페이스북 캠페인 중 리타깃 광고 설정하기

지난 180일 이내에 우리 쇼핑몰에 방문하여 제품을 구매한 소비자를 타기팅해 재구매 시기에 맞춰 광고를 집행할 수도 있고, 구매 없이 이탈한 소비자들을 위한 별도의 추가 광고도 집행할 수 있다. 뒤에서 이야기하겠지만 애플의 앱추적투명성 정책으로 인해 최근 페이스북 리타깃 광고 일부는 타깃이 잡히지 않을 수 있다는 점은 감안해야 한다.

이렇게 하여 광고 캠페인, 광고 세트, 광고를 올리는 방법에 대한 포인트를 이야기했다. 추가로 언급하고 싶은 부분은 페이스북 광고를 집행할 때 반드시 페이스북의 광고 정책과 가이드를 이해하고 숙지해야 한다는 점이다. 페이스북은 '불법' '무기' 성인용 콘텐츠' 등의 콘텐츠를 금지하는 것은 물론 '개인의 특성'에 대한 광고도 엄격히 금지하고 있다. 마약류, 성인물 콘텐츠가 금지 콘텐츠로 분류되는 것은 쉽게 이해할 수 있다. 그런데 개인적 특성, 개인 건강과 관련 있는 페이스북 광고 정책 역시 충분히 이해하지 못할 경우 계정이 정지될 수 있다. 계정이 비활성화되면 해당 계정에서 광고 집행을 할 수 없다. 그러므로 개인의 건강, 개인적 특성 파트는 정확히 이해하고 넘어가자.

예시를 살펴보자. 페이스북은 '인종과 민족' '연령' '장애' '건강상태'에 대한 광고 규정을 두고 있고 금지 표현과 가능 표현을 다음과 같이 설명한다.

인종 관련
- 주변의 다른 흑인 싱글을 만나세요 ❌
- 흑인 중에서 싱글을 찾아보세요 ✅

연령 관련
- 만 19세 이상인가요? ❌
- 청소년을 위한 서비스 ✅

장애 또는 건강 관련

- 당뇨가 있나요? ❌
- 새로운 당뇨 치료법 ✅

　이 중에서 건강 관련 광고에 대해 살펴보자. 다이어트 제품, 건강기능식품을 판매할 경우에 특히 주의해야 하는 표현이 있다. 다음 그림의 좌측처럼 피트니스에 중점을 두는 이미지는 가능하지만, 체중 감량을 암시하는 이미지는 다이어트나 체중 감량 제품 홍보에 사용할 수 없다.

▶ 페이스북에서 제시하는 금지 콘텐츠 가이드 01 (출처: 페이스북 광고 정책)

　야채 주스를 마시는 사람이 나오는 이미지 광고는 가능하지만, 체중 감량 이전과 이후를 보여주는 비포앤애프터 이미지는 금지 콘텐츠다.

▶ 페이스북에서 제시하는 금지 콘텐츠 가이드 02 (출처: 페이스북 광고 정책)

이런 예시는 페이스북에서 이야기하는 광고 가이드 중 극히 일부이다. 페이스북은 광고 정책을 위반할 경우 해당 계정을 비활성화시킨다. 광고 플랫폼 하나를 날리게 될 수도 있다는 뜻이다. 그러므로 광고 소재를 제작하는 마케터나 광고를 운영하는 퍼포먼스 마케터 모두 사전에 광고 정책을 숙지해 광고 위반 사례에 걸리지 않도록 가이드를 준수해야 한다.

나 역시 광고 정책 가이드에 위반되는 콘텐츠를 올려 광고가 비활성화된 경험이 있다. 앞서 살펴본 예시처럼 미묘한 차이의 표현이 있었고, 비포앤애프터 규정과 신체 부위 확대 규정이 강화되면서 비활성화된 것이다. 이 경우 그동안 쌓아온 데이터까지 못 쓰기 때문에 억울한 것을 넘어 계정 하나를 통째로 버려야 하므로 페이스북 가이드를 사전에 반드시 읽기 바란다.

퍼포먼스 마케팅을 담당하는 광고 담당자는 각종 광고 플랫폼의 광고 정책이나 식약처의 광고 가이드가 업데이트될 경우 내용을 살피고 변경 내용에 맞게 실무자에게 가이드를 제공하고 공유해야 한다.

4-2 구글, 네이버, 카카오, 유튜브, you name it!

(1) 확장판 광고 플랫폼 이해하기: 카카오톡 채널, 비즈보드

퍼포먼스 마케팅을 처음 시작하는 마케터는 페이스북, 인스타그램 마케팅을 먼저 배운다. 이는 미디어커머스 광고 시장에서 페이스북을 가장 먼저 사용했기 때문이다. 페이스북 광고 캠페인을 사용하면 풀퍼널 전략 기본 구조를 파악하고 전반적인 광고 캠페인, 광고 세트, 광고에 대해 이해할 수 있다. 또한 기본적인 광고 데이터를 해석할 수 있고 다른 여러 광고 플랫폼으로 확장 가능하다.

대부분의 퍼포먼스 광고 플랫폼은 페이스북 시스템과 유사하다. 보이는 화면의 차이는 있지만 캠페인 관리, 광고 소재 관리부터 보여주는 데이터도 대동소이하다. 그러므로 페이스북만 제대로 익히면 이후 다른 플랫폼으로 확장해나가는 데 큰 어려움이 없다.

퍼포먼스 방식의 뉴미디어 광고 초기에는 페이스북 외 다른 광고 플랫폼이 고려되지 않았다. 퍼포먼스 마케팅 자체가 효율의 극대화를 목표로 하기 때문에 광고 비용을 분산해서 집행하는 것보다 한 곳만 제대로 운영해야 효율이 좋았다. 당시에는 구매 타깃층 대부분이 페이스북에 머물렀기 때문에 가능한 전략이었고 하나의 광고 플랫폼 내에서 도달, 트래픽, 전환 광고를 잘 운영할 경우 여러 플랫폼을 이용하는 것보다 효과적으로 구조를 짤 수 있었다.

하지만 최근 퍼포먼스 마케팅은 페이스북, 인스타그램을 비롯해 카카오, 틱톡, 네이버, 유튜브 등의 다양한 광고 플랫폼으로 확장하고 있다. 그 이유는 소비자들의 구매여정에 변화가 생겼기 때문이다. 소비자들은 과거처럼 하나의 SNS에서만 머무르지 않는다. 인스타그램에서 맛집을 구경하다가 네이버 블로그를 찾아보기도 하고 유튜브에서 리뷰 영상을 보는 등 다양한 플랫폼에 돌아

다닌다. 혹은 한 플랫폼에서 이러한 모든 정보를 제공할 경우에는 각종 정보 수집과 쇼핑몰로의 이동, 구매까지 하나의 플랫폼 안에서 원스톱으로 진행하기도 한다.

인스타그램을 예로 들어보자. 소비자들은 인스타그램에서 해시태그로 검색하여 인플루언서들이 해당 제품을 리뷰한 콘텐츠가 있는지 찾아보고 일반 소비자들의 리뷰도 살펴본다. 그리고 인스타그램 숍에 들어가 제품을 둘러보다가 마음에 들면 결제한다. 카카오톡도 유사하다. 카카오 비즈보드 배너에 노출된 광고를 보고 카카오 쇼핑에 들어가서 제품을 검색하기도 하고 카카오 내 검색창에서 정보를 찾기도 한다. 그리고 친구에게 카카오 선물하기로 곧장 선물할 수도 있다. 이렇게 플랫폼 내에서 브랜드 인지, 관심, 욕망, 구매까지의 모든 과정을 충족시킨다면 소비자는 이 안에서 필요한 정보를 획득하면서 제품까지 구매한다.

그러나 **소비자 여정은 이제 단순하지 않다.** 소비자가 브랜드를 인지하고 브랜드와 관련된 직간접적인 정보, 콘텐츠와 접촉한 후 제품 구매에 이어지는 횟수를 측정한 개념이 구글의 멀티터치multi-touch인데, 2017년만 해도 소비자들의 멀티터치 횟수는 7-10회에 불과했지만 현재는 20-80회의 멀티터치가 있어야 구매가 이루어지는 것으로 조사됐다.

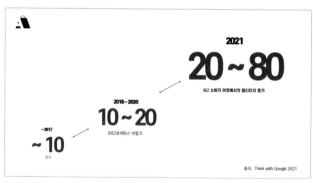

▶ 멀티터치 변화

즉, 콘텐츠에 몇 번 노출되어도 소비자가 쉽게 구매결정을 하지 않는다는 뜻이다. 퍼포먼스 마케터는 소비자와의 접점 플랫폼을 더 많이 찾아야 하고 해당 플랫폼을 공부하고 광고해야 한다. 예전과 비교했을 때 구매전환율 관리가 어려워진 것이다. 페이스북 광고만 집행하여 쉽게 구매전환율을 만들던 퍼포먼스 마케터는 이제 수많은 광고 플랫폼에서 브랜드를 알리는 비용, 호기심 유발 비용, 구매로 이어지는 비용을 중복해서 사용하고 있다.

그렇다면 구매전환율을 포기하고 과거의 마케팅 방식으로 광고비를 써야 할까? 그렇지는 않다. 다양한 광고 플랫폼에 광고를 집행하고 데이터를 수집하되, 어떠한 매체가 고효율 매체인지 골라내고 광고 비중을 조절하면서 몰입할 채널과 버릴 채널을 관리해야 한다. 또한 제품을 구매하는 소비자들은 온라인의 수많은 SNS에 퍼져 있지만, 효율로 따졌을 때 기여도 높은 소비자와 그렇지 않은 소비자가 머무는 공간도 분리되어 있다. 이러한 매체와 소비자를 찾아서 광고 플랫폼을 적절히 사용해야 한다. 이와 관련한 내용은 이어서 나오는 4.2절에서 자세히 설명할 예정이다.

우리 회사는 다양한 광고 플랫폼에서 각 플랫폼에 머무는 소비자 성향에 맞는 퍼포먼스 마케팅을 펼치고 있다. 틱톡 소비자에게는 짧고 임팩트 있는 영상을 만들어 배포하고, 카카오톡 상단 배너를 보는 소비자에게는 클릭을 유도하는 카피를 중심으로 광고 소재를 제작한다. 그중 카카오 광고에 대해 이야기해보려고 한다. 다른 광고 플랫폼들도 전체 구조와 운영 방법은 대동소이하다.

카카오는 메신저에서 출발해 성장했다. 현재 가가오톡 월간 이용자는 4600만 명이 넘는다. '국민 메신저'라는 이름에 걸맞게 일상화되어 있다. 카카오톡에는 '선물하기' '쇼핑하기' 기능에서부터 '카카오TV' '카카오 게임' 등 부가 서비스들이 있다. 다양한 서비스로 인해 지면이 확보된다는 것은 광고 구좌를 넣을 공간도 많다는 것을 의미한다. 그중 퍼포먼스 마케터가 주로 사용하는 서비스는 '카카오 비즈니스 관리자'이다. 이 안에서 '카카오톡 채널' '카카오 광고'를 통해 마케팅 캠페인을 전개할 수 있다. 우선 '카카오톡 채널'부터 살펴보겠다.

카카오톡 채널은 소비자가 브랜드의 채널을 추가해야 브랜드 소식을 받을 수 있는 구조다. 채널을 추가하면 해당 브랜드가 대화 목록에 뜨고 소비자는 친구와의 대화처럼 브랜드 소식, 이벤트, 쿠폰 할인 등의 다양한 메시지를 받을 수 있다. 카카오톡 채널은 다른 광고와 달리 소비자가 스스로 채널을 추가하는 액션을 하기 때문에 클릭률, 전환율을 비롯한 주요 지표가 다른 광고 플랫폼 데이터보다 높다.

카카오톡 채널을 추가한 경험이 있다면 쇼핑몰이나 브랜드사로부터 다양한 이벤트 메시지를 받아봤을 것이다. 이러한 메시지는 카카오톡 채널 광고에서 제공하는 템플릿을 이용하여 보낼 수 있다. 카카오톡 채널은 기본 텍스트형, 와이드 이미지형, 와이드 리스트형 이렇게 세 가지 템플릿을 제공하는데, 쓰임새에 따라 적절한 템플릿을 선택하면 된다.

▶ 카카오톡 채널 메시지 템플릿

여러 소식을 전할 경우 와이드 리스트형으로 보내면 한 번에 많은 메시지를 담을 수 있다. 핸드메이드오에서 실제 발송한 다음 이미지에서 와이드 이미지형과 와이드 리스트형 템플릿을 사용한 것을 볼 수 있다. 왼쪽 와이드 이미지형의 경우 소비자가 아닌 판매자의 기획전 참여를 독려하는 메시지이고 단일 이미지로 하나의 소식에 집중할 수 있게 했다. 오른쪽 와이드 리스트형의 경우는 소비자를 대상으로 제작된 메시지이고 대표 이미지를 통해 현재 진행 중인 기획전을 확인할 수 있게 구성했다. 그 외에도 하단 리스트 3개로 브랜드가 전하는 영상 메시지와 즉시 사용 가능한 할인 쿠폰, 현재 진행 중인 기획전 내용을 한눈에 보여준다. 각 목록을 누르면 개별 링크로 이동한다.

▶ 카카오톡 채널 광고 예시 – 핸드메이드오

카카오톡 채널도 퍼포먼스 마케팅에 해당하는지 의문을 가질 수 있는데 당연히 퍼포먼스 마케팅에 해당한다. 어떤 메시지를 기획해 보내느냐에 따라 소비자에게 브랜드를 알리기 위한 메시지인지 클릭을 통해 구매로 유도하는 메시지인지 달라지기 때문이다. 또한 카카오톡 채널을 통해 보내는 모든 메시지에 삽입되는 랜딩 페이지 URL 링크에는 UTM이 포함된다. 동일한 광고 소재를 카카오톡 채널과 인스타그램 광고에 노출하면 UTM에 따라 카카오톡 채널로 유입한 소비자 클릭률이 더 높은지 인스타그램 광고로 들어온 소비자 클릭률이 높은지 비교할 수 있다.

카카오톡 채널은 소식을 전하는 메시지 기능도 있지만 채팅방 메뉴를 관리하는 기능과 쿠폰 발행 기능도 제공한다. 채팅방 메뉴는 소비자가 카카오톡 채널을 통해 받은 메시지에 대해 더 자세히 알고 싶을 때 주로 사용하고 자주하는 질문 목록도 삽입할 수 있다. 예를 들어 소비자가 1월 쿠폰팩을 받으라는 와이드

리스트형 광고에서 이미지를 클릭해 쿠폰을 받을 수도 있지만, 채팅창 하단의
채팅 목록에서 [이번달 쿠폰팩 받기]를 클릭하여 받을 수도 있다.

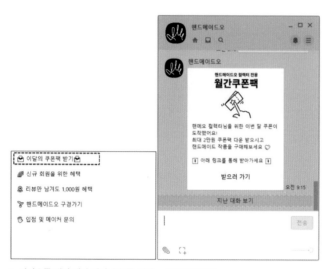

▶ 카카오톡 채널 채팅 메시지 목록 예시 – 핸드메이드오

　카카오톡 채널 기능 중 쿠폰 작성도 꽤 유용하다. 온오프라인 통합 마케팅을
할 경우 오프라인 현장에서 쿠폰 추첨, 경품 현장 수령과 같은 쿠폰을 생성해
관리할 수 있다. 자세한 기능은 카카오 비즈니스에서 확인할 수 있다.
　카카오 비즈니스에는 카카오톡 채널과 더불어 '카카오 광고'가 있다. 카카오
광고는 크게 '카카오 모먼트' '키워드 광고' '브랜드 검색 광고'로 나뉜다. 이중
카카오 광고 중 카카오 모먼트를 소개하려고 한다. 카카오 모먼트는 페이스북
광고 캠페인 설정과 크게 다르지 않다. 페이스북에서 광고 운영을 해봤다면 카
카오 모먼트 광고를 운영하는 데 어려움이 없을 것이다.

유형과 목표

광고 유형

- 💬 카카오 비즈보드
- ▦ 디스플레이
- 🔴 카카오톡 채널
- 🛍 다음쇼핑
- ▶ 동영상
- ☰ 스폰서드 보드

광고 목표

- ⇄ 전환
- 🏠 방문
- ✋ 도달
- ▶ 조회

광고 유형과 목표를 선택하세요.
원하는 목표에 도달할 수 있는 맞춤 설정을
제공합니다.

카카오가 제공하는 광고 유형을 통하여 원하는 목표
를 달성하는데 적합한 캠페인, 광고그룹, 소재 설정
을 제공합니다.

캠페인별로 하나의 유형과 목표를 선택할 수 있습니
다.
보다 자세한 설명은 카카오비즈니스 가이드에서 확
인할 수 있습니다.

▶ 카카오 모먼트 광고 설정하기

　카카오 모먼트도 페이스북과 동일하게 풀퍼널 전략을 수행할 수 있는 광고 캠페인 설정을 제안한다. 위 이미지처럼 캠페인 만들기 과정에서 어떤 광고 유형에 노출할 것인지 광고 목표는 무엇인지 선택하게 된다. 이때 광고 목표가 [전환] [방문] [도달] [조회]로 되어 있는데 각각 페이스북에서의 전환, 트래픽, 인지도에 해당한다고 보면 된다.

　카카오 모먼트는 페이스북처럼 자사몰 픽셀을 연동해 데이터를 추적하고 관리한다. 예산 설정은 최소 5만 원에서 최대 10억 원까지 10원 단위로 설정 가능하다. 2021년만 해도 페이스북과 달리 광고 소재를 업로드하면 집행되기 전 사전 심의 단계를 거쳐야 했는데, 올해부터 사후 심의로 바뀌면서 일단 광고를 돌리고 심의를 진행하는 방식으로 변경되었다. 광고 심의란 각각의 소재가 광고 영역에 맞게 배치되었는지 필수 로고나 단어가 사용되었는지 등을 점검하는 과정이다.

유형과 목표	카카오 비즈보드 X 전환	✎

캠페인　　　　　　　　　　　　　　　　　　　　　　ⓘ 도움말 ∧

광고 목표 설정
　● 픽셀 & SDK로 광고 최적화
　　픽셀 & SDK에 수집된 지표를 기반으로 광고를 최적화할 수 있습니다. 픽셀 & SDK를 선택 후 최적화할 이벤트 종류를 설정하세요.
　　광고계정에 연동된 픽셀 & SDK 중에서 선택　　　　　▼

　○ 카카오톡 채널로 광고 최적화
　　카카오톡 채널 친구를 기반으로 광고를 최적화할 수 있습니다. 광고 최적화 대상으로 사용할 카카오톡 채널을 선택하세요.

예산 설정
　일 예산
　　200,000원　+1만원　+10만원　　미설정
　　20만원
　캠페인 일 예산은 5만원 이상 10억원 이하 10원 단위로 설정할 수 있습니다.

캠페인 이름
　카카오 비즈보드_전환_202301261227　　　　　　26

　　　　　　　　　　　　　　　　　취소　　**광고그룹 만들기**

▶ 카카오 비즈보드 광고 픽셀 연동 및 예산 설정하기

카카오 비즈보드 영역 광고 사례와 퍼포먼스 관리는 다음 절에서 자세히 살펴본다.

구글, 네이버, 카카오, 유튜브, you name it!

(2) 구글 애널리틱스 이해하기

퍼포먼스 마케터라면 반드시 알아야 하는 분석 도구로 구글 애널리틱스가 있다. 구글 애널리틱스란 2005년 11월 구글에서 처음 서비스를 시작한 웹로그 분석 소프트웨어로 GA라고도 부른다. GA는 소비자가 웹사이트를 어떻게 알고 들어왔는지, 들어와서 어떠한 행동을 보이는지, 유의미한 행동을 한 소비자인지와 같은 각종 정보를 트래킹해 보여준다.

　설명에 앞서 구글에서 2023년 7월 1일, GA[2]의 신규 데이터 수집 및 지원을 중단한다고 밝혔다. 따라서 실무자들의 GA4 사용 준비가 필수적임을 알린다.

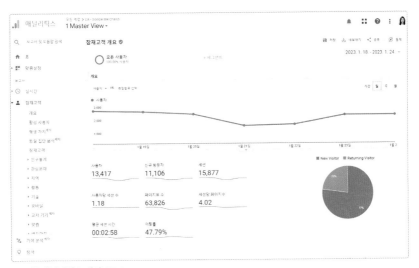

▶ 구글 애널리틱스 대시보드 01

2　이 책에서 이야기하는 GA는 유니버설 애널리틱스(UA)를 뜻하며 GA4는 다음 버전인 차세대 분석 툴이다.

요약해보면 GA는 웹사이트에 들어오는 사용자가 어디서 왔고 어떤 사람이고 어떤 행동을 했는가에 대한 보고서라고 보면 좋다. 이를 통해 마케터는 3가지를 찾아낼 수 있다. 어디서 왔는지를 통해 어떠한 광고 매체가 효율적인지, 어떤 사람인지를 통해 우수 고객이 누구인지, 어떤 행동을 했는지에 따라 전환율 높은 소비자가 누구인지 알 수 있다. 혹자는 이를 고효율 매체, 고품질 유저, 고관여 행동이라고 표현했는데 GA는 바로 이러한 '매체' '사용자' '행동'을 찾기 위한 도구다.

GA에서 제공하는 분석 페이지 중에 획득 〉 채널에서는 특정 기간에 어떤 채널을 통해 유입된 소비자가 이탈이 적고 전자상거래 전환율이 높은지 등을 측정할 수 있다. 다음 그림에서 직접 유입된 고객이 전체의 82%를 차지하며 이들은 평균 3분 이상 머물면서 구매전환으로 이어지는 확률도 높다. 직접 유입이란 광고 없이 소비자가 직접 사이트를 인터넷 주소창에 입력하고 들어오거나 메신저 링크를 통해 들어오는 것을 말한다. 직접 유입의 전환율이 높은 이유는 소비자가 브랜드를 이미 기억하고 있고, 필요에 의해 직접 주소를 입력해 유입되었기 때문에 제품을 구매할 확률이 상대적으로 높기 때문이다.

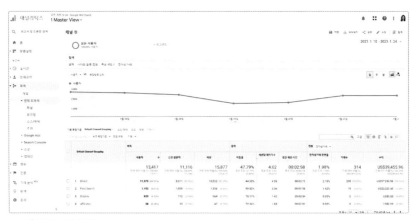

▶ 사용자 흐름 대시보드

다음 이미지를 살펴보면 다양한 광고 플랫폼으로부터의 소비자 유입 경로를 확인할 수 있다. 전체 사용자의 38%는 카카오 모먼트 광고, 13%는 네이버에서 직접 검색해 유입되었다. 그 외에도 인스타그램, 페이스북, 네이버 CPC 광고를 통한 다양한 유입 경로도 파악할 수 있다. 앞서 이야기한 매개변수 고유링크인 UTM을 활용해야 하는 이유가 바로 GA 분석에서 매체별 유입 경로를 정확하게 확인하도록 해주기 때문이다.

▶ 구글 애널리틱스 대시보드 03

GA 데이터는 [획득] 분석 메뉴를 통해 고효율 매체를 골라낼 수 있으며 특정 제품에 효율이 좋은 광고 플랫폼을 선정해 운영할 수 있다. 예를 들어 네버다이247은 카카오 모먼트와 인스타그램에서 효율이 좋고 페이스북 광고, 구글 디스플레이 광고에서 효율이 떨어진다면 퍼포먼스 마케터는 이 결괏값으로 광고 비중을 재설정하는 것이다.

퍼포먼스 마케팅을 진행하다 보면 제품에 따라 광고 플랫폼별 성과가 확연히 차이 나는 경우가 있다. 특정 제품 광고가 카카오 모먼트에서는 반응이 매우 뛰어난 데 비해 페이스북에서는 전혀 반응이 없다거나 유튜브 조회수는 잘 나오는데 인스타그램에서는 반응이 없기도 하다. 따라서 제품별 매체 분석이 중요하다.

이와 더불어 GA를 통해 고품질 소비자가 누구인지도 파악할 수 있다. 예를 들어 소비자에게 어떤 광고를 보여주었는데 20대와 30대 소비자가 각각 10명씩 웹사이트에 들어왔다. 그리고 20대 소비자는 10명 중 5명이 장바구니를 클릭했고 30대 소비자는 10명 중 1명만이 장바구니를 클릭했다. 단순히 10명씩 들어왔다는 사실만으로는 어떤 소비자가 매출에 더 도움을 주는지 알 수 없지만, 구매여정을 이동하는 소비자는 우리에게 있어 고품질 소비자일 가능성이 높다. 즉, 20대의 장바구니 전환율이 5배 높기 때문에 고품질 사용자는 20대라는 것을 알 수 있다. 우리는 제품을 판매하기 때문에 행동 없이 나가는 사용자보다 장바구니까지 이동해 구매함으로써 여정을 마치는 소비자를 더 선호한다. 그들이 회사 매출에 기여하기 때문이다.

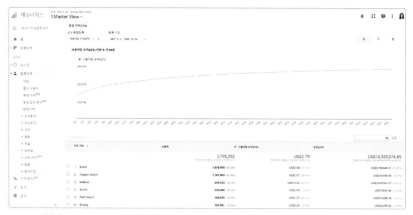

▶ 구글 애널리틱스 대시보드 04

한편 GA를 활용해 쇼핑몰에서의 소비자 행동 흐름으로 고관여 행동을 하는 소비자를 찾아낼 수도 있다. 소비자는 배너를 클릭하거나 이벤트 페이지를 열람하거나 제품의 상세 페이지를 보고 이탈할 수 있고, 장바구니로 이동해 구매할 수도 있다. 이러한 데이터를 바탕으로 퍼포먼스 마케터는 소비자가 웹사이트에서 어떠한 행동을 보이는지 분석하여 구매여정이 매끄럽게 이어지도록 경로별 마케팅을 운영할 수 있다. 예를 들어 GA 데이터상 웹사이트에 들어온 소비자들이 장바구니에 제품을 담았는데 결제 과정에서 이탈이 잦은 경우, 결제 시스템 문제를 점검하고 결제 편의성을 증대하는 방향으로 시스템을 개선할 수 있다.

만약 결제 시스템의 편의성은 갖췄는데 결제에서 이탈이 발생한 경우, 장바구니에 제품을 담은 소비자에게만 '당일 사용 15% 추가 할인 쿠폰' '오늘 사면 적립금 2배' 등의 프로모션을 진행해 결제로 이어지게끔 할 수 있다. 이런 마케팅은 고객관계관리(CRM) 마케팅으로 봐야 하지만 퍼포먼스 마케터가 CRM 마케팅을 병행해 업무를 수행하기도 한다.

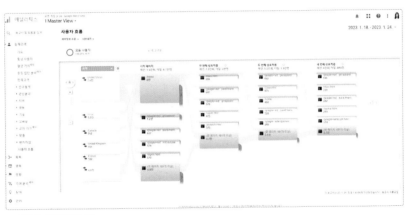

▶ 사용자 흐름 대시보드

GA는 마케터에게 다음과 같은 인사이트를 제공한다. 잠재고객 분석은 사용자의 기준에 맞춰 고품질 사용자를 구분해주고, 획득 분석은 매체 기준에 따른 분석을 통해 효율적인 광고비를 집행할 수 있도록 하며, 행동 분석은 사이트 내부에서 보여주는 고객 행동에 기준을 맞춘 분석으로 소비자를 원하는 방향으로 행동하게끔 유도하는 방향을 제시한다.

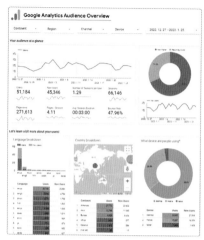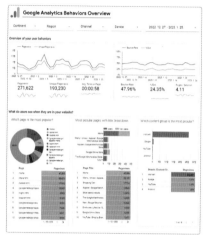

▶ 구글 애널리틱스에서 보여주는 데이터 분석 개괄

　또한 GA를 사용할 경우 구글에서 제공하는 다양한 서비스 도구와 연동할 수 있다. 우리 회사는 구글 태그매니저, 구글 옵티마이즈, 구글 데이터 스튜디오를 모두 연동해 활용하고 있다. 웹사이트 내 변수 세분화, 정교한 추적이 필요하면 구글 태그매니저를 사용하고 쇼핑몰에 유입된 소비자에게 각각 다른 배너, 제품 구성과 요소를 노출해 최적의 페이지를 구성을 테스트하기 위해서는 구글 옵티마이즈를 활용한다. 유저로부터 얻은 데이터를 시각화하는 도구로는 구글 데이터 스튜디오를 사용한다.

　퍼포먼스 마케터가 GA 데이터에 대한 기준을 어떻게 세우고 활용하느냐에 따라 회사 전략이 굉장히 정교해질 수 있고, 소비자와 쇼핑몰에 대한 이해의 폭도 훨씬 넓어질 수 있다. 그런 의미에서 페이스북 광고, 구글 애널리틱스 활용은 퍼포먼스 마케팅의 기본 중에 기본이라는 점을 명심하길 바란다.

4-3 광고만 던지면 뭐해, 주워와야지

(1) 풀퍼널 전략별 광고 데이터 해석하기

퍼포먼스 마케팅의 핵심은 광고를 세팅하는 데 그치지 않고 데이터를 분석하여 그 결과를 어떻게 해석하는지에 있다. 결과 해석에 따라 전략 설정이 바뀌고 이는 다음 퍼포먼스에 영향을 끼친다. 그렇기 때문에 풀퍼널 전략에 근거해 다양한 세부 타깃에 맞춰 광고를 설정한 것과 별도로, 각각의 광고 목표에 따라 어떠한 데이터를 집중적으로 봐야 하는지 그리고 핵심적인 데이터가 의미하는 바가 무엇인지 파악하는 것이 중요하다.

이번 절은 페이스북에서 제공하는 대표적인 데이터의 의미와 이에 대한 해석을 짚고 넘어가려 한다. 페이스북의 기본적인 데이터를 해석할 수 있으면 여타 광고 플랫폼에서 제공하는 데이터를 읽어내는 데 전혀 어려움이 없다.

우선 페이스북 광고 관리자에서 [성과] 메뉴를 살펴보자. 페이스북은 기본적으로 맞춤 보고서 설정을 위해 자신만의 필터값을 지정할 수 있다. 다음 이미지가 광고 관리자에서 어떠한 값을 먼저 보여줄지 선택하는 메뉴이다. 좌측 메뉴에는 우리가 설정한 광고 목표를 선택할 수 있는 항목, 중앙에는 항목별 세부 지표를 제시한다. 그리고 해당 지표를 클릭하면 우측에 클릭한 항목만 따로 나열된다. 반드시 확인해야 하는 지표만 선택하면 해당 필터값만 저장해 페이스북 관리자 페이지에서 데이터를 보여준다. 그리고 마케터는 필요에 따라 지표를 다양하게 분류하고 저장해 데이터를 살펴볼 수 있다.

필터를 저장하는 나만의 방법을 안내한다. 다음 이미지 좌측 [성과] 메뉴를 선택하고 중앙에서 성과 관련 지표를 클릭하면 우측에 선택한 데이터가 보인다. 하단 [열 설정 저장하기] 체크박스를 눌러 원하는 이름을 입력하고 [적용] 버튼을 클릭하여 내가 선택한 데이터만 본다.

▶ 페이스북 광고 관리자의 성과 지표

　페이스북 광고 관리자에서는 [성과] 지표 외에도 [전환] [참여] 등 다양한 메뉴가 있다. 나는 여러 메뉴에서 필요한 지표를 선택해 다양한 지표를 한 번에 관찰한다. 예를 들어 도달형 광고라면 일반적으로 [노출수] [도달수] [CPM]을 관련 지표로 체크하겠지만, 나는 그 외에도 [CPC] [CTR] [ROAS]와 같은 트래픽 지표, 전환형 지표를 함께 확인한다. 그 이유는 도달형 광고로 세팅했다고 하더라도 소비자가 클릭을 유발하는 광고로 인식해 많은 클릭으로 이어지는 경우가 있고 때로는 도달형 광고를 보고 구매하는 소비자도 있기 때문이다.

　퍼포먼스 마케터가 자신의 광고 소재를 과신할 수 없는 것이 바로 이러한 이유 때문이다. '이 광고는 도달형 광고다'라고 확신하고 광고를 집행해도 소비자는 오히려 트래픽 광고나 전환형 광고로써의 반응을 보일 수 있다. 그렇기 때문에 마케터는 꾸준히 광고를 집행해보고 데이터 결괏값을 쌓은 경험으로 광고 자산을 축적하는 것이 현명하다.

　자, 그렇다면 페이스북의 주요 지표가 의미하는 바를 살펴보자.

도달형 광고

▶ 도달형 광고의 핵심 지표 선택

우선 도달형 광고와 관련 있는 [노출] [도달] 지표를 살펴보자. 대부분의 마케터는 초반에 노출과 도달이 동일한 개념이 아닌지에 대한 의문을 품는다. 노출수가 도달수보다 많지만, 대체로 비슷한 수치를 보이기 때문이다. 그러나 노출과 도달은 차이점이 있다.

노출은 광고가 노출된 횟수를 뜻하고 도달은 광고가 도달한 사람의 수를 뜻한다. 하나는 광고에 초점이 있고 다른 하나는 사람에 초점이 있다. 어떤 광고가 A에게 4회, B에게 5회 노출되었다고 가정해보자. 이 경우 A와 B의 총광고 노출수는 9회이다. 그러나 도달수 '광고가 도달한 사람의 수'이기 때문에 총 2회다. 노출은 사람에 대한 중복값을 포함하기 때문에 도달수 대비 노출수가 높을 수밖에 없다.

이러한 관점에서 광고의 목표를 볼 때 광고의 횟수와 사람의 수를 구분해 이해하면 좋겠다. 노출 광고의 경우 링크 클릭이나 랜딩 페이지 조회와 상관없이 광고의 목표를 오로지 많은 사람에게 노출하는 데 중점을 둔다. '일일 고유 도달' 광고의 경우 노출과 상관없이 광고를 최대한 많은 사람에게 도달시키는 것을 목표로 한다.

도달형 광고를 집행할 때 [빈도수]라는 지표도 종종 보게 되는데, 이는 광고 상기도와 관련이 있다. 한 사람에게 해당 광고를 몇 회 보여줄지 사전에 설정할 수도 있고, 사후 데이터를 통해 조정할 수도 있다. 빈도수는 2.32회, 1.50회와 같이 대체로 소수 두 자릿수까지 보여준다. 한 사람이 동일한 광고에 반복적으로 노출될 경우 피로도가 높아져 광고를 건너뛰거나 스팸으로 인식할 확률이 높아지기 때문에 적정한 수의 노출 빈도를 설정하는 것이 좋다. 소비자는 동일한 광고 소재를 4회 이상 시청하면 피로도를 느낀다. 그러므로 브랜드 상기도를 측정하는 광고의 빈도수는 4회 이하로 제한하는 것이 좋다.

또한 빈도수가 과도하게 올라갈 경우 클릭률과 관련된 CPC, CTR 데이터 효율이 낮아질 수 있다. 클릭률은 노출된 광고를 클릭하는 횟수로 성과를 측정하기 때문에 노출이 지나치게 많이 되면 오히려 클릭률은 자연스럽게 떨어질 수 있다는 뜻이다.

한편 도달형 광고에서 측정하는 또 다른 지표로 CPM cost per mile을 들 수 있다. CPM은 1천 번 노출될 때마다 소진하는 광고비를 의미한다. 페이스북에서는 광고를 설정할 때 미리 CPM 예상치를 제공해주기 때문에 도달형 광고에서 어떠한 모수에게 어느정도의 광고비를 집행하면 얼마만큼의 CPM이 예상되는지 확인하고 그에 맞는 전략을 설정할 수 있다.

트래픽 광고

▶ 트래픽 광고의 핵심 지표 선택

트래픽 광고는 우리 서비스나 제품 광고를 보고 소비자가 관심과 흥미를 갖고 행동하게끔 만드는 광고다.

트래픽 광고와 관련된 주요 지표 중 핵심 지표를 간단히 살펴보자. 트래픽 광고는 전환형 광고와 비슷한 듯 차이가 있다. 트래픽 광고와 전환형 광고를 제작할 때 광고 소재는 유사하게 사용하고 광고 세트만 구분해 운영한 경험이 있다. 제품의 효능에 관심이 있는 소비자가 트래픽 광고를 클릭해 들어와 구매하는 경우가 있기 때문이다. 실제 많은 퍼포먼스 마케터가 트래픽 광고와 전환형 광고 소재를 유사하게 올려 데이터를 검증한다. 전환형 광고로써의 성과가 유난히 좋은 트래픽 광고를 전환형 광고로 따로 세팅하면 그 결과가 좋은 경우가 꽤 있다.

트래픽 광고의 경우 기본적으로 클릭률과 클릭수 등을 측정하는데, 광고 목표로 [랜딩 페이지 조회] [링크 클릭] 등을 설정해 운영한다. [랜딩 페이지 조회]

는 소비자가 광고 소재를 클릭해서 우리가 지정해둔 특정 페이지로 이동하는 것을 목표로 한다. [링크 클릭]은 소비자가 광고 소재를 보고 링크를 클릭하는 것 자체를 목표로 한다.

3.3절에서 '픽셀'의 설정에 대해 언급한 적이 있다. 자사몰과 페이스북을 '픽셀'로 연동하는 것이 바로 이런 데이터를 정확히 추적하기 위해서이다. 소비자가 페이스북 광고를 통해 우리 웹사이트로 이동하고 어떠한 행위가 이루어졌을 때 결과를 다시 페이스북에 전송하기 위해 픽셀이 필요하다.

트래픽 광고에서 중요하게 봐야 할 지표는 [클릭(전체)] [고유링크 클릭] [어바운드링크 클릭] 정도를 들 수 있다. 나머지 데이터는 모두 쌍으로 이루어져 '전체'와 '고유'로 나누어 데이터를 보여주기 때문에 이들의 차이점만 살펴보면 되겠다. '전체' 클릭 지표를 우리 광고 소재를 보고 클릭한 '링크 클릭수'라고 생각하겠지만 그렇지 않다. '전체' 클릭은 우리가 업로드한 광고 소재와 관련 있는 모든 상호 작용이 집계된 지표이다.

예를 들어 카드뉴스 광고는 여러 장의 이미지를 슬라이드로 보여주는데 각 카드뉴스 낱장을 클릭할 때마다 1회 클릭으로 카운트하여 클릭한 전체 횟수로 집계된다. 도달형 광고의 [노출]과 [도달]에서 노출처럼 중복이 있을 수 있다는 의미다. '전체'라는 단어를 포함하는 지표 중 CTR도 동일하게 이해하면 좋다. 참고로 CTRclick through rate이란 광고가 클릭된 횟수를 광고가 게재된 횟수로 나눈 값을 의미한다.

• CTR = 클릭수 / 노출수 × 100

예를 들어 클릭수가 50회, 노출수가 1천 회일 경우 CTR은 5%이다. 일반적으로 CTR이 높을수록 광고가 소비자에게 유용하며 원하는 정보와 관련성이 높다는 것을 의미한다.

이번에는 트래픽 광고의 지표 중 [고유링크 클릭]을 살펴보자. 먼저 '전체'와

'고유'의 개념을 구분하면 좋다. 고유라는 단어가 붙으면 '노출'과 '도달'의 개념에서 도달처럼 '사람의 수'라 이해하자. 즉, 고유링크 클릭의 의미는 '광고를 보고 링크 클릭을 한 사람의 수'를 의미한다. 그러므로 몇 명이 웹사이트를 방문했는지에 대한 숫자를 보기 위해서는 링크 클릭수가 아닌 고유링크 클릭수를 살펴봐야 한다.

[아웃바운드 클릭]은 말 그대로 페이스북에서 빠져나가는 링크를 클릭하는 값을 측정하는 것이다. 이를테면 자사몰이나 특정 사이트로 랜딩 페이지를 유도하는 광고 소재를 클릭할 경우 아웃바운드링크 클릭값으로 집계된다.

이 외에도 '관련성 점수'를 측정하는 항목이 있다. 관련성 점수란 동일한 타깃을 설정하고 있는 경쟁사와 비교했을 때 우리의 상대적 지표를 의미한다. 즉, 광고에 대한 소비자의 반응을 측정해 1–10점으로 환산한 점수를 제공하는데, 광고 노출수가 500회 이상일 경우 광고 관리자에 숫자로 표시된다. 관련성 점수는 광고 캠페인이나 세트에는 나타나지 않고 광고 소재 자체에만 표기되는데, 일반적으로 7점 이상일 경우 경쟁사 보다 평균적으로 광고 성과가 우수하다고 판단할 수 있고, 3점 이하일 경우 경쟁사 대비 성과가 낮기 때문에 광고 소재를 변경하는 등 수정 작업이 필요하다고 본다. 페이스북은 관련성 점수가 높을 경우 높은 성과와 상관관계는 있지만, 반드시 높은 성과를 보장하는 것은 아니기 때문에 관련성 진단 순위를 높이는 것을 최우선 목표로 삼아서는 안 된다고 이야기한다.

전환형 광고

마지막으로 전환형 광고는 우리 서비스나 제품 광고를 본 소비자의 직접적인 구매 활동 등을 통해 매출에 기여하게 만드는 광고이다. 전환 지표란 반드시 제품을 구매하는 것만 측정하지는 않는다. 예를 들어 회원등록, 앱 설치와 같은 목표도 전환 지표가 될 수 있다. 미디어커머스 기업은 대개 제품을 판매하는 업체가 많기 때문에 구매, CVR과 ROAS를 살펴보자.

CVR과 ROAS는 모두 '전환'과 관련된 주요 지표다. 페이스북에서는 주로 ROAS에 대한 결과를 살펴보게 되는데, ROAS return on ad spend는 광고비 대비 매출 비율을 의미하고 CVR conversion rate은 광고 클릭 대비 전환율을 의미한다. 기본적으로 두 지표는 비용 대비 전환과 클릭 대비 전환이라는 차이가 있다.

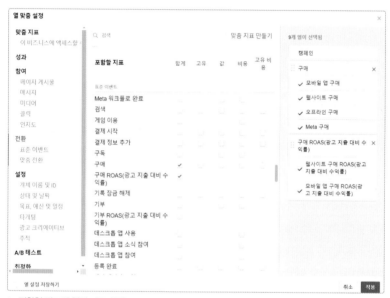

▶ 전환형 광고의 핵심 지표 선택

CVR conversion rate(전환율)은 광고를 보고 들어온 사용자가 회원가입, 장바구니 담기, 앱 설치, 구매전환 등 광고주가 원하는 특정 행위를 한 비율을 의미한다. 예를 들어 우리가 설정한 광고를 클릭한 1천 명의 소비자 중 70명이 제품을 구매할 경우 CVR은 7%이다.

• CVR = 전환수 / 클릭수 × 100

ROAS return on ad spend(광고비 지출 대비 매출)는 광고주가 지출한 광고 비용 대비 발생한 전환 매출을 의미한다.

- ROAS = 광고를 통해 발생한 매출액 / 광고 비용 × 100

예를 들어 1천만 원의 광고비용으로 3500만 원의 매출액이 발생했을 경우, ROAS는 350%이다. ROAS가 높을 경우 광고의 효율이 높다는 것을 의미한다. 참고로 투입되는 비용 대비 이익과 관련되는 지표로 ROIreturn on investment를 이야기하곤 하는데, 이는 투자 금액 대비 발생한 순이익으로 광고비에만 한정된 ROAS보다 더 큰 개념으로 이해하면 좋다.

한편 CVR, ROAS와 연관 지어 생각할 수 있는 개념이 CPA, CAC이다. CPAcost per acquisition는 획득비용을 의미한다. 이는 구매 형태의 전환이 아니라 앱 설치와 등록, 뉴스레터 구독 등과 같은 행동에 대한 비용을 다루는 개념이다. 예를 들어 500만 원의 비용을 지불하고 10개의 전환이 발생했을 경우 CPA는 5만 원이다.

- CPA = 총 비용 / 액션 수 × 100

CACcost per customer acquisition는 고객획득비용을 의미한다. 잠재고객이 우리 제품이나 서비스를 구매하기 위해 유도하는 데 들어가는 비용이다. CAC는 고객획득을 위해 마케팅에 들어간 총비용에서 획득한 고객의 수를 나누어 계산한다. 광고 비용에 200만 원을 사용하여 소비자 100명을 확보할 경우 고객획득비용인 CAC는 2만 원인 셈이다.

- CAC = 마케팅 및 고객획득에 투입 비용 / 획득 고객의 수 × 100

실제 퍼포먼스 마케팅에 있어 CAC, CPA는 마케팅의 예산 설정과 효율적인 운영을 위해 사용하는 개념이므로 잘 이해하는 것이 좋다.

이번 절에서는 광고 관리자에서 제공하는 데이터와 추가로 계산해야 하는 데이터를 함께 이야기했다. 퍼포먼스 마케터는 주어진 데이터를 가공하고, 실제 광고 목표에 맞게 효율적인 광고가 운영되고 있는지 점검하는 것이 중요하다.

4-3 광고만 던지면 뭐해, 주워와야지

(2) 기본 데이터를 확장해 풀이하기: CAC와 LTV

지금까지 페이스북 광고 관리자로 퍼포먼스 마케팅을 운영하는 데 있어 성과에 대한 주요 지표를 점검했다. 이번 절에서는 기존에 주어진 데이터를 가공하여 확장된 개념의 지표를 다루면서 퍼포먼스 마케터가 이러한 데이터를 어떻게 관리해야 더욱 효과적인 성과를 만들어낼 수 있는지 살펴보려고 한다. 언급할 지표는 '고객획득비용(CAC)' '고객생애가치(LTV)' 그리고 '리텐션율' '이탈률'이다. 여타 지표는 마케터가 각자의 기준에서 취사선택하겠지만, 이 지표들은 상호 연관 관계가 높고 제대로 활용한다면 광고비를 줄이면서 매출 증대를 가져올 수 있는 전략 설정도 가능하기 때문에 중요하다.

우선 고객획득비용인 CAC와 고객생애가치인 LTV에 대해 알아보자.

CAC(고객획득비용)

CAC_{cost per customer acquisition}는 마케팅 및 고객획득에 투입된 비용에서 고객을 확보한 수량을 나눈 개념으로, 쉽게 말하자면 '고객 한 명을 획득하기 위해 들어간 돈'이라 생각하면 좋다. CAC는 다양한 광고 플랫폼을 사용하는 퍼포먼스 마케터가 효과적으로 매체를 구분하고 프로모션 집행 시 예산을 설정하는 데 있어 중요한 개념이다. 예를 들어 7일 동안 선착순 1천 명에게 제품을 증정하는 프로모션 이벤트를 기획한다고 가정해보자. 우리 회사의 CAC 비용이 평균 3500원일 경우, 기본적인 프로모션 예산은 350만 원으로 책정된다. 만약 1만 명을 적용한다면 프로모션 비용은 10배수를 곱해 3500만 원으로 설정할 수 있다.

프로모션에서 CAC를 활용할 때 주의할 점은 광고 플랫폼별 CAC가 다를 수 있으므로 채널마다 CAC 비용을 별도로 계산해야 하며 이에 맞게 예산을 분배해야 한다는 것이다. 만약 페이스북 광고로 1천만 원을 집행해 1만 명의 신규 가입자가 발생했다면 페이스북의 CAC는 1천 원이 되지만, 카카오 광고로 1천만 원을 집행해 5천 명의 신규 가입자가 나올 경우 카카오 광고의 CAC는 2천 원이 된다. 그렇기 때문에 이 두 매체의 평균 CAC 비용인 1500원으로 프로모션 예산을 세워 두 개의 광고 플랫폼에 광고를 집행할 것인지, 효율이 좋은 페이스북에 집중해 CAC 1천 원으로 광고를 운영할 것인지는 퍼포먼스 마케터의 캠페인 운용 목표에 따라 달라진다.

이에 대한 견해를 말하자면, 광고 비중의 문제이니 다양한 광고 플랫폼에 운영하는 것이 바람직하다고 본다. 즉, 페이스북과 카카오의 개별 CAC와 평균 CAC를 보고 플랫폼별 광고 예산 비중에 차이를 두면서 운영하는 것을 추천한다. 이유는 채널별로 활동하는 사용자가 다르기 때문이다. 우리 소비자는 어느 하나의 광고 플랫폼 내에서만 머물지 않는다는 사실을 여러 차례 언급했다. 광고 플랫폼별로 우리에게 유리한 소비자와 불리한 소비자가 분명히 있지만, 다양한 채널에서 모객 활동이 이루어져야 트렌드의 변화, 소비자 태도의 변화에 따라 마케팅을 유연하게 적용할 수 있다.

LTV(고객생애가치)

CAC와 더불어 LTV 지표도 함께 봐야 한다. 구글 애널리틱스에서 [잠재고객] 메뉴에 [평생 가치]라는 데이터를 제공하는데, 이를 고객생애가치라고 한다.

고객생애가치는 LTVlife time value 또는 CLVcustomer lifetime value라고 부른다. LTV, CLV 모두 동일한 표현인데 이는 고객 한 명이 우리 제품 또는 서비스를 이용하는 총기간 내 회사에 안겨주는 순이익에 대한 예측을 의미한다. LTV는 단순히 일회성 제품 구매로 그 가치가 매겨지는 것이 아니라 장기적인 관점에서 우리 기업에 기여할 수 있는 가치를 측정하는 것이다.

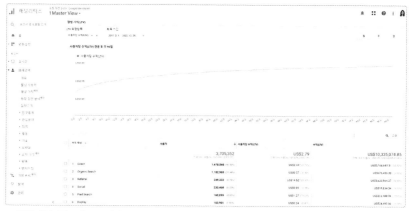

▶ 구글 애널리틱스의 **LTV** 대시보드

　LTV는 다음의 식으로 계산하며 이 식을 통해 LTV와 CAC의 연관성을 확인할 수 있다. CAC 비용을 낮추면 LTV가 증가한다.

$$LTV = \frac{(M - c)}{1 - r + i} - CAC$$

- M: 고객 1인당 평균 매출 (보통 1년 단위로 측정하며 객단가를 의미)
- c: 고객 1인당 평균 비용 (보통 1년 단위로 비용을 측정)
- r: 리텐션율 (고객 유지율을 의미하며 고객이 다음 해에도 남아있을 확률)
- i: 이자율, 할인율
- CAC: 고객획득비용 (고객이 첫 구매를 하는 데 드는 비용)

　회사마다 LTV 계산을 단순화하는 경우도 많은데, 실무에서는 다음 두 개의 식으로 LTV를 구하기도 한다.

- LTV = (평균 구매금액 × 구매빈도 × 계속 구매기간)
- LTV = (평균 구매금액 × 구매빈도 × 총마진 × 고객수명) – 고객획득비용

요약하자면 LTV는 우리가 한 명의 고객을 통해 벌 수 있는 총매출에서 총비용을 뺀 이익이다. 만약 소비자 A가 이번 달에 첫 구매를 했고, 구매한 제품이 2만 원이라고 가정해보자. 이때 우리가 A를 유치하기 위한 광고 비용으로 6천 원을 지불했다. 그럼 첫 달 수익은 2만 원에서 6천 원을 뺀 1만 4천 원이다. 그리고 다음 달에는 이미 확보된 소비자에게 이메일, 문자, 카카오톡 푸시, 커뮤니케이션, 쿠폰 등으로 9천 원을 썼고 A는 3만 원 상당의 제품을 구매했다. 마찬가지로 세 번째 달에 우리는 7천 원의 마케팅 비용을 지불했고 A는 4만 원 상당의 제품을 구매했다. 그리고 이후 A는 이탈해서 돌아오지 않았다고 가정해보자. 이 경우 LTV는 각 단계에서의 이익을 합한 값으로 계산할 수 있다(14000 + 21000 + 33000 = 68000원). 단순한 계산이지만 이렇게 한 명의 소비자 LTV를 계산해보면 고객 한 명이 평균적으로 회사에 안겨줄 수 있는 LTV를 계산할 수 있다.

그렇다면 기업이 LTV를 중요시해야 하는 이유는 무엇일까? 지난 2018년 3월, 크리테오 영국 커머스 마케팅 포럼 자료에서 발췌한 설문조사 결과에 따르면 LTV를 관리하고 모니터링함으로써 주요 지표를 개선할 수 있다.

Gain more sales	81%
Increase customer retention	68%
Encourage brand loyalty	56%
More timely marketing	52%
Greater personalisation for customers	41%

▶ LTV를 모니터링함으로써 개선되는 사항 (출처: 크리테어 UK 커머스 마케팅 포럼 자료 6쪽[3])

앞의 이미지를 살펴보면 응답자의 81%는 LTV를 모니터링함으로써 고객이 기업에 더 많은 매출을 안겨줄 수 있다고 답변했고 소비자의 리텐션, 브랜드 충성도도 각각 68%, 56% 증가할 수 있다고 답했다.

LTV는 이미 확보된 고객이 완전히 이탈하기 전까지의 가치를 환산한 금액이기 때문에 꾸준한 커뮤니케이션을 통해 브랜드 로열티와 브랜드에 대한 애정이 쌓일 수 있도록 관리할 경우, 신규 고객을 유치하는 것보다 더 높은 유대관계를 바탕으로 안정적인 사업을 전개해나갈 수 있다.

또한 퍼포먼스 마케터가 LTV를 잘 인지하고 있으면 비즈니스 전략 수행 시에도 도움이 되는데, 평균적인 LTV를 통해 마케터는 우리 브랜드, 제품과 관련된 소비자의 전체 수익성을 이해할 수 있으며, 최적의 CAC를 예측할 수 있게 된다. 그뿐만 아니라 LTV의 기여도가 가장 높은 광고 플랫폼과 제품을 찾아 객단가, 수익성을 높이는 전략도 설정할 수 있다.

결론적으로 LTV와 CAC에 대한 이해와 분석을 수반하면, 기업은 효율적인 비용 관리를 통해 소비자를 유치하고 회사의 제품 혹은 서비스를 오랫동안 사용하도록 관리함으로써 회사 매출은 물론 브랜드 로열티 증대에도 기여하게 된다. 그러므로 퍼포먼스 마케터에게 지표에 대한 이해와 이를 통한 전략 설정은 기업의 장기적 운영에 있어 매우 중요하다.

한편, 퍼포먼스 마케터가 효과적인 광고 성과를 만들어내기 위해 추가로 살펴봐야 할 지표로 고객의 리텐션, 이탈률이 있다.

---

3 https://www.criteo.com/wp-content/uploads/2018/03/Criteo-UK-Commerce-Marketing-Forum.pdf

이탈률(bounce rate)

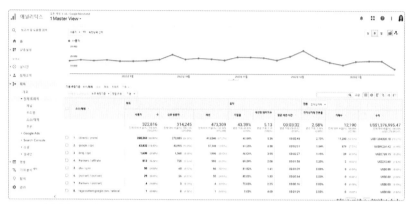

▶ 구글 애널리틱스의 대시보드

구글 애널리틱스에서 제공하는 데이터에서 이탈률을 살펴볼 수 있다. 이탈이란 사용자가 웹사이트를 방문했다가 아무 일도 하지 않고 떠난 것을 의미한다. 우리 사이트에 접속해 첫 번째 페이지 뷰 이후에 다른 페이지를 조회하지 않고 상호작용 없이 이탈할 경우 '사용자가 이탈했다'고 표현하는데, 단일 페이지 세션을 기준으로 측정된다. 이탈률은 단일 페이지 세션수를 총세션수로 나눈 비율을 의미하고, 단일 페이지뷰 이후 상호작용 없이 이탈한 세션 비율이 이탈률이다. 제품과 브랜드 측면에서는 소비자가 우리 제품이나 서비스 이용을 그만두는 행위를 이탈이라고 한다.

이탈률은 리텐션과 역의 관계를 갖는다. 떠나는 소비자가 있으면 머무는 소비자도 있는 법이다. 이를 각각 이탈률, 리텐션율이라 하므로 다음 공식이 성립된다.

- 이탈률 = 100 − 리텐션율

리텐션율(retention rate)

리텐션이란 고객이 유지된다는 뜻이며 리텐션율은 고객이 유지되는 비율을 의미한다. 예를 들어 회사의 월 고객 리텐션율이 80%일 경우 매달 우리 고객 중 80%는 유지된다는 것이다. 1천 명의 고객을 보유하고 있는 상황에 월 리텐션율이 80%이면, 다음 달에 유지되는 고객은 1000명 × 80% = 800명이 되며, 그 다음달에는 800명 × 80% = 640명, 또 다음 달에는 640명 × 80% = 512명으로 감소한다.

리텐션율이 중요한 이유는 앞서 이야기한 LTV와 관련이 있기 때문이다. 회사 입장에서 고객을 유지하지 못하면 매번 신규 소비자 유치에 큰 비용을 지불해야 하고 돈을 지불해 신규 고객을 획득했다 하더라도 리텐션율이 낮으면 계속해서 이탈한다. 이탈률이 꾸준히 높으면 밑 빠진 독처럼 끊임없이 비용만 나갈 수 있다. CAC가 지속해서 투입되는데 LTV가 계속 떨어진다면 지속가능한 사업이 될 수 없다.

리텐션율을 높이기 위해 퍼포먼스 마케터는 어떠한 전략을 펼칠 수 있을까? 우선 소비자가 우리 사이트에 머물고 체류할 수 있는 다양한 장치를 설정하는 것이 중요하다. 집 인테리어를 소개하는 앱을 예로 들어 보자. 유저들이 직접 올리는 인테리어 콘텐츠를 꾸준히 노출해 소비자의 체류 시간을 늘리고, 해당 인테리어의 제품 구매가 가능한 커머스로 연결해 콘텐츠를 소비할 수 있는 공간을 창출했다. 그리고 소비자들이 스스로 콘텐츠에 참여함으로써 브랜드와의 유대관계도 강화해나가고 있다.

콘텐츠를 통해 체류 시간을 높이는 방법 외에도 우리 제품이 소비자들의 문제를 해결할 수 있는지 그리고 소비자가 제품을 구매한 후 주기적으로 재구매하는지 등을 점검해야 하며, 재구매 주기에 맞춰 소비자를 위한 맞춤형 정보를 제공하고 할인 이벤트 등을 전개하면서 소비자가 지속해서 관리받고 있다는 생각이 들게 하는 전략을 세워야 한다. 또한 광고 캠페인을 세팅하고 관리하는 데에서 그치지 않고 이를 가공한 다양한 데이터 분석을 통해 회사의 중장기적인 매출 기여와 브랜드 가치 창출이라는 측면에서 접근해야 한다.

이번 절에서는 대표적인 지표로 CAC, LTV, 이탈률, 리텐션율을 살펴보았다. 제품별, 회사별 처한 상황이 다르므로 실무적인 관점에서 그에 맞는 추가적인 지표를 점검하고 전략을 세우길 바란다.

4-4 공짜로도 마케팅할 수 있다

앞서 유료 광고를 세팅하고 운영 및 관리하는 실무 노하우를 소개했다. 그렇다면 중소상공인이나 개인이 초반에 비용을 투입하지 않고 자신의 브랜드를 알리는 방법은 없을까?

정기적으로 포스팅하면서 소통하는 채널에는 유튜브, 네이버 블로그, 네이버 포스트, 인스타그램이 있다. 이러한 SNS 플랫폼은 진입하기는 쉽지만, 운영하기 위해 콘텐츠를 꾸준히 기획하고 발행하는 장인정신이 필요하다. 또한 SNS 공식 계정을 만드는 것은 소비자와의 커뮤니케이션을 시작한다는 의미이기 때문에 인내심을 갖고 중장기 계획을 세워 운영하는 것이 중요하다.

유튜브 유저들은 일반적으로 자신이 구독하는 유튜버가 언제쯤 신규 영상을 업로드하는지 그 일정을 인지하고 있다. 구독자는 유튜버의 영상을 매일 보면서 일과처럼 콘텐츠를 소비한다. 어떤 유튜브 채널을 구독한다는 것은 일상에서 정기적으로 소비하는 콘텐츠로써 의미가 있는 것이다. 그런데 유튜버가 정기적인 발행 스케줄을 지키지 않고 비정기적인 발행을 시작하면 구독자는 이 유튜버에 대한 흥미를 점차 잃고 새로운 유튜버에게 관심을 돌리게 된다. 그러므로 우리가 확보한 팬들에게 콘텐츠를 꾸준히 발행해 관심이 멀어지지 않도록 커뮤니케이션하는 과정이 중요하다.

콘텐츠의 정기적 발행과 더불어, 내 채널에 설정한 캐릭터에 맞게 톤앤매너를 유지하는 것 또한 중요하다. 항상 밝은 캐릭터로 콘텐츠를 제작하다가 어느 날 갑자기 우울한 콘텐츠를 올리는 식으로 콘텐츠의 톤이 급격히 바뀌면 구독자는 떠날 수 있다. 왜냐하면 해당 유튜브 채널을 구독하는 이유는 초반에 콘텐츠를 끌고 가는 캐릭터, 톤앤매너가 자신이 좋아하는 스타일인 경우가 많기 때문이다.

SNS는 어떻게 시작하고 운영하는 것이 좋을까? 네이버 블로그, 인스타그램, 유튜브 등 각 SNS 채널을 운영하기 위해 기술적으로는 어떠한 원칙을 지켜야 하는지, 어떤 태그를 걸어야 유입시킬 수 있는지, 어떤 카테고리로 설정해야 인기 있는지 등 유용한 팁들이 온라인상에 많이 공유되고 있다. 그러므로 본격적으로 SNS를 운영하기 전에 이러한 글들을 찾아보는 것도 좋다.

4-4 공짜로도 마케팅할 수 있다

(1) 케이스 스터디 블로그 순위, 2백만 등에서 7천 등으로 올리다

다양한 SNS 중 네이버 블로그를 먼저 살펴보자. 네이버 블로그와 인스타그램은 계정을 만들고 시작하기 쉬운 편이다. 물론 파워블로거나 인플루언서가 되는 것은 상당히 어렵지만 몇 가지 가이드만 지키면 기본 이상의 수치는 만들 수 있다. 유튜브는 개인 또는 중소상공인이 시작하기에 영상 기획과 제작이라는 허들이 있어 추가 비용이 들 수 있다. 그래서 모바일 카메라로 간단하게 촬영하고 내용도 간단히 적으면 되는, 상대적으로 진입장벽이 낮은 SNS에 관해 이야기하려고 한다.

먼저 블로그 차트[4]라는 네이버 블로그 관련 사이트를 소개한다. 블로그 차트에 접속해서 개인 블로그 주소를 입력하면 내 블로그가 전체 블로그 중 몇 위인지, 어떤 카테고리가 상위에 노출되고 있는지 등의 데이터를 확인할 수 있다. 이곳에서 제공하는 수치를 보면 국내 네이버 블로그는 1800만 개가 넘는다. 이중 600만 개 정도가 활성화된 블로그라고 표시되어 있지만, 최근에 꾸준히 증가하고 있다. 이는 밀레니얼 세대를 중심으로 다이어리 꾸미기와 같은 트렌드가 생기면서 블로그를 일기장처럼 사용하는 이용자가 많아졌기 때문이다.

7-8년 넘게 방치하던 개인 계정 블로그를 1년 넘게 테스트 운영하며 상위 블로그로 노출시킨 노하우를 공유하고자 한다.

2020년 12월 20일, 네이버 블로그를 처음 시작했을 때의 순위는 전체 블로그 중 200만 등이었다. 개설된 1800만 개 블로그 중 200만 등에 위치했기 때

---

4 https://www.blogchart.co.kr/

문에 상위 11% 정도의 수준이라 보면 된다. 그나마 200만 등일 수 있었던 이유는 방치한 지 오래되었다 하더라도 그동안 작성했던 콘텐츠가 있었기 때문이라고 본다. 나는 네이버 블로그 운영 가이드에 맞게 카테고리를 기획하고 정기적인 포스팅을 해나갔다. 가이드를 따라 운영했더니 블로그를 다시 시작한 지 6개월이 채 되지 않아 성과가 나타나기 시작했다.

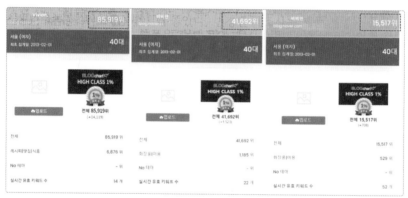

▶ 블로그 차트의 블로그 상승 순위 01

위 이미지는 각각 2021년 3월 4일, 2021년 4월 2일, 2021년 6월 3일에 블로그 차트에서 캡처한 화면이다. 블로그를 재개한 지 3개월 뒤에 200만 등에서 거의 199만 등 가까이 수직상승해 8만 5천 등대에 올라선 것을 볼 수 있다. 그리고 한 달 뒤에는 4만 1천 등대로 뛰어올랐으며, 이로부터 두 달 후에는 1만 등대로 진입했다.

블로그 재개한 지 1년 후의 블로그 차트는 어떻게 되었을까? 운영 1년쯤 되는 시점인 2021년 11월 29일, 2021년 12월 27일에 각각 8570등, 7995등으로 올라섰다. 화장품과 미용 분야에서는 전체 320등을, 패션과 의류 분야에서는 808등을 차지했다. 그리고 화장품 관련 콘텐츠를 발행할 경우 해당 키워드로 상위 첫 페이지 노출이 대부분일 정도로 영향력을 가지게 되었다.

▶ 블로그 차트의 블로그 상승 순위 02

다음 그래프를 통해 2021년 2월부터 2022년 1월까지 1년간 순위가 꾸준히 상승하는 모습을 볼 수 있다.

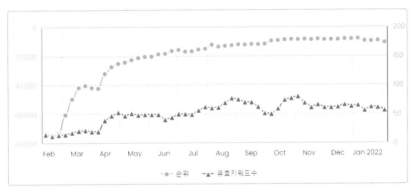

▶ 블로그 차트의 블로그 상승 순위 03

그렇다면 200만 등이었던 죽어 있는 블로그를 7천 등까지 끌어올린 비결은 무엇일까? 답은 간단하다. 네이버에서 제공하는 기본적인 가이드를 지키면서 포스팅을 꾸준히 하는 것이다. 네이버 블로그가 존재하는 이유에 대해서 먼저 생각해보자. 네이버 블로그에는 어떤 사람이 무슨 콘텐츠를 보기 위해 방문할까?

페이스북 광고와 달리 네이버 블로그는 기본적으로 '검색'을 기반으로 한다. 내가 방문하려는 맛집이 실제로 괜찮은지, 어떠한 지역에 가볼 만한 곳이 있는지, 와인을 선물하고 싶은데 선물하기 좋은 와인은 어떤 것이 있는지 등 블로그는 소비자가 직접 키워드를 입력하고 관련 콘텐츠를 열람하는 구조이다. 그러므로 다음 세 가지가 가장 중요하다.

1) 소비자가 찾는 콘텐츠를 만들어야 한다.
2) 해당 키워드를 검색했을 때 노출되어야 한다.
3) 발행주기와 발행시간을 일정하게 유지한다.

만약 소비자들이 거의 검색하지 않는 주제로 글을 쓴다면 나만을 위한 일기장이자 저장소에 그칠 뿐 라이브한 블로그로 작동할 수 없다. 그러므로 일기를 쓰기 위한 목적이 아닌 이상, 블로그 글은 검색 기반 결과로 상위 노출하는 것을 목표로 작성해야 한다.

그렇다면 인기 있는 블로그 콘텐츠는 무엇일까? 블로그 차트에서 제공하는 정보를 기반으로 카테고리별 콘텐츠를 살펴보면 여행/숙박 14.6%, 레시피/맛집 8.5%, 패션/의류 8.5%, 일상/생활 7.3%, 교육/학원 6.8%, 육아/출산 5.6% 순이다. 블로그를 이용하는 연령대는 20대 22%, 30대 44.6%로 2030세대가 총 67% 정도를 차지한다.

블로그 초창기부터 레시피/맛집, 여행/숙박, 패션/뷰티/의류 카테고리는 항상 상위에 있었다. 연령대에 따라 육아/출산, 교육/학원 등의 키워드도 꾸준히 검색하지만, 2030세대가 67% 이상 활동하는 블로그에서는 맛집, 여행, 패션/뷰티가 가장 많이 검색하는 카테고리라 보면 좋다.

2030세대는 정보를 검색할 때 네이버 블로그뿐만 아니라 유튜브 영상을 동시에 확인한다. 예를 들어 여행을 간다면 숙박업소에 대한 기본 정보는 블로그로, 실제로 어떻게 꾸며져 있고 시설을 어떻게 활용하는지에 대한 사전 정보는 유튜브로 파악한다. 하나의 정보를 다양한 SNS 플랫폼을 통해 종합적으로 얻는 것이다.

　다음 이미지는 내가 운영하는 블로그의 지난 1년간 월간 조회수다. 블로그 차트에서 순위가 상승하는 변곡점과 블로그 월간 조회수 흐름이 유사한 것을 볼 수 있는데, 어떤 원칙을 적용하며 블로그를 운영해왔는지 하나씩 살펴보자.

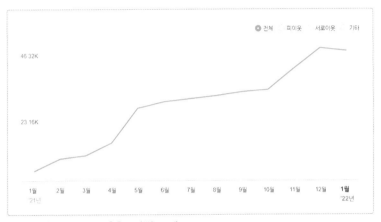

▶ 블로그 월간 조회수 증가율을 보여주는 그래프

　먼저 소비자가 가장 많이 검색하는 인기 카테고리를 중심으로 브랜드와 연관 지어 꾸준히 콘텐츠를 만들 수 있는 분야를 선정하는 것이 좋다. 소비자는 일반 적으로 기업 계정을 팔로잉하는 것을 선호하지 않는다. 기업 계정에선 제품 이 야기만 나열하기 때문에 흥미를 못 느끼는 경우가 많기 때문이다. 그러므로 블 로그에서 매번 '우리 제품은 어떻다'라는 이야기만 할 경우 소비자들은 떠나기 쉽다.

　하지만 콘텐츠를 어떻게 구성하느냐에 따라 소비자들이 적극적으로 팔로잉 하고 친구들에게도 콘텐츠를 공유하게끔 만들 수도 있다. 음식점을 운영한다고 가정해보자. 블로그에 매번 음식점 소개만 할 수는 없는 노릇이다. 음식점에 대 한 정보와 동시에 음식과 어울리는 와인 혹은 음식 궁합 등 소비자가 흥미 있어

할 정보를 함께 제공해야 한다.

카테고리를 결정한 후에 블로그 글을 작성하게 되는데, 블로그 글은 기본적으로 이미지와 동영상, 텍스트, 키워드를 모두 삽입해야 한다. 소비자 입장에서 생각해보면 간단하다. 블로그 콘텐츠를 보기 쉽게 만들어주기 위해 이미지와 적당한 텍스트가 있어야 하고, 이들을 우리 블로그에 유입시키는 유관 키워드를 설정해주는 작업이다.

블로그 관련 가이드는 매번 바뀌지만, 나는 일반적으로 20개 내외의 이미지와 15초 내외의 영상을 준비한다. 모바일로 촬영하기 때문에 시간이 많이 소요되는 작업은 아니다. 다양한 각도에서 촬영하고 각 이미지 흐름에 맞는 콘텐츠를 입히면 된다. 텍스트의 경우 소비자가 충분히 체류하고 콘텐츠를 소화할 수 있을 만큼의 길이로 작성하자. 텍스트 분량에 정답은 없으나, 나는 보통 이미지 한 개당 3-4줄로 작성한다. 이때 텍스트는 소비자가 얻고자 하는 정보를 명확하게 제공해야 한다는 점이 중요하다.

어떤 블로거는 키워드로 유입시키는 '낚시성' 콘텐츠를 올리고 정작 중요한 콘텐츠를 보기 위해서는 해당 블로그의 다른 링크를 또 한번 클릭하게 만든다. 이런 블로그 콘텐츠로 조회수를 높일 수는 있지만 소비자가 체류하지 않고 금방 이탈하기 때문에 품질 면에서는 저품질 블로그가 될 수 있다. 이는 키워드 설정과도 연관 관계가 높다. 만약 립스틱에 대한 글을 작성했는데, 요즘 명품이 인기인 것 같아 '명품추천' '명품화장품'을 키워드로 잡았다고 치자. 콘텐츠와 키워드의 연관 관계가 낮아 소비자의 반응이 나쁠 경우 블로그 품질에도 영향을 미친다. 결국 낚시성 블로그가 된다는 말이다. 그러므로 고품질 블로그로써 소비자들이 안정적으로 찾는 블로그로 만들기 위해서는 정확한 정보 전달, 해당 콘텐츠와 맞는 키워드의 선정이 중요하다.

내 블로그의 소비자 월간 체류 시간은 2020년 12월부터 2021년 12월까지 1년 동안, 1분 42초에서 1분 59초 사이로 꾸준히 유지되었다. 이를 통해 소비자가 키워드를 검색해 블로그에 진입하면 콘텐츠당 평균 1분 50초가량 머물렀다는 점을 알 수 있다.

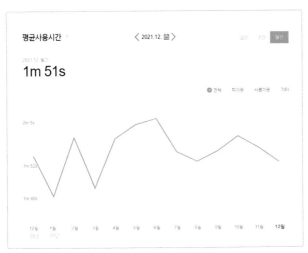

▶ 블로그 월평균 체류 시간

이처럼 소비자의 체류 시간을 꾸준히 유지하기 위해서는 앞서 이야기했듯 적절한 이미지 수와 텍스트 길이, 소비자가 필요로 하는 정확한 정보를 제공해야 한다. 원하는 정보와 이미지가 있으면 소비자는 해당 정보를 얻기 위해 콘텐츠를 처음부터 끝까지 모두 읽는다. 그리고 체류 시간이 높다는 의미는 고품질 블로그임을 뜻한다.

내 블로그의 체류 시간이 다른 블로그에 비해 어느 위치에 있는지 다음 이미지를 통해 확인할 수 있다. 상위 그룹 평균이 143초인데, 내 블로그 평균은 119초로 상당히 높은 구간에 속해 있음을 알 수 있다.

▶ 블로그 월 평균 체류 시간과 전체 그룹 내 위치

　블로그 글을 발행하는 데 있어 중요한 작업으로 '대표사진 설정'이 있다. 유튜브에서는 '섬네일'이라 하는데, 네이버에서 블로그를 검색할 경우 메인에 노출되는 이미지를 의미한다. 소비자는 검색 결과 중 대표 이미지를 보고 자신에게 도움이 될 것으로 판단하면 클릭한다. 대표사진 설정은 클릭수와 직접적인 연관이 있기 때문에 소비자들이 찾는 키워드에 어울리는 이미지로 선정하는 것이 중요하다.

　예를 들어 한 소비자가 A 브랜드 립스틱을 검색했다. 검색창에 뜬 다양한 이미지 중에 소비자가 원하는 립스틱 브랜드가 특히 잘 보이는 이미지가 있다면? 바로 클릭할 것이다. 즉, 키워드에 적합한 이미지를 선정하는 것이 소비자를 나의 블로그로 이끌 수 있는 요인이 된다. 그러므로 블로그에 콘텐츠를 올리고 최종 글을 게시하기 전, 클릭을 유도하는 이미지를 대표 사진으로 설정해 소비자를 끌어들이자.

　마지막으로 '발행주기'에 대한 부분이다. 네이버 블로그는 기본적으로 꾸준하게, 성실하게 글을 올리면 순위가 상승한다. 포스팅을 매일 해야 한다는 의미다. 나는 블로그를 재개한 후 6개월 동안 매일 포스팅했고, 그 이후에는 이틀에 한 번씩 포스팅하면서 순위를 체크했다. 내가 느낀 바는 인기 키워드를 충분히 쌓기 위해 초반에는 매일 포스팅을 하는 것이 도움된다는 점이다. 기본적으로 블로그의 콘텐츠 개수가 많아지면 소비자들이 찾는 키워드에 다양하게 노출되기 때문에 여러 콘텐츠가 동시에 소비된다. 많은 볼거리가 있다는 것은 많은 유입을 끌어낼 수 있기 때문에 초반에 콘텐츠를 쌓아두는 과정은 필요하다는 의미다.

블로그 콘텐츠의 발행주기를 정했으면 발행시간은 어떻게 설정하면 좋을까? 블로그 역시 유튜브 구독자와 마찬가지로 이웃들과의 약속을 기본으로 한다. 정기 발행시간을 비슷한 시간대로 유지할 경우 소비자들은 이에 맞는 소비 패턴을 보인다.

나는 블로그 콘텐츠를 작성한 즉시 포스팅하기보다는 예약 발행을 활용해 발행시간을 매일 오전 5시 30분-6시로 일정하게 유지했다. 그 결과, 포스팅 시간과 블로그를 찾는 이웃의 시간대별 조회수가 일치했고 다음 이미지에서 시간대별 조회수 분포도를 확인할 수 있다. 매일 아침 뉴스를 진행하듯이 정기 발행시간을 지키면 소비자도 그 시간에 콘텐츠를 소비하게 되는 것이다.

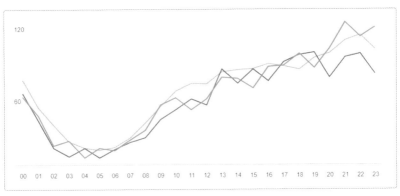

▶ 블로그 시간대별 조회수 분포

그렇다면 초반 6-7개월 동안만 콘텐츠를 열심히 발행하고 그다음엔 방치하면 블로그 순위가 유지될까? 물론 아니다. 소비자들은 유행에 민감하다. 특정 기간 검색한 키워드로 아무리 많이 유입된 콘텐츠가 있다고 해도, 해당 키워드의 인기가 식으면 자연히 콘텐츠 검색량도 떨어지게 된다. 그리고 처음 포스팅한 시점에서 전혀 인기가 없다가 트렌드를 타면서 갑자기 검색량이 올라가는 콘텐츠도 있다.

예를 들어 다음 이미지는 2021년 10월에 포스팅한 콘텐츠의 조회수인데, 당시에는 소비자들이 거의 찾지 않다가 겨울이 되며 폭발적으로 검색을 하면서 조회수가 급격히 올라가는 모습이다. 해당 키워드 제품은 겨울에 자주 찾는 제품이기 때문에 가을에 미리 포스팅했고, 그 결과 겨울이 되어서 조회수가 안정적으로 올라가고 있는 모습을 보인다.

이렇게 포스팅 시점보다 늦게 조회수가 증가하더라도, 모든 콘텐츠는 유효기간이 있다. 해당 제품이 업그레이드된 리뉴얼 제품이 출시된다든지 다른 경쟁사 제품에 소비자들이 더 관심을 둔다든지 소비자의 관심 이동에 따라 콘텐츠의 수명도 바뀌게 된다.

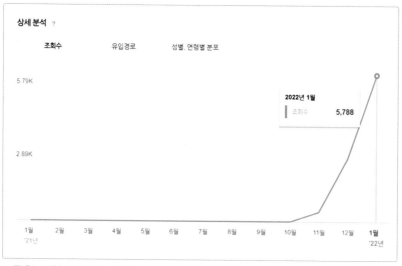

▶ 콘텐츠 조회수가 증가하는 그래프

블로그를 운영하기 위해서는 소비자들이 무엇에 관심이 있고 무엇을 찾는지에 대한 트렌드를 파악하는 것이 중요하다. 그리고 콘텐츠는 단기간에 많이 쌓는 것보다 정기적으로 발행하며 운영해야 한다. 장인정신이 필요하다.

4-4 공짜로도 마케팅할 수 있다

(2) 케이스 스터디 잘나가는 인스타그램은 이유가 있다

이번 절에서는 인스타그램에 관해 이야기하려고 한다. 인스타그램 역시 네이버 블로그처럼 플랫폼에 맞는 가이드를 준수해야 인기 있는 계정으로 성장할 수 있다.

인스타그램은 블로그보다 이미지가 중심이 되는 SNS이다. 블로그는 정보를 얻기 위한 사용자가 많다면, 인스타그램은 이미지를 검색하는 사용자가 대부분이다. 근사한 카페, 럽스타그램, 인테리어, 명품몸매 등 사용자가 찾고 싶어 하는 이미지가 중심이 되는 것이다.

인스타그램에서 나타나는 사용자 반응은 콘텐츠를 보고 '좋아요'를 누르거나 '저장'하거나 '공유'하는 것으로 구분된다. 사용자는 인스타그램에서 근사한 집 인테리어를 보거나 여행지에서의 멋진 남녀 사진을 보면 '좋아요'를 누른다. MBTI별 행동 유형, 별자리별 오늘의 운세 등 친구에게 보내주고 싶은 콘텐츠는 '공유'를 한다. 마지막으로 2022년 연말정산 노하우, 생활꿀팁과 같은 도움이 되는 정보는 '저장'을 한다. 콘텐츠 성격에 따라 사용자가 다르게 반응한다는 뜻이다.

그러므로 인스타그램 계정 운영 전에 사용자에게 어떠한 콘텐츠를 제공하고 어떻게 소통하고 싶은지에 대한 방향과 브랜드 가이드를 설정하는 것이 중요하다. 가이드가 있으면 담당자들은 톤앤매너에 맞게 인스타그램 계정을 운영할 수 있다.

다음 오레오와 네버다이247의 인스타그램 계정을 살펴보자. 브랜드 가이드에 맞게 운영되고 있는 대표적인 계정이다.

두 브랜드 모두 브랜드 컬러가 뚜렷하다. 오레오의 사진에는 블루와 블랙, 화이트가 주로 사용된다. 오레오 제품 쿠키 컬러가 블랙과 화이트로 이루어져 있고 전체적인 배경 컬러는 블루로 둔다.

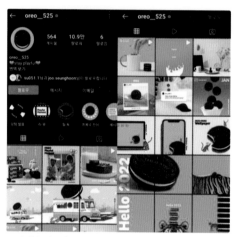

▶ 오레오 인스타그램 공식 계정

네버다이247의 경우 블랙, 레드, 화이트 세 가지 색상을 기본으로 브랜드 가이드가 설정되어 있다.

▶ 네버다이247 인스타그램 공식 계정

두 계정 모두 브랜드 컬러와 톤앤매너를 전체적으로 유지하고 있음을 알 수 있다. 이렇게 특정 컬러를 중심으로 SNS를 운영하면 사용자들은 그 컬러 조합만 보고도 브랜드를 떠올린다. 노란색과 파란색의 조합으로 이케아를 연상하거나 빨간색과 파란색을 보면서 코스트코를 연상하는 식으로 말이다.

호기심을 유발하는 정보성 콘텐츠의 경우 사용자 간의 공유로 확산하는 경우가 많다. MBTI를 주제로 한 MBTI의 모든 것 인스타그램을 예로 들어보자.

▶ MBTI의 모든 것 인스타그램 공식 계정

최근 MBTI별 성격 유형, 행동 유형에 대해 사용자 간 정보를 공유하는 게 유행이다. 이런 계정은 사용자가 콘텐츠마다 공유할 가능성이 매우 높다. 트렌드를 쫓아 빠르게 성장할 수 있는 인스타그램 계정의 대표적인 예시다.

또는 다음 **농협** 계정처럼 이벤트와 다양한 금융 정보나 꿀팁을 공유하는 경우 사용자가 필요에 따라 정보를 저장 또는 공유하게 된다. 예를 들어 '연말정산 똑똑하게 하기' '예금 이자 제일 높은 곳'과 같은 정보성 게시물은 사용자가 필요에 따라 저장하고 공유할 수 있는 콘텐츠다.

▶ 농협 인스타그램 공식 계정

한편 다양한 제품과 인테리어에 대한 정보를 제공하거나 캐릭터가 이끌어가는 인스타그램 계정도 눈 여겨 볼 만하다. 빙그레에서 운영하는 계정을 살펴보자.

▶ 빙그레 인스타그램 공식 계정

빙그레에서 만든 빙그레우스라는 캐릭터는 나오자마자 밀레니얼 세대에게 센세이셔널한 반응과 인기를 얻었다. B급 만화 콘셉트로 콘텐츠를 이끌어가 사용자의 감성을 자극했고 기업 계정임에도 불구하고 많은 콘텐츠가 소비됐다. 그리고 캐릭터 도입 이후 현재까지도 여전히 빙그레 계정에서 캐릭터가 활용되고 있다.

▶ 오늘의집 인스타그램 공식 계정

마지막으로 **오늘의집**과 **핸드메이드오** 인스타그램이다. 오늘의집 계정은 코로나19 팬데믹과 더불어 급성장했다. 재택과 온라인 수업 등으로 집에 머무는 시간이 길어질수록 집 꾸미기에 대한 욕구가 커지면서 덩달아 홈퍼니싱 시장도 급격히 주목받았다.

오늘의집은 인스타그램을 통해 다양한 집의 인테리어를 소개하고 아기자기한 소품을 포스팅한다. 이를 통해 사용자는 다른 사람들의 인테리어도 살펴보고, 소품 중 마음에 드는 제품이 있으면 구매로 자연스럽게 이어지기도 한다. 콘텐츠를 소비하면서 구매로 전환되는 것이다.

2021년 초부터 성장 중인 핸드메이드오는 핸드메이드 제품을 구매하는 소비자가 아닌 핸드메이드 제품을 판매하는 작가에게 집중했다. 핸드메이드오는 지속적으로 플랫폼의 가치를 공유하고 다양한 작품을 소개함으로써 작가들이 핸드메이드오라는 플랫폼에 입점하게끔 안내한다.

▶ 핸드메이드오 인스타그램 공식 계정

이렇게 '좋아요' '저장' '공유' 반응을 일으키는 기업 인스타그램 계정들을 살펴봤다. 다시 한번 이야기하지만, SNS를 운영할 때는 인내심과 장인정신이 필요하다. 단 한 번으로는 결과물이 나오지 않는 만큼 지속적인 운영 관리가 필요한 영역이라는 점을 명심하길 바란다.

4-5 도대체 ROAS가 왜 안 나오는 거야?

퍼포먼스 마케팅을 5년 넘게 하다 보니 '그동안 마케팅 시장이 이처럼 빠르게 변한 적이 있던가' 하는 생각이 들 때가 있다. 퍼포먼스 마케팅이 본격적으로 시작되기 전 광고 시장을 생각해보면 현재와는 달랐다. 광고를 제작하고 송출하기까지의 기간적 여유가 있었고 광고에 대한 평가도 시장에서 충분히 회자된 후에 이루어졌다.

그러나 퍼포먼스 마케팅이 도입된 이후로 마케터들은 쉴 틈 없이 움직이고 있다. 하나의 광고를 제대로 만들면 되었던 시절과 달리 소비자들이 원하는 방향에 맞는 수십 아니 수백 개 이상의 광고 소재를 만들어내고 데이터로 검증하는 작업에 시달리다 보니 이제는 여유를 갖고 일하긴 힘들다.

그 와중에 소비자 역시 마케팅 시장만큼이나 빨리 변하고 있다. 소비자들은 여느 때보다 적극적으로 콘텐츠를 소비하며 수많은 광고 플랫폼상에서 뛰놀고 있다. 그들의 입장에서는 SNS 채널, 커뮤니티 공간이지만 마케터 입장에서는 모든 공간이 광고 플랫폼이다.

소비자들은 한 곳에 머무르지 않는다. 어딘가에 우르르 모여서 한창 활동하다가 또 다른 플랫폼으로 이동해 다시 그곳에서 콘텐츠를 만들어내고 소비한다. 소비자만 움직인다면 마케터는 소비자가 이동한 곳만 관찰하면 되지만, 실제 광고 서비스를 제공하는 광고 플랫폼 업체들도 시시각각 변화하고 있다. 광고 정책이나 통신 정책이 바뀌기도 하면서 마케터가 실시간으로 광고를 추적하고 분석하는 업무 외에도 소비자, 광고 플랫폼, 사회 정책까지 모두 관찰하고 배워야 하는 시대가 왔다.

마케터가 살펴봐야 할 주요 시장의 변화, 소비자의 변화는 어떠한 것들이 있으며 이제 우리는 어떤 준비로 미래의 변화에 대응해야 하는지 살펴보자.

도대체 ROAS가 왜 안 나오는 거야?

(1) 놀 곳이 많다: 멀티터치

소비자의 구매여정으로의 변화는 3장을 통해 여러 번 이야기한 바 있다. 그리고 이제 더 이상 소비자들의 여정은 단순하지 않다는 걸 알게 되었다.

구글은 소비자가 브랜드를 인지하고 브랜드와 관련된 직간접적인 정보, 콘텐츠와 접촉한 후 제품 구매로까지 이어지는 횟수를 측정했는데, 이 개념을 '멀티터치'라 했다. 멀티터치 기여 모델 등 구글 애널리틱스에서 살펴보면 다소 어려운 이야기가 많겠지만, 이번 절에서는 큰 개념만 잡고 넘어가려고 한다.

미디어커머스 시장 초기에는 몇 건의 제품 관련 광고 콘텐츠만 봐도 소비자의 구매전환이 빠르게 이루어졌다. 멀티터치로 봤을 때 2017년은 10회 이내였고 구매전환까지 드는 비용이 적었다. 그렇기 때문에 2016-2017년 시장은 비용 대비 매출의 전환을 추적하는 ROAS가 높게 나올 수밖에 없었다. 이후 미디어커머스 부흥기인 2018-2020년 소비자 구매여정에서의 멀티터치 수는 10-20개 사이였다가 2021년 20-80개가 되었다. 멀티터치 수가 20-80개로 증가했다는 것은 콘텐츠에 몇 번 노출되었다고 해서 쉽게 구매결정을 하지 않는다는 뜻이다. 퍼포먼스 마케터는 소비자와의 접점에 있는 플랫폼들을 더 많이 찾고 이에 대해 공부한 후 광고를 집행해야 한다.

또한 각각의 광고 소재가 여러 개 광고 플랫폼에서 운영될 때 어떤 경로로 들어온 소재가 가장 효과적이며 동일한 플랫폼 내에서도 어떤 페이지에서 더 반응이 높은지와 같이 더 구체적으로 성과를 측정하기 위해 매개변수, 즉 UTM[5]을

---

5 UTM(urchin tracking module)은 개별 URL 값을 의미하며 광고 집행 매체, 광고 형태, 광고 소재, 캠페인의 종류 등의 값을 포함한다.

쓰는 것이 필수 과정으로 자리 잡았다.

만약 현재 회사에서 퍼포먼스 마케팅을 진행하고 있지만 매개변수를 콘텐츠별로 삽입하지 않고 광고한다면 지금 당장 이를 도입하기를 바란다. 매개변수를 만드는 것만으로도 누수되는 광고비를 상당히 절감할 수 있을 뿐만 아니라 플랫폼별 유의미한 광고 소재를 찾을 수 있기 때문에 플랫폼별 소비자의 성향에 맞는 최적화된 광고를 집행할 수 있다.

도대체 ROAS가 왜 안 나오는 거야?

(2) ATT는 갑작스럽잖아, 광고 추적도 안 돼

마케터 입장에서는 앞 절에서 살펴본 멀티터치 수가 증가했다는 것만으로도 고된 노동이 지속될 것이라는 사실은 변함없다. 소비자 변화와 맞닿은 멀티터치 외에도 기업의 정책에 있어서 어떠한 제약사항이 마케터들에게 위기로 다가올까? 개인정보보호에 따른 제약인 ATT를 들 수 있다.

2021년 4월 애플은 iOS에서 운영하는 모든 모바일 앱에 개인 사용자의 데이터 수집 및 사용 시 해당 데이터의 사용과 목적에 대해 개인 사용자에게 직접 동의를 구하는 정책을 강제 시행했다. 이 정책은 ATTapp tracking transparency(앱추적투명성)라고 불리며 소비자에게는 선택의 자유를 마케터에게는 광고비 증가의 결과를 가져왔다.

ATT는 개인정보보호에서 비롯된 정책이다. 기업이 수집한 개인의 기본 정보와 활동 정보를 동의 없이 마케팅에 사용하지 못하게 강제하기 위함이었는데, 이는 구글과 페이스북에 큰 타격이었다. 구글, 페이스북을 비롯한 플랫폼들이 상품을 팔 때 고객 개인 데이터에 기반한 효율적인 마케팅 집행이 가능하다는 점을 광고주에게 어필했었는데, 애플에서 이에 제약을 걸었던 것이다.

특히 페이스북은 광고 관리자에서 정밀한 오디언스 타깃 마케팅을 강점으로 내세웠었는데, ATT 정책으로 반쪽짜리 강점이 되자 매출에 직격타를 입었다.

우연하게도 애플의 iOS 14.5 버전이 정식 배포되고 ATT 정책이 적용되기 시작한 이틀 뒤인 2021년 4월 28일, 페이스북이 1분기 실적을 발표했는데 매출은 전년동기 대비 48% 증가한 29조 1천억 원을 기록했고 1분기 전체 매출의 97%가 광고 매출이었다. 애플의 ATT 정책이 페이스북 실적에 지대한 영향을 미치리라는 건 페이스북의 매출 중 광고 매출 기여도만 봐도 예측할 수 있었다. 이 때문에 당시 셰릴 센버그 페이스북 최고운영 책임자 역시 '대비는 하고 있지만 소상공인들에게 피해가 있을 수 있다'는 점을 이야기한 바 있다. 또한 '페이스북의 맞춤형 광고는 소상공인이 적은 예산으로 효율적인 마케팅 달성을 위해 필요하지만, ATT 정책으로 인해 소상공인이 광고로 버는 매출이 60%까지 하락할 수 있다'고 말하기도 했다.

그동안 애플 앱스토어에 등록된 앱들은 사용자의 동의 없이 로그를 수집해 왔다. 이를 통해 A 앱에서 '명품가방'을 검색하면 B 앱에서 '루이비통' '구찌' 광고가 뜨는 방식이다. 애플은 ATT 정책 시행 이후, 디바이스 내에 광고식별자(IDFA)를 모두 0으로 리셋해두고 앱을 실행하면 소비자가 팝업에 동의하게끔 했다. 사용자의 검색기록과 방문이력 등의 데이터를 추적하고 로그를 제공하는 것을 동의하는지 묻는 메시지였고, 대부분의 사용자는 이에 동의하지 않았다. ATT 정책을 시행한 후 iOS 14.5 업데이트를 진행한 전 세계 이용자 530만 명 중 단 13%만이 앱 추적에 동의한 것으로 집계했다.

이는 퍼포먼스 마케터들에게 청천벽력 같은 소식이었다. 기본적으로 광고식별자identifier for advertiser(IDFA) 수집이 불가능하다는 것은 오디언스 마케팅, 개인화 광고와 성과 측정이 불가능하다는 것을 의미하기 때문이다. 안드로이드 역시 2022년에 앱추적제한limit ad tracking(LAT) 정책을 시행할 수 있다고 발표했다.

2021년 11월, 파이낸셜타임스는 ATT 정책 이후로 스냅챗, 페이스북, 유튜브, 트위터 등 미국 주요 정보기술 업체들의 매출이 6개월 동안 약 11조 5983억 원 증발했다고 보도했다. 광고 관련 매출 손실 규모는 동기간 전체 매출의 12%로 해당한다고 밝혔고, 새로운 광고 기반을 만드는 데 최소 1년 이상이 걸릴 것으로 예측해 손실이 더욱 확대될 것으로 전망했다.

더 이상 퍼포먼스 마케팅을 하는 데 있어 효율이 유효하지 않았다. 이전에 집행하던 광고비의 2배를 써야 원하는 효율을 얻을 수 있는 상황이 된 것이다. 예를 들어 운동화를 구매할 남성 고객에게 광고를 보여주고 이 중 클릭한 5%의 고객 데이터를 보고 싶다고 가정하자. 이전에는 남성만 타깃으로 지정해 광고할 수 있었지만, 현재는 남녀를 식별할 수 없기 때문에 전체에게 광고를 보여준 후 이 중 5%의 클릭 유저를 선별해야 하는 것이다.

실제 모 데이트 앱에서 진행한 광고 사례이다. 여성에게만 광고를 노출하고 싶었지만, 남녀식별을 할 수 없었기 때문에 여성이 반응할 만한 이상적인 남성 이미지와 카피로 광고를 만들어 노출했다. 광고는 남녀 모두에게 보이지만 이에 대한 여성만 반응하도록 소재를 제작했던 것이다. 소재에 차별을 둔다고 해도 여성만을 타깃으로 집행한 광고비보다 2배가 드는 셈이다.

앞서 이야기한 두 가지 제약사항은 단편적인 사례일 수 있지만, 비용 측면에서 대단히 큰 이슈였다. 퍼포먼스 마케팅은 그 자체가 효율성을 중요시하는 마케팅이기 때문에 원하는 결괏값을 도출하는 데 비용이 증가하는 것 자체가 리스크다. 그렇다면 이러한 위기 국면에서 퍼포먼스 마케팅을 하는 기업들은 어떻게 대처하고 있으며 나는 어떤 대비책을 마련했는지 실제 사례를 통해 이야기하겠다.

4-5 도대체 ROAS가 왜 안 나오는 거야?

(3) 남들은 어떻게 대응할까: AI, CRM, CDP 업무의 자동화

우리 회사뿐만 아니라 미디어커머스 혹은 유사한 비즈니스를 하는 기업에 있어 2021년은 매우 중요한 해였다. 멀티터치, 앱추적투명성(ATT) 정책이 함께 발표된 시점에서 앞으로의 퍼포먼스 마케팅 방향에 대한 답을 찾아가는 과정이었고 선두 업체를 중심으로 대응책을 시행하겠다고 했다. 이들 나름의 방법으로 새로운 정책에 대응하며 진보된 시스템을 개발해 나갔지만, 그 과정은 짧은 기간에 끝나지 않았다.

퍼포먼스를 기반으로 마케팅하는 업체들은 외부에서 매번 신규 고객만 끌어오던 정책에서 벗어나 내부 고객을 바라보기 시작했다. 고객생애가치(LTV)와 고객획득비용(CAC)을 면밀히 들여다보기 시작했고, 우리 브랜드 혹은 서비스에 더 오래 머물면서 높은 기여도를 만들어내기 위해 어떠한 점을 집중적으로 관리해야 하는지에 대한 논의가 이루어졌다.

업체별로 다양한 솔루션을 제시했는데, 내가 정리한 결론은 다음과 같다.

첫째, 자사몰 전략(D2C)으로 돌아가자.
둘째, 통합 데이터 대시보드를 구축하자.
셋째, 고객관계관리(CRM) 시스템과 인공지능(AI) 서비스를 도입해 고객생애가치(LTV)를 증대하자.

이 대응방안을 우리 회사에서 하나씩 구축한 것을 보면 다음과 같다.

우선 첫째, 자사몰로 회귀하자는 전략이다. 미디어커머스의 본질은 외부 광고 마케팅을 통해 자사몰로 소비자를 유인하고 자사몰 내에서 모든 구매 활동이 일어나게 만드는 D2Cdirect to customer 기반의 비즈니스다. 그러나 미디어커머스 기업들의 발전에 따라 다채널로부터 소비자를 유입하기 위해 자사몰뿐만 아니라 여러 채널로 확장하여 소비자들이 머무는 오픈마켓, 소셜커머스에 제품을 진열 판매해 왔다. 20-30여 개의 오픈마켓에 진출해 소비자에게 구매 편의성을 제공했던 기업들이 이제 점차 오픈마켓에서 제품을 빼고 자사몰에만 제품을 진열하는 D2C 정책으로 선회하기 시작했다.

나이키는 미디어커머스는 아니지만, D2C를 선언한 대표적인 기업이다. 나이키는 지난 2019년 11월 탈(脫)아마존을 선언했다. 당시 아마존과 같은 거대 유통망을 등지고 자사몰에서만 제품을 팔겠다는 전략은 위험할 것이라는 우려가 있었다. 그러나 2020년 3분기 나이키 매출은 전년 대비 9% 증가한 약 12조 원을 기록했고, 영업 이익은 전년 대비 30% 증가한 1조 6300억 원을 기록했다. 이 중에서 D2C 매출이 전년 대비 32% 성장한 4조 7천억 원을 기록, 온라인 판매가 84% 증가했다.

아디다스 역시 'Own the Game'이라는 계획을 발표했는데, 이는 D2C로의 전환과 집중을 의미하는 정책이라 할 수 있다. 유통 구조를 간소화함으로써 소비자와의 직접적인 접점을 늘리고 브랜드 경험을 극대화하겠다는 전략이다. 이와 관련하여 아디다스는 2025년까지 온라인 회원수는 현재의 3배 이상인 5억 명으로, 온라인 매출은 2배인 약 100억 달러로 늘리는 것을 목표 삼겠다고 발표했다. 아디다스 전략의 핵심도 유통을 자사몰에 집중하겠다는 것이다. 거대 기업들이 변화하는 시장에 따라 내 브랜드의 회원 정보를 유통망에 내어주지 않겠다는 뜻이다.

우리 회원으로 확보한 고객이 갖는 가치는 어떻게 만드느냐에 따라 그 가치가 매우 증가할 수 있다. 수차례 언급했던 LTV 측면에서 나이키, 아디다스와 같은 기업은 자사몰에 회원가입한 고객을 중심으로 그들에게 적합한 구매여정별 맞춤 서비스를 제공하고, 고객의 구매 데이터 혹은 행동 패턴을 바탕으로 다양한 제품을 추천하거나 맞춤 쿠폰을 발행할 수도 있다. 시장조사 전문기관인 스태티스타에서도 2019년 미국의 D2C 매출은 90조 원에서 2023년 206조 원까지 커질 것으로 전망했다.

나 역시 지난 2019-2020년까지 20여 개 오픈마켓에 유통했던 제품을 전부 회수했다. 나이키, 아디다스와 달리 우리 회사와 같은 미디어커머스의 경우 오픈마켓을 운영한다고 할지라도 도매상에게 제품을 주지 않고 오픈마켓에 직접 제품을 올리고 운영 관리한다. 그러나 앞으로의 시장 변화에 대응하기 위해 '남의 고객'이 아닌 '우리 고객'이 필요한 시점이다.

이뿐만이 아니다. 소비자의 멀티터치를 고려해 다양한 광고 플랫폼에서 광고를 운영하고 구매 편의성을 위해 여러 오픈마켓에 제품을 펼쳐놓다 보니 회사 내부의 중요한 데이터가 계속 누수되고 있었다. 또한 ROAS도 지속적으로 떨어지는 것을 경험했다. 페이스북 광고를 보고 네이버 파워링크로 검색해 제품을 찾아보다가 정작 쿠팡에서 제품을 구매하는 방식의 구매여정은 광고비 대비 매출액을 측정하는 ROAS에 타격을 입힐 수밖에 없었다. 소비자들이 다채널을 통해 광고를 접한다 하더라도 최종 목적지는 자사몰이 되어야만 누수가 줄어들지만, 다른 유통 채널로 빠져나갈 경우 채널별 상이한 수수료를 추가로 지불해야 해서 ROAS는 더 떨어지게 된다.

결국 시장 흐름과 퍼포먼스 광고 운영 결과에 따라 오픈마켓에 진출했던 제품을 전량 회수했고, 자사몰 중심의 D2C 전략으로 다시금 집중하기 시작했다. 모든 광고의 종료 지점은 자사몰로 설정했고 소비자들이 검색해 나온 결괏값도 자사몰에 집중하게끔 했다. 그제야 회사의 전환 수치가 점차 안정화되기 시작했다.

D2C 정책을 최종 결정하기 전 2개월 동안 온라인 광고를 완전히 종료시킨 적이 있다. 온라인상의 광고는 전체 종료하고 개별 플랫폼에서만 광고를 운영하면서 매체별 테스트도 함께 진행했다. 처음으로 돌아가 어디서부터 문제가 발

생했는지 추적하고 그에 따른 대응 방안을 마련해야 했기에 과감하게 시행할 수 있었다. 2021년 상반기에는 공식 자사몰과 소셜커머스 한 곳을 제외한 모든 오픈마켓에서 철수했다. 이 당시 그렇게 집행할 수 있었던 이유는 코로나19 팬데믹으로 인한 혼란한 상황과 일부 제품의 편의점 철수, 해외 무역 중단, 온라인 판매 저조 등 여러 위기를 맞이해 전반적으로 비즈니스 피봇의 필요성을 느꼈기 때문이다. 그리고 현재 이 비용으로 안정적인 ROAS를 만들어내며 자사몰을 운영하고 있다.

둘째, 통합 데이터 대시보드를 구축하자는 전략은 다음과 같이 적용했다. 시장의 변화, 소비자의 변화에 맞서 회사 내부에서 CDPcustomer data platform를 구축했고 광고 매체별 데이터와 함께 통합적으로 조회 가능하도록 대시보드도 만들었다. CDP란 고객 데이터 플랫폼을 의미하며 내외부 시스템에 산재해 있는 다양한 데이터를 고객 단위로 통합한 후 분석해 고객을 종합적인 각도로 이해하는 데 도움을 준다. 또한 이러한 통합 데이터를 통해 도출된 인사이트를 고객의 구매여정에 활용할 수 있다.

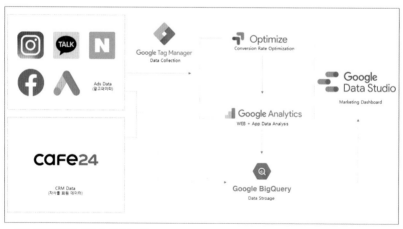

▶ 우리 회사의 통합 데이터 대시보드 구조도

CDP는 개개인을 기준으로 데이터를 분석하기 때문에 식별된 고객을 분석하고 개인화 마케팅을 수행하는 데 가장 적합한 플랫폼이다. 이와 관련하여 2020년 미국의 4684개 기업을 대상으로 한 설문조사에 따르면 47%에 달하는 기업이 이미 CDP 개발을 완료했거나 개발 중이고 28% 기업이 도입할 예정이라고 답했다.

우리 회사는 앞의 이미지와 같이 통합 데이터 대시보드를 구축했다. 좌측 상단 Ads Data는 내가 운영하는 광고 매체를 의미하고 여기서 집행하는 모든 광고 플랫폼 내의 데이터를 수집한다. 통합된 형태로 수집한 데이터는 데이터 스토리지인 빅쿼리에 저장된다. 데이터 수집 및 테스트, 최적화를 위해 필요한 구글 태그매니저, 구글 옵티마이즈 데이터값 역시 구글 애널리틱스를 거쳐 빅쿼리에 저장된다. 그리고 자사몰을 통해 확보한 고객 데이터 역시 최종 스토리지인 빅쿼리에 모두 집합시킨다. 빅쿼리 안에는 매체별 광고 데이터, 자사의 고객데이터, 자사몰 웹 데이터, 플랫폼 앱 데이터가 모두 쌓인다.

이렇게 쌓인 각종 고객 데이터는 구글 데이터 스튜디오를 통해 시각화되어 보여진다. 데이터 스튜디오는 축적된 데이터를 간편하고 직관적으로 시각화하는 툴이다. 현재 무료 버전으로 사용할 수 있으며, 우리 회사에서는 이를 활용하여 통합 리포트, 브랜드별 리포트, 실시간 데이터 조회가 가능한 통합 대시보드를 사용 중이다. 통합 리포트에서는 디스플레이 광고(DA), 검색 광고(SA)를 비롯한 사용자 분석 리포트, 제품의 분석 리포트 등을 조회할 수 있고, 회사에서 제작한 구글 스튜디오는 다음 이미지와 같은 리포트로 구성돼 있다.

데이터 스튜디오에서 시각적으로 어떤 데이터를 보여줄지 결정하는 것은 퍼포먼스 마케터의 역량과 관련이 높다. 구글 애널리틱스에서 제공하는 수많은 데이터 정보를 비롯해 CRM 데이터에 이르기까지 쌓여 있는 많은 지표를 어떠한 구성으로 엮어 시각화할지, 특정 지표는 막대그래프로 표현하는 게 좋을지 원그래프로 표현하면 좋을지에 대한 부분까지도 마케터가 평소에 데이터를 어떻게 관리하고 분석하느냐에 따라 다르게 구현된다.

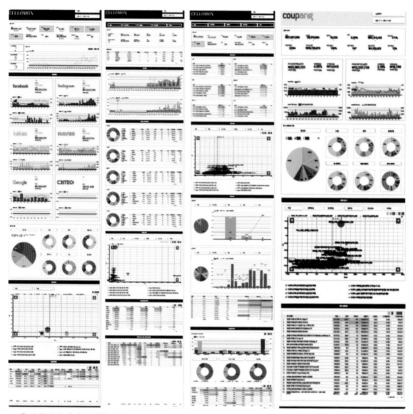

▶ 우리 회사의 데이터 통합 대시보드 예시

우리 회사에서 구축한 통합 대시보드는 매체별 대표 컬러를 지정해 데이터를 시각화하여 보다 직관적으로 알아볼 수 있도록 했다. 그리고 연령, 성별, 디바이스, 체류 시간 등 사용자 주요 지표에 따라 적합한 그래프 형태를 적용해 데이터 분석 전문가가 아니라도 한눈에 데이터를 조회할 수 있다.

이렇게 회사에서 통합 대시보드를 구축하면 마케터 입장에서는 데이터를 정리할 때 소요되는 시간을 줄이고 데이터에만 집중하여 인사이트를 얻는 데 더 많은 시간을 확보할 수 있다. 일례로 마케팅 에이전시에 다니는 지인의 이야기를 들어보면, 각각의 광고주 맞춤형 보고서를 만들기 위해 주니어들이 보고서 작성에 상당한 시간을 소비한다고 한다. 우리 회사는 내부 인력이라면 누구든지 통합 대시보드에서 원하는 정보를 확인할 수 있고 보고서 형태로도 추출 가능하다. 또한 이 보고서 클릭 한 번이면 PDF 파일로 외부 발송까지 할 수 있으니 그야말로 효율적인 업무를 수행할 수 있다.

일부 마케팅 에이전시에서는 실제로 이와 같은 통합 형태의 자동 보고서를 발행할 수 있도록 자체 서비스를 개발해 운영하기도 하고 광고주에게 제공하는 사례도 늘고 있다.

마지막으로 고객관계관리(CRM) 시스템과 인공지능(AI) 솔루션을 구축하자는 전략이다. CRMcustomer relationship management이란 우리 고객에게 포커싱한 실무적인 접근 방식이자 장기적인 고객 유지를 위한 솔루션이다. CRM은 회원가입한 고객을 분석해 우리 제품 또는 서비스를 더욱 자주 찾고 재구매하게하기 위한 방법을 고민하고 실행하는 것이다.

CRM 마케팅만 꾸준히 할 수 있다면 기존 고객과의 유대관계를 통해 우리 제품 또는 서비스를 지속적으로 구매하게 만들고 브랜드 로열티를 형성할 수 있기 때문에 LTV 측면에서도 장기적으로 안정적인 기업 활동을 펼쳐나갈 수 있다.

CRM은 애플에서 ATT 정책을 발표한 현시점에 더욱 필요하다. 외부 고객 유입을 위한 타깃 마케팅 활동에 제약이 발생해 예전보다 마케팅 비용이 2배 이상 증가한다고 가정할 경우, 이 비용을 신규 고객을 모객하기 위해 쓰기보다는 기존 고객이 서비스에 오래 머물러 LTV를 높일 수 있는 활동에 전개하는 것이 훨씬 효율적이다.

나는 CRM과 더불어 AI에 기반한 자동 진열 알고리즘 솔루션을 도입했다. AI 자동 진열 알고리즘 서비스에 2가지 기능을 적용했는데, 첫째는 소비자가 내가 운영하는 사이트에 접속해 어떤 제품을 클릭할 경우 소비자의 검색 혹은 행동을 학습하여 소비자가 좋아할 만한 제품을 추천해주는 기능이다. 둘째는 특정 기간 내 등록된 제품이 자동 진열되거나 장바구니에 많이 담긴 제품 순으로 진열, 조회수가 적어서 노출이 적었던 제품 순으로 진열 등 다양한 필터를 생성해 소비자가 제품을 여러 기준으로 볼 수 있는 기능이다.

CRM 마케팅과 AI 자동 진열 솔루션은 고객이 우리 브랜드, 제품, 서비스에 애정을 갖고 구매하게 하고 체류 시간을 늘게 하기 위한 기능이다. 이를 통해 궁극적으로 LTV를 높일 수 있다.

4-5 도대체 ROAS가 왜 안 나오는 거야?

(4) 케이스 스터디 데이터를 활용한 핸드메이드오 프로모션

이번 절에서는 시장의 변화에 맞춰 구축한 통합 대시보드 데이터에 입각한 퍼포먼스 캠페인의 실제 운영 사례를 이야기하려고 한다.

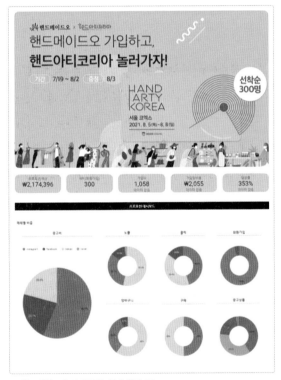

▶ 핸드메이드오 프로모션 설계 예시 01

나는 핸드메이드 제품을 사고팔 수 있는 핸드메이드오HandmadeO라는 플랫폼을 운영 중이다. 핸드메이드는 제품 특성상 온오프라인 통합 마케팅이 뒷받침되어야 하는데, 이를 위해 국내 최대 전시 업체인 '메쎄이상'과 전략적 업무 제휴(MOU)를 맺었다. 그리고 메쎄이상이 주관하는 핸드메이드 행사인 '핸드아티코리아'의 무료 티켓을 확보하여 다음과 같은 프로모션 캠페인을 기획했다.

- 기간: 2021년 7월 19일–8월 2일(2주간)
- 내용: 핸드메이드오 신규 회원가입 선착순 300명에게 핸드아티코리아 무료 티켓 증정
- 예산: 3백만 원
- 목표: 신규 회원가입 유치 300명
- 예상 CAC: 1만 원

신규 온라인 회원가입 대상자에게 핸드아티코리아의 오프라인 박람회 티켓을 제공하여 온오프라인을 연계하는 마케팅 프로모션이었다. 2주 동안 신규 회원을 모집한 후 가입한 회원에게 무료 티켓을 일괄 발송하면, 그들은 8월 5일–8월 8일(총 4일간) 서울 코엑스에서 개최하는 핸드아티코리아 행사를 무료로 관람할 수 있는 것이다.

핸드메이드오는 신규 플랫폼이다 보니 소비자의 인식도 부족했고 핸드메이드오에서 진행한 프로모션 중 온오프라인 통합 이벤트는 최초였다. 프로모션 이전 CAC는 평균 7천 원 선을 유지했지만, 온오프라인 연계의 허들을 고려해 고객획득비용(CAC)을 1만 원 정도로 예상하고 기획했다.

이번 프로모션은 통합 대시보드를 활용해 실시간 데이터를 통합 관리할 수 있게 세팅했다. 결론을 먼저 요약해보면 다음과 같다.

- 신규 회원가입자: 1058명(목표치 353% 초과 달성)
- 비용: 217만 4396원
- 고객획득비용(CAC): 2055원
- 유입당 비용(CPC): 317원
- 평균 클릭률(CTR): 1.29%

프로모션 성과는 좋았다. 처음 목표했던 예산에서 72% 수준의 비용을 집행한 데 비해 신규 회원유치는 목표 대비 3배 이상의 성과를 보였다. 그 결과 자연스레 고객획득비용도 예상보다 감소했는데, 초기 예상한 CAC는 1만 원이었지만, 실제 결과는 2055원으로 목표 대비 5분의 1정도 줄었다.

이렇게 높은 성과를 달성한 데에는 프로모션 기획보다는 순조로운 운영 덕분이었다. 실시간 퍼포먼스에 근거해 광고를 집행하고 이벤트 페이지 역시 효율적으로 관리했는데, 미리 세팅해둔 통합 대시보드가 큰 역할을 했다.

광고 데이터, 사이트 데이터, 회원정보가 통합된 데이터를 보면서 진행했던 내용은 다음과 같다. 4단계 순서로 프로모션 기간 내내 실시간으로 데이터를 체크하며 광고를 운영했고 주요 지표의 변화에 맞게 광고 플랫폼, 세트, 광고 비중 조절 및 이벤트 페이지 등을 수정했다.

1단계
- 사전 광고 소재 제작: 30~40개
- 광고 플랫폼 선정: 초반 4개(페이스북, 인스타그램, 카카오 비즈보드, 네이버)
- 플랫폼별 A/B테스트를 통해 유효한 광고 플랫폼 선정

2단계
- 광고 소재 압축: 3~4개
- 광고 플랫폼 축소: 인스타그램, 카카오 비즈보드

3단계
- 이벤트 페이지 내 [회원가입] 버튼 클릭률 체크
- [회원가입] 버튼 위치 상단, 중단, 하단으로 위치 조정해 클릭률 체크
- 최적의 버튼 위치를 찾아 세팅

4단계

- 요일별, 시간대별 광고 성과 체크
- 광고 효율이 좋은 요일에 광고비 증액/효율이 떨어지는 요일에 광고비 축소
- 성별, 연령별 광고 성과 체크

첨언하자면 1단계는 트래픽 광고로 진행했다. 회원가입을 하려는 사람들에게 클릭을 유도할 수 있는 광고가 유효하다고 판단해서였다.

다음 캡처한 이미지를 통해 카카오 비즈보드의 캠페인 세팅을 예시로 들어보겠다.

- 성별: 남녀 전체
- 나이: 20~49세
- 지역: 서울특별시, 인천광역시, 경기도
- 디바이스: 모바일(안드로이드, iOS)
- 게재 지면: 가능한 모든 지면 노출
- 입찰 방식: 자동입찰 〉 클릭수 최대화

지역을 제한한 이유는 핸드아티코리아 행사가 열리는 위치가 서울 코엑스였기 때문에 방문 가능한 거리에 거주하는 고객을 타깃으로 삼는 것이 좋다고 판단했기 때문이다.

데모그래픽	성별										

성별

전체 남성 여성

나이

전체 15-19 20-24 25-29 30-34 35-39 40-44 45-49 50-54 55-59 60-64 65이상

나이 제한 업종 설정 ∨

지역

전체

◉ 행정구역

⊕ 타겟 설정

설정된 지역   설정 지역 **3**

서울특별시   ×   인천광역시   ×
경기도   ×

집행 대상 설정 > 게재지면 및 디바이스

디바이스

☑ 모바일

☑ Android
☑ IOS

디바이스 환경 설정 ∨

게재지면   ◉ 가능한 모든 지면 노출
상세 설정

집행 전략 설정

입찰방식   ○ 수동입찰   ◉ 자동입찰

◉ 클릭수 최대화
광고그룹 일 예산 내에서 최대한 많은 클릭을 발생시켜 광고 효율을 높이도록 입찰금액을 자동으로 설정합니다.

▶ 핸드메이드오 프로모션 설계 예시 02

초반 3-4일간 다양한 플랫폼에서 A/B테스트를 진행한 후 가장 성과가 뛰어났던 카카오 비즈보드, 인스타그램을 주력 광고 플랫폼으로 선정하고 이 채널들에 집중하여 광고를 집행했다. 카카오 비즈보드 외에도 페이스북과 인스타그램도 유사하게 설정했고 네이버 역시 검색 유입이 가능하게끔 세팅했다. 참고로 프로모션은 어떠한 기획, 내용이냐에 따라 적합한 플랫폼이 그때그때 달라질 수 있으므로 여러 플랫폼에서 A/B테스트를 해보는 것을 추천한다.

▶ 핸드메이드오 프로모션 설계 예시 03

위 이미지는 실제로 진행했던 광고 소재의 A/B테스트 장면이다. 모든 광고 소재 제목은 매개변수 UTM 링크를 만드는 규칙에 따라 지정했다. 이미지를 통해 광고 소재 단계에서의 UTM 규칙은 날짜_광고목표_광고매체_구분자를 넣는다는 것을 알 수 있다. 즉, 2021년 7월 18일 업로드한 광고이자 트래픽 광고를 목표로 카카오 비즈보드에서 집행한 광고 목록임을 알 수 있다.

이렇게 카카오 비즈보드를 비롯해 페이스북, 인스타그램, 네이버 각각의 성격에 맞는 광고 소재 약 30-40개 정도를 발행해 초반 효율을 분석한 후 가장 효과적인 소재를 선정한다. 이때 퍼포먼스 마케터만의 선정 기준이 중요하다. 예를 들어 무조건 노출 대비 클릭률이 높은 평균 클릭률(CTR)을 기준으로 삼을 것인지, 클릭당 비용(CPC) 혹은 회원가입까지 전환된 수를 볼 것인지 결정해야 한다. 퍼포먼스 마케터의 역량과도 관련이 있는 부분이다.

이렇게 다양한 A/B테스트를 통해 가장 유용한 카피와 이미지를 발굴했고 최종 필터링된 이미지를 중심으로 프로모션 종료까지 광고를 운영했다.

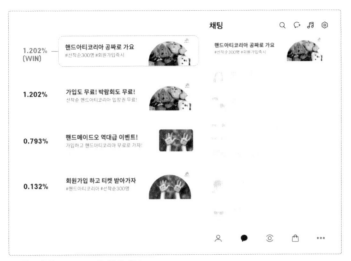

▶ 핸드메이드오 프로모션 설계 예시 04

위 이미지의 좌측 광고 4개가 최종 선정된 소재이다. 참고로 A/B테스트를 하기 위해서는 다양한 비교 테스트를 하는 것이 좋은데 동일 카피의 다른 이미지, 다른 카피의 동일 이미지 등 어떠한 카피와 이미지가 조합을 이룰 때 가장 많은 소비자가 반응하는지 체크하는 것이 좋다.

이때 유의할 점은 A/B테스트에 지나치게 많은 시간과 비용을 들이면 테스트를 안 하느니만 못한 경우가 발생할 수 있다는 것이다. 그러므로 초반 A/B테스트는 얼마의 비용으로 진행하고 지표를 확인/결정할지에 대한 의사결정이 사전에 이루어져야 한다. 이미지를 보면 내가 운영한 최종 광고 소재 중 클릭수가 많았던 광고는 CTR 1.202%를 기록했다. 사실 인스타그램의 클릭률은 카카오 비즈보드보다 훨씬 높게 기록되었지만, 카카오 비즈보드는 캠페인 구조만 전체적으로 보여주는 것으로 한정하겠다.

프로모션 기간 동안 데이터 분석이 실시간으로 이루어지는데 통합 대시보드에서 다음을 확인할 수 있다.

- 유입 고객의 성별, 연령대에 따른 비율, 전환율
- 요일별, 시간대별 이탈률, 평균 체류 시간
- 기기별 유입 및 전환율
- 광고 플랫폼별 프로모션 유입 및 전환율
- 광고 소재별 프로모션 유입 및 전환율
- 프로모션을 통해 발생한 이벤트: 스크롤, 메뉴, 가입 등

연령 및 성별 유입 및 전환율을 간단하게 보자면 다음 이미지와 같이 원그래프를 통해 남녀 사용자의 회원가입 비율, 전환율을 한눈에 볼 수 있다.

▶ 핸드메이드오 프로모션 설계 예시 05

기타 성별, 연령 데이터를 통해 핸드메이드오에 신규 회원가입한 사용자 중 여성이 유입되어 회원가입으로 전환되는 확률이 훨씬 높다는 것과 핸드메이드 제품 관여도가 남성보다 여성이 높다는 것을 확인할 수 있었다. 데이터 스튜디오에서 추출한 이미지를 통해 요일, 시간대별 유입 및 전환율 그리고 매체별 프로모션 유입 비중과 이탈률, 평균 체류 시간도 함께 확인할 수 있다.

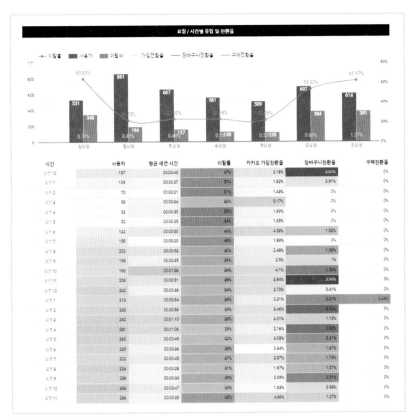

▶ 핸드메이드오 프로모션 설계 예시 06

  다음 이미지와 같이 데이터 스튜디오에 사전 설정한 필터값을 통해 기기별
유입 및 전환율과 iOS 비중 데이터를 확인할 수 있었는데, 핸드메이드오 회원
가입 이벤트 기간 중 소비자의 97% 이상이 모바일로 유입한 것과 그중 안드로
이드 운영체제가 61%임을 알 수 있었다.

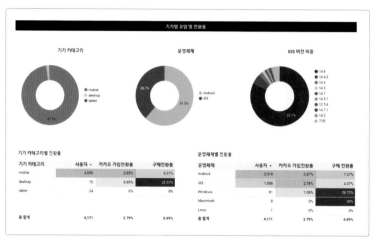

▶ 핸드메이드오 프로모션 설계 예시 07

지역별 사용자에 대한 데이터 흐름도 확인할 수 있다. 서울, 경기, 인천 지역만 광고 타깃으로 설정했으므로 결과 역시 해당 지역에서만 반응이 있다.

▶ 핸드메이드오 프로모션 설계 예시 08

이렇게 온라인 신규 회원 대상으로 하는 사전 프로모션 이벤트는 성공적으로 종료되었다. 이후 연계 프로모션으로 오프라인 현장에서의 방문 QR인증 이벤트와 신규 회원가입 무료 경품 증정 이벤트를 기획했다.

방문 QR인증 이벤트의 목적은 온라인에서 가입해 무료 티켓을 받은 신규회원의 오프라인 현장 방문 그리고 새로운 현장 관람객의 방문 유도에 있었다. 무료 티켓을 받은 신규 회원이 현장에 방문해 QR인증을 할 경우, 소정의 상품을 제공하는 이벤트를 진행함으로써 온오프라인을 연계한 통합 이벤트의 성과를 측정해보고 싶었다. 그래서 핸드아티코리아 박람회 현장에서 초반 이틀 동안 방문객을 대상으로 한 QR인증 이벤트를 진행했다.

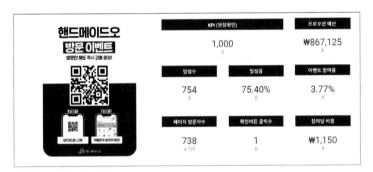

▶ 핸드메이드오 프로모션 설계 예시 09

사전에 박람회 주최 측을 통해 전시회 초반 이틀간의 평균 관람객 수를 파악해 우리 부스를 찾아올 확률을 계산했고 QR인증 이벤트에 참여할 목표 고객을 1천 명으로 설정했다. 추가적인 프로모션 기획은 다음과 같다.

- 기간: 2021년 8월 5일–8월 6일(2일간)
- 내용: 핸드아티코리아 박람회 현장, 핸드메이드오 부스를 방문해 QR인증을 하는 고객 전원에게 경품 증정
- 예산: 115만 원
- 목표: 방문 인증 고객 1천 명

그리고 앞의 이미지와 같은 결과를 달성했는데, 프로모션 결과 요약은 다음과 같다.

- 이벤트 참여자: 754명(목표의 75.4% 달성)
- 비용: 86만 7125원(목표의 75.4% 지출)
- 획득비용(CPA): 1150원

온오프라인을 연계해 이틀간 진행한 방문객 이벤트는 목표 방문객 수의 75.4%를 달성했으며 비용은 예산보다 25% 정도 절감했다. 그리고 방문객 이벤트를 통해 달성한 CPA는 1150원을 기록했다.

현장에서 두 번째로 진행한 이벤트는 현장 관람객을 대상으로 하는 핸드메이드오 온라인 '신규 회원가입' 이벤트였다. 회원가입 전환 이벤트는 단순한 방문 QR인증 이벤트보다 어렵다. 고객이 현장에 멈춰 서서 가입하는 절차가 있기 때문이다. 그러나 나는 핸드아티코리아에 관람하는 고객은 핸드메이드 제품 자체에 관심이 있는 타깃 고객이기 때문에 다소 난도가 있더라도 진행해야 하는 프로모션이라고 판단했다.

- 기간: 2021년 8월 5일~8월 8일(4일간)
- 내용: 핸드아티코리아 박람회 현장, 핸드메이드오 부스를 찾아 핸드메이드오 온라인몰
- 신규 회원가입 진행
- 예산: 354만 원[6]
- 목표: 방문 인증 고객 2천 명

---

6   해당 예산은 온라인 광고비뿐만 아니라 오프라인 행사에서 지급된 경품 비용을 포함한다.

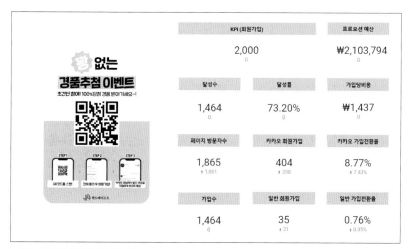

KPI (회원가입)		프로모션 예산
2,000		₩2,103,794
0		

달성수	달성률	가입당비용
1,464	73.20%	₩1,437
0	0	

페이지 방문자수	카카오 회원가입	카카오 가입전환율
1,865	404	8.77%
↑ 1,861	↑ 358	↑ 7.43%

가입수	일반 회원가입	일반 가입전환율
1,464	35	0.76%
0	↑ 21	↑ 0.35%

▶ 핸드메이드오 프로모션 설계 예시 10

　　신규 회원가입 이벤트는 관람객들에게 회원가입을 하는 대신 꽝 없는 뽑기 이벤트에 참여할 수 있도록 기획했다. 프로모션을 진행한 4일 내내 앉아 있을 시간이 없을 정도로 많은 사람이 방문했다. 프로모션 결과를 요약해보면 위 이미지와 같다.

- 이벤트 참여자: 1464명(목표의 73.2% 달성)
- 비용: 210만 3794원(예산의 59.4% 지출)
- 획득비용(CPA): 1437원

　　신규 회원가입 이벤트에 참여한 인원은 목표의 73.2%를 달성한 1464명으로 성공적으로 마무리되었고, 비용은 예산의 60% 수준밖에 사용하지 않았기 때문에 저비용 고효율의 결과를 낳았다.

　　내가 진행한 프로모션은 온오프라인 연계 이벤트였고 최종적으로 다음의 결과로 이어졌다.

- 온오프라인 종합 신규 가입회원: 2522명

- 최종 프로모션 비용: 427만 8190원
- 고객획득비용: 평균 1696원

    이 프로모션 사례는 퍼포먼스 마케터가 캠페인을 얼마나 디테일하게 설정하고 운영 관리하느냐에 따라 캠페인의 성패가 뚜렷하게 나뉜다는 것을 보여준다. 이러한 캠페인을 운영하고 실행하기 위해 모든 마케팅 활동은 측정 가능 형태로 기획해야 하고 사전에 설정한 가설에 따라 광고 소재를 제작해 캠페인을 운영할 수 있어야 한다. 또한 실시간으로 데이터를 파악할 수 있는 대시보드 지표에 따라 빠른 의사결정을 할 수 있어야 한다.

    요약하자면, 퍼포먼스 기반의 캠페인은 다음과 같은 순서에 따라 기획 운영하길 바란다.

1) 측정가능한 캠페인의 목표(KPI)를 수립한다.
2) KPI 달성, 측정을 위한 마케팅 스크립트를 점검한다.
3) 광고 소재에 대한 가설을 수립하고 A/B테스트를 통해 검증한다.
4) 캠페인 종료 후 회고를 통해 데이터를 리뷰하며 우수한 콘텐츠와 결과를 자산화한다.

찐고객 관리하는
방법, CRM

기업의 마케팅 목적은 소비자에게 우리의 메시지를 전달하고 설득하는 것이다. 여기에는 다양한 수단을 활용해 마케팅 캠페인을 진행하면서 소비자가 우리 브랜드를 인지하고 호기심을 갖고 구매 활동을 하는 것뿐만 아니라 우리 브랜드에 애정과 로열티를 갖는 행위까지 포함한다.

그래서 소비자가 무엇을 원하는지 파악하고 그들의 욕망을 채우는 데에서 시작해 우리 브랜드를 통해 소비자가 가치를 느낄 수 있도록 꾸준히 커뮤니케이션해야 한다. 마케터는 이 과정에서 '소비자의 심리'를 읽을 수 있어야 한다. 그래야 그들이 가려워하는 그 부분을 날카롭게 파악해 긁어줄 수 있다.

하지만 현실적으로 소비자의 생각을 정확히 알기란 어렵다. 그들은 무엇을 생각하고 있는지 직접적으로 드러내지 않는다. 표현하지 않는 마음속의 생각을 읽기 위해 마케터는 소비자의 움직임을 파악하고 이를 통해 소비자의 심리를 추정하는 방법을 사용한다. 소비자가 브랜드를 인지하고 구매하는 과정을 단계별로 나누어 어디에서 이탈하고 어디에서 머무는지 파악하고, 이탈한 소비자가 다시 들어오도록 유도하여 좋아하는 부분에 더욱 몰입하도록 한다. 이러한 행위가 바로 퍼포먼스 마케팅이자 그로스 마케팅이다.

이 중 퍼포먼스 마케팅은 소비자가 활동하는 다양한 외부 플랫폼에 광고를 집행하고 그 광고를 통해 어떠한 행위를 하는 소비자의 움직임을 추적한다. 이때 특정 플랫폼에 집행한 광고가 타깃 소비자에게 얼마나 효율적으로 도달했는지 파악할 수 있어 효과적인 마케팅 예산 배분이 가능하다.

그러나 현재는 개인정보보호 강화 정책으로 말미암아 고객의 식별 데이터를 활용한 마케팅에 제약이 발생한 상황이다. 외부에서 유입된 데이터를 분석하는 데 초점을 두던 퍼포먼스 마케팅보다 이미 우리가 확보한 고객에 초점을 두는 그로스 마케팅, CRM(고객관계관리) 마케팅으로 관심이 이동하고 있다. 그로스 마케팅, CRM 마케팅의 기본은 '가설'과 '검증' 그리고 '강화'에 있다.

그로스 마케팅은 우리 고객들이 우리가 원하는 결론에 도달하기 위해 고객의 구매여정을 단계별로 나누고, 이탈하는 시점에 왜 이탈하는지 가설을 세우고 검증해 나가면서 성공 경험을 축적하는 방법이다.

예를 들어 온라인몰에 진입한 소비자가 장바구니에 제품을 담았지만 구매하지 않고 이탈했다면 '이러한 이유로 이탈했을 것이다'라는 가설을 세운다. 이후 같은 상황에서 원활한 구매 활동이 이루어지면 프로모션을 할 때마다 해당 가설을 반복적으로 적용한다. 이것이 가설의 검증 행동 강화이다. 그리고 어떠한 이유로 기존의 강화 행위가 더 이상 작용하지 않으면 그 이유를 다시 분석한다. 트렌드의 변화 때문인지 해당 메시지가 더 이상 설득력이 없는 것인지 등의 이유를 분석하고 새로운 가설을 세워 검증하는 것을 반복한다. 이렇게 가설 설립−가설 검증−강화 단계를 반복하면 마케터는 유사한 상황 속에서 자신만의 위닝 소재와 노하우를 가져 효율성 높은 마케팅 활동을 할 수 있게 된다.

CRM 마케팅은 그로스 마케팅의 연장선에 있다. CRM이란 그로스 마케팅을 바탕으로 고객의 심리와 행동을 파악하는 데에서 시작한다. 이들과 어떻게 소통하고 관계를 이어나갈지 장기적으로 고객관계관리를 고민하는 행위가 CRM 마케팅이다.

이번 장에서 CRM의 필요성과 CRM 마케터가 하는 업무를 살펴보자.

5-1 CRM의 개념과 필요성

변화하는 시장과 소비자에 대응하기 위해 이제 CRM(고객관계관리) 활동은 필수가 되었다. CRM은 customer relationship management의 약자로 회원 가입한 고객이 제품과 서비스를 더 많이 찾고 꾸준히 구매하도록 만드는 방법을 고민하는 일체의 활동이다.

퍼포먼스 마케팅은 마케터 입장에서 각 광고 플랫폼에서의 광고 데이터를 분석해 최적의 효율을 찾는 마케팅 기법이라면, 그로스 마케팅은 소비자가 브랜드를 인지하고 구매하는 모든 단계를 면밀히 분석하여 각 구매여정이 다음 단계로 자연스레 이어지고 최종적으로 구매로 종료할 수 있도록 가설을 세우고 검증하는 마케팅 기법이다. 이러한 점에서 그로스 마케팅과 CRM은 둘 다 소비자의 행동에 주목한다는 공통점이 있다.

CRM 마케팅을 해야 하는가에 대한 질문에 대해 나는 '반드시 해야 한다'고 답한다. 이에 대해 크게 세 가지 이유를 들 수 있다.

첫째, 새로운 고객을 데려오기 위한 고객획득비용customer acquisition cost (CAC)이 점차 증가하고 있다. 한 조사에 따르면 기업들의 평균 고객획득비용은 지난 5년간 55%나 증가했다고 한다. 고객획득비용은 소비자가 제품, 서비스를 구매하는데 들어간 모든 광고 비용, 이벤트 경품비, 상품 할인 금액을 합한 비용을 말한다. 고객획득비용이 갈수록 증가한 이유는 광고 마케팅 시장의 치열한 경쟁 때문에 광고비 증가, 멀티터치, 앱추적투명성정책(ATT)와 같은 여러 제약이 생겨나서 더 많은 광고 플랫폼을 활용해야 했기 때문이다. 특히 애플에서 2021년 4월부터 실시한 앱추적투명성 때문에 오디언스audience 타깃 광고나 리타깃 마케팅을 하는 데 제약이 생겼고, 이로 인해 대기업뿐만 아니라 중소기업도 예전보다 높은 광고비를 투입했다.

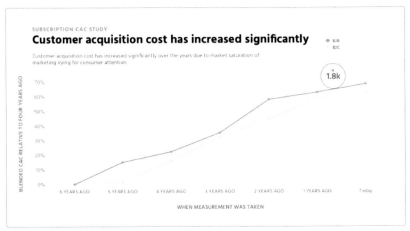

▶ 지난 5년간 고객획득비용이 50% 이상 상승한 그래프

(출처 https://www.profitwell.com/recur/all/how-is-cac-changing-over-time)

둘째, 20:80의 법칙에 따라 매출 기여도가 높은 우수 고객관리의 필요성이 생겼다. 전체 결과의 80%가 전체 원인의 20%에서 발생한다는 파레토의 법칙을 경영 측면에서 보면 20%의 고객이 전체 매출의 80%에 기여한다고 알려져 있다. 실제 기업 경영에서도 소수의 우수고객이 지속적으로 재구매하거나 업셀링에 참여함으로써 매출 성장과 이익에 기여한다. 이들은 고객생애가치life time value(LTV)가 높기 때문에 기업 입장에서는 중장기적으로 꾸준히 관리해야 한다.

기존의 미디어커머스 방식에서는 우수한 고객을 따로 관리하는 회원등급별 관리 제도를 시행하지 않았다. 미디어커머스에서의 퍼포먼스 마케팅 기법은 광고로 소비자를 유인해 제품 구매로 이어지면 구매전환이 발생했다고 여겨 성과로 기록하고 해당 데이터를 관리한다. 이는 퍼포먼스 마케팅의 전략 자체가 우수한 고객에 대한 관리가 아니라 제품, 서비스의 구매와 관련된 성과를 최우선으로 두기 때문이다. 그러나 CRM 마케팅을 본격적으로 실행하면서 얻은 결론은 우수고객을 관리하고 적극적으로 그들의 구매여정에 관여했을 때 이들은 훨씬 적극적으로 의사결정에 참여하고 브랜드 로열티를 쌓아나가며 고객생애가치 측면에도 높은 기여를 한다는 것이다.

예를 들어 지난 6개월 동안 우리 회사 제품을 3회 이상 구매한 고객에게만 '신제품 출시, VIP 고객 20% 추가 쿠폰 제공' 메시지를 보낸다고 가정해보자. 이 메시지는 일반 고객에게는 전송되지 않는다. 이 경우 VIP 고객들은 대체로 그들에게 주어진 특별한 대우를 흔쾌히 받아들이고 제품 구매나 서비스 이용으로 보답한다. 이외에도 온라인몰을 방문해 장바구니에 제품을 수차례 담았지만 선뜻 구매하지 않는 고객에게 '지금 장바구니 제품 구매 시 10% 쿠폰 추가 적용'이라는 메시지를 보낸다면 고객이 장바구니에서 결제창으로 이동할 가능성이 훨씬 높아진다. 기존에 무작위로 수집한 고객 데이터를 유의미한 그룹으로 나누어 관리하고, 고객의 구매여정에 적극적으로 관여해 소통할 경우 고객은 우리 편이 되고 우리에게 더 높은 수익을 안겨 줄 수 있다.

셋째, '합리적인 비용' 때문이다. 사실 기업에서 소비자를 위한 CRM 활동을 해야 한다는 것은 내가 대학원을 다녔던 2005년에도 이미 모두 알고 있었다. 그러나 CRM의 중요성을 알고 있다 하더라도 CRM 구축 비용이 높기 때문에 일반 중소상공인들은 도입할 수 없었다. 기존에 쌓아둔 데이터를 통합적으로 구축하는 개발 비용부터 이를 어떻게 그룹으로 나누어 관리할 것인지, 각각의 그룹에 맞는 메시지를 별도로 제작 관리할 수 있는지 등 모든 질문에 대한 답은 높은 비용이 수반되었다. 즉 CRM 마케팅 활동은 비용 측면에서 부담스러웠다.

그러나 현재는 많은 스타트업이나 관련 업체가 CRM 솔루션을 제공한다. 챗봇 기능을 도입해 자동화 CS 서비스를 제공하는 업체부터 사이트에 들어오는 순간 해당 경로에 맞게 각각의 메시지를 전송하고 관리할 수 있는 온사이트 마케팅 업체, 통합적인 데이터 솔루션을 제공하는 업체에 이르기까지 CRM 활동을 위한 다양한 솔루션이 출시되었다. 기업은 필요한 서비스나 소프트웨어를 선택해 사용하기만 하면 되므로 개발과 비용에 대한 부담 모두 줄었다.

나는 CRM 활동을 위해 챗봇, 온사이트 마케팅, 고객 데이터 플랫폼을 차례대로 사용했고 2019년부터 업체별로 나누어 서비스를 분산 이용해왔다. 그러나 최근에는 CRM 관련 서비스를 한꺼번에 제공하는 업체들이 등장하면서 이 모든 서비스를 하나의 업체 서비스로 사용하고 있다. CRM을 위한 비용은 소프트웨어나 업체별로 상이하지만 대개 월 20–30만 원 정도면 정교한 마케팅까지 가능하다. 기업 입장에서는 챗봇을 도입하여 회사로 인입되는 CS 유선 콜수가 10분의 1로 줄어들고 이미 완성된 소프트웨어를 사용함으로써 개발과 유지비용이 월 사용료로 갈음된다는 점에서 충분히 시도할 만하다.

기업이 CRM 활동을 반드시 해야 하는 이유를 요약하면 다음과 같다.

1) 고객획득비용이 점차 증가하고 있고
2) 20:80 법칙에 따라 우수고객의 구매여정에 적극 관여하는 것이 고객생애가치를 증가시킬 수 있기 때문이며
3) 이미 완성된 CRM 서비스를 합리적인 비용으로 도입할 수 있기 때문이다.

이제 새로운 소비자를 고객으로 끌어오기 위해 많은 비용을 쓰기보다 이미 확보한 고객을 위한 비용을 써야 할 때가 왔다.

5-2 CRM 마케터의 역할

CRM 활동을 위해 마케터는 구체적으로 어떠한 역할을 해야 할까? CRM 마케터들은 소비자의 구매여정을 관리하며, 각 과정이 유기적으로 다음 과정으로 연결돼 구매라는 최종 목적지까지 이동할 수 있도록 단계별 가설을 설정하고 그에 맞게 마케팅 활동을 펼치는 업무를 담당한다.

구매여정은 퍼포먼스 마케팅에서의 풀퍼널 전략과 유사하게 도식화할 수 있다. 풀퍼널의 경우 소비자가 브랜드를 인지하고, 흥미를 갖고, 구매에 욕망을 느끼며, 최종 구매로 이어지는 4단계를 거치는데 소비자의 구매여정도 이와 비슷하다. 외부 광고, 추천, 검색으로 쇼핑몰에 유입된 소비자가 마음에 드는 제품이 있는지 검색하고 마음에 드는 제품을 발견하면 구매후기 및 각종 추가 정보를 수집한 후 마침내 구매한다.

▶ 소비자가 온라인을 통해 우리 제품을 구매하는 여정

CRM 마케팅에선 그림과 같이 소비자의 구매여정 각 단계에서 발생하는 신호에 맞춰 적절한 메시지를 발송한다. 이때 신호란 각 단계를 자연스럽게 넘어가는 것일 수도 있고, 각 단계로 넘어가지 않고 이탈하는 것일 수도 있다. 예를 들어 소비자가 외부 광고를 통해 첫 단계로 유입되었지만 회원가입을 하지 않고 이탈하는 경우 혹은 제품이 마음에 들어 장바구니에 담았지만 결제하지 않고 이탈하는 경우까지 다양한 단계별 이탈 구간이 있다.

단계별 신호에 대해 CRM 마케터들은 소비자가 왜 다음 단계로 이동하지 않고 이탈하거나 포기했는지 원인을 분석하고 원인을 해결할 수 있는 적절한 푸시, 메시지, 혜택을 설계함으로써 마지막 여정까지 이끌어낸다. 일반적으로 CRM 활동이 꾸준히 이루어지는 쇼핑몰은 CRM 활동을 전혀 하지 않는 쇼핑몰에 비해 단계별 이탈률이 30% 이상 차이가 난다. 이탈률은 리텐션율과 역관계에 있기 때문에 고객 이탈률이 낮다는 것은 CRM 마케터 입장에서는 곧 리텐션율이 높다는 것을 의미하며, 중장기적으로 고객생애가치를 높일 수 있다는 의미가 된다.

CRM 마케터 업무를 정리하면,

1) 고객 데이터를 분석하여 각 여정에 적합한 메시지를 설계하고
2) 고객생애가치를 파악하여 이를 극대화할 수 있는 다양한 프로모션을 세우고
3) 회원에 따른 그룹핑으로 온사이트 마케팅을 전개하는 역할을 한다.

퍼포먼스 마케팅과 더불어 CRM 마케팅 활동은 기업의 중장기적인 운영을 위해 필수적인 행위라 볼 수 있다.

5-3 고객의 구매여정에 CRM 마케팅 대입하기

CRM의 필요성과 CRM 마케터의 역할을 살펴보았으므로 구체적인 실무 사례를 통해 단계별 소비자 여정을 어떻게 관리하는지 살펴보고자 한다. CRM 마케터는 기본적으로 '가설'를 세울 수 있어야 하며 '논리적인 의심'이 많아야 한다. 이들이 고객의 구매여정을 상상할 때 각 여정이 무사히 진행되지 않는다면 CRM 활동을 개선할 수 없다. '이동하게 하려면 어떻게 해야 하는지' '시스템의 문제인지' '제품에 흥미가 없는 것인지'와 같은 가설을 꾸준히 세우고 이를 검증해나가야 한다. CRM 마케터는 개발자 입장도, 소비자 입장도 되어보아야 한다. 소비자 입장에서 외부 광고를 클릭해 쇼핑몰에 접속하고 직접 구매여정을 경험하면서 문제점이 없는지 점검해야 한다. 이러한 점에서 CRM 마케터는 퍼포먼스 마케터만큼이나 집요하고 세밀한 면모가 필요하다.

CRM 마케팅은 다음 이미지처럼 총 4단계의 구매여정으로 정리할 수 있다. 외부 광고나 검색을 통해 자사몰로 유입되는 1단계, 다양한 제품을 보고 마음에 드는 제품을 찾아가는 상품 조회 2단계, 제품에 흥미를 느끼고 구매 리뷰를 찾아 구매 의욕을 보이는 장바구니 과정 3단계, 결제를 통해 여정을 종료하는 4단계이다.

1단계를 살펴보고 가설을 세워보자. 1단계는 소비자가 우리 쇼핑몰에 처음 유입되는 단계다. 소비자가 광고를 보고 단순 호기심에 들어왔다가 정보를 얻지 못하면 즉시 나가기도 하고, 들어왔는데 흥미를 끌 만한 요소가 있으면 좀 더 체류하기도 한다. 이때 검색을 통해 들어온 경우 적극적으로 쇼핑몰에 머무른다. 자발적으로 브랜드를 찾은 것이기 때문에 비자발적 유입에 비해 소비자의 태도가 더 온화하다.

▶ 쇼핑몰에 진입한 소비자의 구매여정 단계

그러나 1단계에 있던 고객들이 다음 단계로 넘어가지 않고 이탈해 버렸다. 왜 그랬을까? 이탈하는 순간을 다음 두 가지로 나누어 경로를 추적해볼 수 있다.

가설1 사이트를 방문했으나 회원가입 없이 이탈하는 경우
가설2 회원가입한 후 특별한 행동 없이 사이트를 이탈하는 경우

크게 두 가지 이탈 직전의 경로를 생각해볼 수 있고 각각의 경로에 대해 여러 가설을 세워볼 수 있다.

우선 1단계에서 이탈한 경로 중 하나인 **가설1** 을 생각해보자. 고객 입장에서 두 가지 요인으로 인해 이탈했을 것이라고 가정할 수 있다. 회원가입을 하는데 지나치게 많은 정보를 요구하거나 가입 과정이 까다로울 경우 회원가입을 시도하다가 포기하고 이탈한다. 아니면 회원가입을 해도 특별히 얻는 혜택이 없다고 느낄 경우 이탈할 수 있다. 이 외에도 여러 가설이 있겠으나, 우선 두 가지 가설을 세우고 검증하면서 이 가설이 틀렸을 경우 하나씩 추가적인 이유를 찾는 것이 좋다. 지나치게 많은 가설을 세우고 시작하면 가설 검증에 많은 시간을 뺏길 수 있다. 그러한 점에서 가장 그럴듯한 가설을 세워 검증하는 것이 CRM 마케터의 역할이기도 하다.

만약 회원가입 절차가 까다롭다는 게 이유일 경우 마케터는 회원가입을 간소

화하기 위한 다양한 전략을 세울 수 있다.

전략 1 회원가입 단계의 정보 수집 최소화
전략 2 회원가입 절차 대신 평소 고객들이 사용하는 카카오톡이나 네이버 아이디와 연동해 쉽게 회원가입, 로그인 가능한 버튼 추가

전략 1 으로 설정했을 경우 회원가입 단계를 간소화하는 방식으로 절차를 변경한 후 회원가입을 유도하는 메시지를 소비자에게 발송한다. 그리고 기존 유입 대비 가입 전환율과 절차 변경 후의 가입 전환율을 비교해본다.

▶ CRM 회원가입 이탈을 줄이기 위한 SNS 가입 유도(카카오 싱크)

전략 2 로 설정할 경우 그림과 같이 카카오 싱크를 활용해 기존에 사용하고 있는 카카오톡 아이디를 그대로 회원가입에 연동하여 가입 전환을 유도한다. 해당 메시지를 보면 카카오로 가입하는 것을 눈에 띄게 노란색 버튼으로 만들고 일반

회원가입을 눈에 띄지 않게 투명하게 바꾸었다. 이렇게 변경된 회원가입 랜딩 페이지로 광고했을 때 유입된 고객의 가입 전환율과 변경 전을 비교한다. 카카오 싱크로 가입 전환율이 개선되었을 경우 고객이 원하는 편리한 경로는 카카오 연동을 통한 회원가입이라는 점을 알 수 있다.

만약 **가설1** **사이트를 방문은 했으나 회원가입 없이 이탈하는 경우** 단계 중 회원가입 절차 간소화가 이루어졌음에도 불구하고 이탈이 발생할 경우, **가설2** 대로 회원가입 시 소비자가 얻는 혜택을 중심으로 푸시 메시지, 온사이트 팝업 메시지로 회원가입하는 것이 유리하다는 점을 알리는 것도 좋은 방법이다. 예를 들어 다음 그림처럼 회원가입 시 제공되는 혜택을 일목요연하게 보여주면 회원가입하기 전 충분히 혜택을 확인하고 가입하는 데 도움을 줄 수 있다.

▶ CRM 회원가입 이탈을 줄이기 위한 가입 혜택

다음으로는 구매여정 1단계에서 이탈하는 이유 중 두 번째 이유인 **가설2** **회원가입을 한 후 특별한 행동 없이 사이트를 이탈하는 경우**를 생각해보자. 고객은 쇼핑몰에 들어와서 직접 액션을 취하다가 도중에 포기했다. 아무것도 하지 않은 단계보다 일단 발을 담근 단계이기 때문에 보다 적극적인 고객이다. 이들은 왜 회원가입까지 도달하지 못하고 이탈했을까?

이에 대해 CRM 마케터는 고객이 회원가입 후 추가적인 정보 혹은 제품을 찾지 못했거나 제품을 구매하려는 욕구를 충분히 만족시킬 수 있는 유인 동기가 없었기 때문에 이탈했다고 가정할 수 있다. 이러한 가설을 세우면 CRM 마케터는 가설에 따라 다음 세 가지 전략을 세울 수 있다.

[전략 1] 신상품 혹은 기획전 안내 푸시
[전략 2] 개인 맞춤형 메시지 발송
[전략 3] 할인, 프로모션 쿠폰 강조

[가설 2] 단계에서의 메시지는 [가설 1] 보다 적극성을 띠고 있다. 고객이 회원가입 행동을 취했기 때문에 이에 맞춰 CRM 마케터도 더 적극적인 마케팅 메시지를 기획해 대응해야 한다. 다음 이미지는 내가 평소 이용하는 쇼핑몰에서 받은 푸시 메시지이다. 해당 쇼핑몰에서 다음 여정으로 이동하지 않고 이탈하자 시간차를 두고 다음 2개의 메시지를 순차적으로 발송했다.

▶ CRM 회원가입 후 이탈한 사람들에게 보내는 여러 푸시 메시지 예시

'레깅스 1+1 이벤트'는 사실이다. 그러나 2개의 푸시는 각각 다른 뉘앙스다. 하나는 1+1 이벤트이지만 여기 더해 '1만 원 추가 할인'이라는 문구를 보이고, 다른 메시지는 1+1 이벤트이지만 '5시간 뒤 종료'라는 시간 제약을 보여준다. 2개의 메시지 중에 '1만 원 추가 할인'에 반응을 보인다면 CRM 마케터는 나를 '가격 소구 그룹'으로 두고 관리할 수도 있다. 그러나 '5시간 뒤 종료'라는 마감 임박 메시지에 반응했다면 선착순 이벤트 메시지를 더 많이 발송할지도 모른다.

고객 구매여정 1단계에서 회원가입 후 이탈한 고객을 대상으로 보내기에 적절한 메시지임은 분명하다. 그리고 배너 하단 정보성 메시지에는 추가적인 제품 정보를 알려줌으로써 기존 제품(레깅스) 외에 다른 제품을 더 보고 싶은지에 대한 니즈를 파악하기 위해 조합형으로 광고 메시지를 기획했음을 알 수 있다. 앞에서 이야기한 메시지 전략 대부분이 이 푸시 메시지 하나에 다 들어 있다.

여기에 추가로 온사이트 마케팅을 더한다면 해당 광고 메시지를 보고 마음에 드는 제품을 클릭해 이동할 경우 사이트 내에서 '회원님을 위한 추가 쿠폰 드려요!'와 같은 팝업 메시지를 띄운다. 이러한 메시지가 개인화된 메시지 푸시이자 온사이트 마케팅이다.

고객들은 이처럼 다양하게 설계된 메시지를 받고 그 중 내가 원하는 문구, 혜택, 정보에 반응하고 행동한다. CRM 마케터는 고객 반응을 취합해 가장 많은 확률로 성과를 보이는 결괏값을 찾아 고객의 구매여정이 잘 마무리되도록 전략을 수정하거나 강화해나간다.

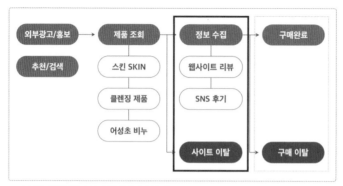

▶ 쇼핑몰에 진입한 소비자의 구매여정 단계

　이번에는 구매여정 중 2, 3단계를 살펴보자. 고객이 쇼핑몰에 진입해 회원가입 절차를 마쳤고 원하는 제품 정보를 찾아 장바구니까지 제품을 담았으나 구매하지 않고 이탈했다. 이들이 이탈한 원인은 무엇 때문일까? 다음과 같은 원인을 가정해 볼 수 있다.

가설 1 가격과 구성의 문제

가설 2 배송비 허들

가설 3 단순 변심

이렇게 풀어서 이야기할 수도 있다.

가설 1 제품에 관심은 많지만 가격 부담이 있을 경우 혹은 세트 제품의 구성이 마음에 안 들 경우

가설 2 5만 원 이상 무료 배송이라는 제약 조건에 망설이고 있을 경우

가설 3 장바구니에 담았지만 시간이 지나 해당 제품에 대한 구매에 흥미가 떨어졌을 경우

이런 상황에서 CRM 마케터는 마케팅 메시지를 어떻게 구성하면 좋을까?

전략 1 장바구니에 담고 24시간 동안 결제하지 않은 고객에게 추가 쿠폰 발행

전략 2 24시간 한정 배송비 무료 쿠폰 발행

전략 3 새로운 기획전이나 제품 정보를 발송해 호기심 유발

이러한 전략으로 다음 기업의 푸시 메시지를 살펴보자. 선착순 혹은 내일까지인 반짝 쿠폰을 발행해 장바구니에 있는 제품을 결제하도록 유도하여 구매여정 단계로 이동할 수 있다.

▶ CRM 장바구니에 제품을 담았지만 결제를 미루는 고객에게 보낸 푸시 메시지

만약 장바구니 제품에 흥미가 떨어진 경우에는 새로운 기획전이나 신상품 정보를 푸시하면서 흥미를 유발할 수 있는 메시지를 추가 설계할 수도 있다.

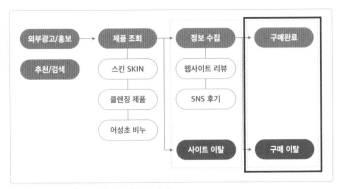

▶ 쇼핑몰에 진입한 소비자의 구매여정 단계

이제 고객 구매여정의 마지막 단계를 살펴보자. 마지막 4단계에서 고객이 여정을 마치지 않고 이탈할 경우이다. 고객은 이미 브랜드에 충분한 흥미를 갖고 제품을 찾아 장바구니에 담았지만 결제 과정에서 여정을 종료하지 않았다. 이유는 무엇일까? CRM 마케터라면 다음을 가정할 수 있다.

가설 1 결제 과정 편의성이 떨어질 경우
가설 2 결제 과정에서 타 제품 대비 비싸다고 생각해 이탈할 경우
가설 3 단순 변심으로 인해 호기심이 사라질 경우

위의 경우를 풀어서 이야기해보자.

가설 1 결제 과정에서 고객이 원하는 결제 수단을 사용할 수 없거나 결제 시스템 자체가 에러를 보이는 경우
가설 2 구매 과정에서 비싸다는 생각이 들었거나 유사 제품과 비교하여 이탈하는 경우
가설 3 결제 과정에서 어떤 이유에서든 호기심이 떨어지는 단순 변심의 경우

이러한 경우 CRM 마케터는 다음과 같은 전략을 세울 수 있다.

전략 1 결제 편의성 개선
전략 2 추가 할인 쿠폰, 혜택 푸시 메시지 발송
전략 3 새로운 기획전, 제품 정보로 호기심 자극

우선 결제 과정에서 장애나 에러가 있을 **가설 1**의 경우는 즉각적으로 해결해야 한다. 나도 결제 과정 에러를 겪은 적이 있다. 장바구니에 데이터가 많이 쌓이고 있고 이 중 일정 비율이 결제로 이동해야 하는데 계속 병목현상이 발생하는 것이다. 그래서 실제 고객 경로를 따라 이동했더니 결제창에서 에러가 발생하는 것을 발견했다. 즉시 수정했고 에러가 해결되자마자 병목현상이 해결되고 장바구니에서 결제 흐름까지 다시 원활해졌다. 구매 과정을 꼼꼼히 확인하지 않았다면 기존 고객까지도 놓칠 수 있는 상황이었다. 이러한 경우를 대비해 퍼포먼스 마케터와 CRM 마케터 모두 고객 구매여정에서 데이터를 꾸준히 모니터링

하고, 원하는 결괏값이 나오지 않을 경우 재빨리 원인을 파악할 수 있도록 체크리스트를 만들어두는 것도 좋다.

결제 과정에서의 이탈은 **가설2**, **가설3** 처럼 구매 단계에서 가격이 비싸다고 생각할 경우와 단순 변심, 가격 비교 등을 통해 제품에 대한 흥미를 잃고 새로움을 추구하는 경우가 있을 수 있다. 이러한 가정을 검증하기 위해서 마케터는 결제 직전의 쿠폰을 푸시 메시지로 보내주거나 아예 새로운 기획전이나 제품 정보를 제공함으로써 흥미를 유발할 수도 있다.

다음 그림은 쿠폰팩과 더불어 새로운 기획전을 보여주는 푸시 메시지다. 기획전은 결제 과정에서 단순 변심하거나 구매결정을 했다가 다른 제품에 대한 호기심으로 이동하는 경우에 제공하는 것이 좋다. 이처럼 CRM 마케터는 고객 행동을 예측하고 가설을 세워 검증하는 과정에서 어느 시점에 메시지를 전송하는 것이 좋을지에 대한 데이터를 쌓아나가야 한다.

▶ CRM 결제 단계에서 최종 이탈하는 고객을 위한 푸시 메시지 예시

지금까지 CRM 마케터가 고객의 구매여정에서 각 단계의 문제를 발견하고 고객 이탈 발생 구간을 어떻게 줄일 수 있는지 다양한 가설을 세워 검증하는 방식으로 살펴봤다. CRM 마케터 역시 퍼포먼스 마케터와 마찬가지로 제대로된

성과를 만들기 위해서는 수많은 가설을 세우고 검증의 과정을 거쳐야 한다. 마케터는 소비자 행동의 원인과 결과에 대해 항상 고민하고 가정을 세워야 한다. 그리고 그 가정을 하나씩 해결할 때마다 자신만의 경험치가 자산으로 쌓인다.

CRM 마케팅은 이제 필수 활동으로 자리 잡고 있다. 미디어커머스 초창기 기업들은 퍼포먼스 마케팅이 가장 효율적인 데이터 마케팅이라 생각하고 오직 퍼포먼스 마케팅에만 집중했던 적도 있다. 그러나 시장 변화와 소비자 요구에 따라 기업들은 개인화된 맞춤 서비스를 제공해야 하는 상황에 직면하고 이 과정에서 CRM 마케팅의 중요성이 자연스레 커지고 있다. 앞으로의 뉴미디어 광고 시장은 퍼포먼스 마케팅 하나로 유지될 수 없다. CRM 마케팅과 함께 시너지를 내면서 광고 플랫폼 데이터, 고객 데이터를 모두 축적해 이를 바탕으로 효과적인 데이터 마케팅을 해야 하는 시대가 도래했다.

에필로그

페이스북은 2021년 10월, 사명을 메타로 변경했다. 그리고 메타의 최고 경영자 마크 저커버그는 '메타버스 퍼스트'를 외치며 앞으로의 시대를 준비하기 위해 향후 1년간 메타버스 관련 기술 개발과 인력 채용에 100억 달러를 지출하겠다고 밝혔다.

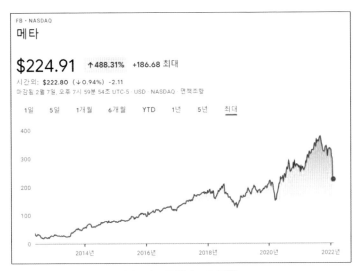

▶ 구글 금융에서 보여주는 메타의 주가 흐름 (출처: 구글 금융)

2021년 4분기 메타버스를 외친 후 2022년 2월 전년도 실적을 발표했는데 그야말로 어닝쇼크였다. 미국 정규시장에서 주가가 25% 넘게 폭락했고 시가총액은 270조가량 증발했다. 활성 사용자 수도 4분기 19억 2900만 명으로 3분기에 비해 소폭 떨어졌는데, 페이스북 18년 역사상 활성 사용자가 감소한 것은 처음이었다.

페이스북이 메타로 사명을 변경한 이유와 주가 하락은 생태계 주도권이라는 관점과 동일선상에 놓여 있다. 현재 페이스북의 성장 둔화에 대한 우려와 향후 메타버스로 나아가는 데 따른 수익 불확실성이 작용한 결과가 사명 변경과 주가 하락으로 나타난 것이다.

나는 페이스북이 처음 사명을 변경하기로 결정한 시기가 2020년부터라고 추정한다. 2020년 애플은 다음해 4월 ATT 정책을 시행할 것이라 예고했고, 페이스북은 ATT 정책으로 매출 하락이 불가피하다는 것을 예측했을 것이다. 그리고 이제는 '생태계를 직접 구축'한다는 판단 아래 메타버스를 다음 단계로 생각하고 사명을 변경했다고 본다. 페이스북 사명 변경의 이유는 '애플' '구글' '광고' 이렇게 세 단어로 요약 가능하다.

먼저 '애플'이다.

애플은 iOS 기반 운영체제를 바탕으로 각종 모바일 애플리케이션을 등록, 실행 가능한 앱스토어라는 생태계를 가지고 있다. 그리고 이 생태계 안에서 활동하기 위한 가이드라인을 제공하고 해당 가이드라인을 준수해야만 앱스토어에 앱을 등록할 수 있다. 나도 때때로 애플 앱스토어에 앱을 등록해 심사받곤 한다. 회원가입 버튼 순서를 [일반 회원가입] [카카오 회원가입] [애플 회원가입] 이렇게 만들어 심사를 요청했었는데 [애플 회원가입] 버튼이 두 번째 위치에 와야 한다며 반려한 적도 있다. 소비자 입장에서 보면 더 많이 사용하는 버튼이 상단에 위치해 있어야 하지만, 애플은 동일한 SNS 기반 로그인이라면 애플 버튼이 상위에 있어야 앱스토어 등록을 허락한다. 이렇듯 애플 생태계에서 비즈니스하기 위해서는 애플 규칙을 따라야 한다.

2021년 애플은 개인정보보호 강화를 위해 ATT 정책을 발표했고, iOS 14.5 버전 이상 사용자부터 예외 없이 이 정책이 적용되었다. 이는 고객이 직접 [동의] 버튼을 눌러야 기업이 고객의 데이터를 사용할 수 있다는 의미다. 아이폰 사용자가 앱스토어에서 페이스북 앱을 다운로드하고 나서 앱을 실행했더니 '당신의 데이터를 추적하고 이 데이터를 광고에 쓸 건데 동의합니까?'

라는 팝업 안내를 받게 되는 것이다. 예상했듯이 대다수 소비자는 '거절'을 눌렀고 전 세계 아이폰 유저의 절반 이상이 데이터 추적과 활용에 동의하지 않았다.

퍼포먼스 마케팅을 수행하는 기업은 광고식별자 없이는 정교한 타깃 설정 자체가 불가능하므로 비용 면에서 예전보다 훨씬 많이 지출하면서도 효율은 되려 떨어지는 현상을 경험하게 된다. 알다시피 퍼포먼스 마케팅의 핵심은 '효율'이다. 정밀한 타깃 마케팅을 통해 '전환'에 기여할 수 있는 소비자에게 광고를 보여주고 기업이 원하는 결괏값을 얻어내야 한다.

그러나 애플의 ATT 정책에 직격탄을 받은 후 페이스북에서 캠페인을 설정하고 광고를 운영하려면 항상 '제약 사항'에 대한 문구가 뜬다. 아이폰 특정 버전 이후부터는 정밀 타깃 자체가 안 된다는 것을 안내하는 문구다. 이는 광고주 입장에서 보면 팔 하나를 묶은 채로 노를 저어야 하는 셈이다.

이러한 애플 생태계에서 페이스북의 대안은 무엇일까? 앞으로도 광고 생태계에서 우위를 점하기 위해서 페이스북은 ATT 정책을 우회할 수 있는 데이터 확보 시스템을 새롭게 개발하거나 다른 대안을 찾아내야 한다. 그리고 이 숙제를 빨리 해결해서 광고주들에게 페이스북의 건재함을 보여주는 것이 관건이다.

다음은 '구글'이다.

구글을 살펴보기 전에 페이스북과 애플의 관계에 대해 먼저 짚어야 한다. 페이스북은 현재 애플 앱스토어라는 생태계 안에서 방 한 칸을 빌려 임차인으로 살아가고 있다. 그리고 애플이라는 관리사무소에서 정하는 지침에 따라 움직여야 한다. 아니면 퇴출당할 수 있다. 페이스북은 전 세계 29억 명 이상의 가입자를 보유하고 있는 강력한 플랫폼이지만 애플의 앱스토어, 구글의 플레이스토어 안에서 사용자가 직접 앱을 다운로드해야 한다. 페이스북이 소셜 네트워크라는 거대 공간을 창조해낸 것은 맞지만, 애플과 구글이라는 생태계 안에 놓인 공간이라는 점에서 분명 한계가 있다. 페이스북 스스로가 완벽한 생태계 주도권을 가지고 있지 않다는 것이다.

이에 비해 구글은 어떠한가? 구글은 페이스북과 기반 자체가 다르다. 구글은 자체 OS를 보유하고 있는 검색엔진 기반의 플랫폼 기업이다. 안드로이드 생태계를 쥐고 있고, 전 세계에서 가장 많이 검색한다는 구글 플랫폼을 가지고 있기에 개인별 타기팅 광고에서도 자유롭다. 게다가 구글은 수년에 걸쳐 애플과의 우호적인 관계를 형성해왔다. 자체 검색엔진을 애플 사파리 브라우저의 기본 검색엔진으로 구동하기 위해 매년 150억 달러의 비용을 지불하는 것으로 알려져 있다.

또한 구글은 검색 기반 엔진을 보유하기 때문에 개인정보보호 정책에 대해서도 사용자 정보를 받기 훨씬 쉽다. 사용자가 구글에서 '현재 위치 기반 주변의 맛집 검색'을 눌렀을 때 구글에서 '검색 결과의 정확성을 위해 당신의 위치 정보를 이용해야 하는데 동의하겠습니까?'라는 메시지를 받게 된다. 사용자 입장에서는 내 위치 정보를 이용한 정확한 검색을 위해 데이터 사용에 동의할 수밖에 없다. 이것이 검색엔진을 가진 구글의 강점이다.

마지막으로 '광고'를 살펴보자.

최근 몇 년간 틱톡과 같은 숏폼 비디오 플랫폼들이 고속 성장하면서 페이스북 역시 이에 대응하기 위해 숏폼 서비스를 시작했다. 그러나 숏폼 서비스의 경우 광고를 넣을 지면을 확보하기가 어렵다. 페이스북에서는 사용자가 피드를 내려가며 글을 읽거나 영상을 시청하면 좌우 혹은 콘텐츠 내 지면을 확보해 광고 구조를 짤 수 있고 이것이 매출로 연결되지만, 숏폼 콘텐츠에서는 매출을 뽑아내기 위한 지면을 찾기가 어렵다. 즉, 숏폼 서비스는 소비자 트렌드에 맞춰 운영하면서 비용을 들이고 있는데 수익 환원이 거의 되지 않고 있다는 것이다. 여기에 더해 기존 광고도 애플의 개인정보보호 정책 때문에 제약이 걸렸으니 그야말로 진퇴양난이다. 이러한 관점에서 페이스북의 사명 변경은 앞으로 생태계를 만들고 주도권을 잡기 위해 방향성을 어떻게 잡아야 하는지에 대한 고민에서부터 출발했다고 본다. 최근에는 틱톡을 비롯한 유튜브의 쇼츠, 인스타그램의 릴스처럼 여러 플랫폼에서 숏폼 비디오 콘텐츠로 다양한 광고 상품들을 만들어 유의미한 수익을 만들고 있는 추세다.

부의 대이동이 이루어지고 있다. 그동안 부를 축적했던 방식에서 벗어나 전혀 새로운 방식의 비즈니스로 인한 신생 부자가 대거 등장하고 있다. 가상화폐, NFT, 메타버스 등 이름만 들어도 미래지향적인 단어들이 소비자 관심을 끌며 앞으로의 사회의 변화를 예고하고 있다. 이러한 관점에서 페이스북이 메타버스로 나아가려고 한다는 것은 생태계를 새롭게 조성하고 주도권을 잡기 위한 행보라고 보인다.

페이스북이 메타버스로 이동하려는 움직임은 비단 한 기업의 움직임에 그치지 않는다. 페이스북은 그동안 퍼포먼스 마케팅, 뉴미디어 마케팅이라는 시장의 선두주자로 광고 운영 플랫폼을 제공했고 나를 비롯한 광고주들은 페이스북 안에서 다양한 광고 캠페인을 펼치며 성장했다. 미디어커머스 기업들은 페이스북에서 출발하여 인스타그램, 구글, 유튜브, 카카오, 틱톡에 이르기까지 다양한 SNS 광고 플랫폼으로 확장해나갔고 페이스북은 통합적 데이터 분석의 인사이트를 제공했다.

페이스북의 변화는 곧 시대의 변화를 예고한다. 앞으로도 광고 방식에 있어서의 변화는 불가피할 것이고 소비자들은 변화에 맞춰 주 활동 무대를 매번 바꿔갈 것이다. 기업은 계속해서 바뀌는 대세 플랫폼을 찾아내고 해당 플랫폼에 지속적으로 브랜드 메시지를 던져야 한다. 소비자에게 전하는 메시지가 중단되는 순간, 그들은 지독하리만큼 냉정하게 우리 브랜드를 잊고 다른 브랜드에 애정을 준다. 그러므로 마케터는 시장의 변화, 플랫폼의 변화 그리고 소비자의 움직임을 꾸준히 읽어내야 한다. 그리고 외부 플랫폼에서 모객 활동을 하며 새로운 고객을 찾는 동시에 그동안 확보한 내부 고객이 어떻게 하면 우리 브랜드에 더욱 강력한 로열티를 갖게 할 수 있을지에 대한 고민도 심도 있게 해야 한다. 이제는 내부 고객관리를 강화해나갈 때이다.